생생한
성경 히브리어 울판
(개정 증보판)

Living Biblical Hebrew Ulpan

⊙ 울판이란 이스라엘에 있는 히브리어교습소를 말한다.

생생한
성경 히브리어 울판 (개정 증보판)

2023년 2월 1일 개정 증보판 2쇄 발행

지은이 | 권성달
펴낸이 | 박영호
펴낸곳 | 도서출판 솔로몬

주소 | 서울시 동작구 사당로 143
전화 | 599-1482
팩스 | 592-2104
직영서점 | 596-5225

등록일 | 1990년 7월 31일
등록번호 | 제 16-24호

ISBN 978-89-8255-564-0 03230

개정
증보판

생생한 **성경**

히브리어 울판

히브리어를 처음 접하는 이들을 위한

간결하고 쉬운 히브리어 입문서

권성달 지음

Living Biblical Hebrew Ulpan

솔로몬

머리말

필자가 한국에 돌아 와서 많은 사람들로부터 듣는 말이 '히브리어는 어렵다'이다. 아마도 우리 나라에서 배울 수 있는 외국어 중 생소한 알파벳과 소리, 그리고 문법을 가지고 있기 때문이 아닐까 생각한다. 필자가 본서를 쓰면서 계속 고민한 것은 어떻게 하면 한국에서 성경 히브리어를 처음 접하는 이들에게 친숙하고도 재미있게 성경 히브리어를 접하게 할 수 있을까였다.

이스라엘에서는 히브리어를 배우는 언어 학원을 '울판(אוּלְפָּן)'이라 부른다. 이곳에는 전 세계에서 이스라엘로 이주하는 이민자들과 히브리어를 배우고 싶어하는 외국인들을 가르친다. 그들은 뛰어난 교재와 훌륭한 강사들에게서 '살아있는' 언어를 체험한다. 필자의 바램은 비록 우리가 한국에서 '성경 히브리어'를 배우긴 하지만 이스라엘의 울판에서 히브리어를 생생하게 접할 수 있는 것처럼 본서를 통해 성경 히브리어를 친숙하고도 생생하게 익히는 것이다. 본서의 제목을 '성경 히브리어 울판'이라 한 것도 이러한 바램 때문이다.

이런 맥락에서 본서는 '문법'과 아울러 '히브리어 회화'와 '히브리어 찬양'에도 많은 비중을 두고자 한다. 살아있는 히브리어를 체험하도록 하기 위해 각 과마다 '히브리어 회화'를 삽입하였다. 이 회화 내용만 충분히 익힌다면 우리의 목표에 한걸음 다가가게 될 것이다. 이스라엘의 울판에서는 이스라엘 민요를 가르치지만 우리는 이스라엘 현지 기독교인들이 부르는 찬양을 배우게 될 것이다. 히브리어 찬양은 대부분 신구약 성경구절을 가사로 하기 때문에 히브리어 찬양을 통해 자연스럽게 히브리어를 접하는 장점을 취할 수 있을 뿐만 아니라 현지 유대 기독교인들과 공감대를 형성할 수 있다는 또 다른 장점이 있다.

본서의 특징은 다음과 같다.

1. 복잡한 용어의 지양

성경 히브리어를 처음 접하는 이들을 위해 불필요한 용어의 사용은 될 수 있는대로 자제하였다. 많은 용어들은 초보자들에게 골칫거리가 될 뿐이기 때문이다.

2. 간결한 문법 설명

'문법을 위한 문법'이 되지 않도록 하기 위해 성경 히브리어를 해석하는데 불필요한 문법적 설명은 가급적 피하고자 했다. 가능한 한 가장 간결하면서도 꼭 필요한 문법서가 되도록 했다.

3. 회화식 접근

성경 히브리어에 보다 친숙하도록 하기 위해 각 과마다 시작부분에 적절한 회화를 넣었다. 이 회화만 잘 익혀도 성경 히브리어에 친숙히 다가갈 수 있을 것이다.

4. 성경 히브리어 예문의 사용

문법설명과 연습문제 등에 등장하는 예문은 될 수 있는 한 성경에 기록된대로 사용하여 성경 히브리어에 친숙할 수 있도록 했다.

5. 히브리어 찬양 코너

'노래'는 암기를 위한 매우 중요한 도구이다. 따라서 본서에서는 현재 유대 기독교인들이 부르는 히브리어 찬양곡을 중심으로 성경 히브리어에 쉽게 다가갈 수 있도록 노력하였다. 본서에 실린 히브리어 찬양곡들은 대부분 신구약 성경 구절을 가사로 한 내용이므로 히브리어 성경구절을 쉽게 기억하도록 도와 줄 것이다.

6. 현대 히브리어식 발음

고대 히브리어의 발음을 그대로 하기는 불가능하므로 본서에서는 현재 이스라엘에서 유대인들이 사용하는 발음을 따라 기록하였다. 본서를 익힌다면 어느정도 이스라엘에서 유대인들과 대화도 가능하리라 본다.

7. 새로운 용어의 사용

본서에서는 일반적으로 히브리어 문법책에서 사용되는 용어를 그대로 사용하지 않고 내용에 맞는 적절한 새 용어를 도입하여 사용했다.

본서는 성경 히브리어를 처음 접하는 이들에게 초점을 맞추고 최대한 간결하고 쉽게 접근하려고 애썼다. 본서에는 규칙, 불규칙 동사들이 모두 설명되어 있지만 규칙 동사에 주로 초점을 맞추어 공부를 하면 좋을 것이다. 또한 새로운 단어를 300개 미만으로 축소하였다. 본문 없이 단어만을 따로 외우는 것은 별 의미가 없으며 단기간에 기억하더라도 오래가지 못할 것이기 때문이다. 단어만을 외우는데 투자할 시간이 있다면 본서에 나오는 회화를 한번이라도 더 소리내어 읽고 히브리어 찬양을 한번이라도 더 부르는 것이 훨씬 도움이 될 것으로 필자는 확신한다.

이스라엘은 필자에게 있어 제2의 고향과도 같다. 20대 후반에 유학생활을 시작하여 18년이란 긴 세월 동안 젊음을 보낸 곳이며, 특히 2002년 여름 히브리대학교 구내식당에서 일어난 테러사건으로 인해 새롭게 태어난 곳이기 때문이다. 그리고 필자의 이스라엘 유학기간 중 결코 잊을 수 없는 유대인 다섯 분이 있다. 지도교수의 차원을 넘어 인생의 아버지로서 사랑과 격려와 용기와 위로를 아끼지 않았던 심하 코고트(Prof. Simcha Kogut) 교수님, 좋은 동료이며 같은 분야의 전공자로서 여러 조언들을 아낌없이 해 주었던 유디트 쉐메쉬(Judith Shemesh), 3년의 재활기간 동안 심혈을 기울여 재활에 임해주었던 달리야(Dalia Kontesz), 그리고 가족 이상의 사랑으로 헌신적인 도움을 주었던 유대인 현지교회의 담임목사님이신 메노 목사님과 아낫 사모님(Meno & Anat Kalisher)이다. 필자의 유학기간 동안 함께 고생을 하며 견뎌 주었던 가족들, 특히 아내에게 깊은 감사를 표한다. 성경언어에 깊은 관심을 가지고 기쁨으로 출판을 허락해준 도서출판 목양의 사장님께도 감사의 마음을 느낀다.

개정 증보판 머리말

본서는 2009년 12월 초판이 발행된 이후 지금까지 몇 차례의 개정판이 발행되었으며, 이번에 다시 개정 증보판을 내게 되어 기쁘게 생각한다.

이번 개정 증보판에서는 필자가 본서로 약10년간 계속 학생들을 가르치면서 발견하게 된 수정, 보완할 내용을 중심으로 작업했다. 발음 부분에서는 어려운 부분인 '공명도계층'에 대한 내용을 추가하였다. 성경 관련 소프트웨어인 바이블웍스와 어코던스가 업그레이드 됨에 따라 최신판 소프트웨어를 사용하여 변경된 빈도수와 통계를 반영하였다.

또한 개정 증보판에서는 "히브리어로 기도하기"라는 코너를 신설하여 여러 곳에 소개함으로써 성경 히브리어를 생생한 히브리어로 다가가도록 하였다. 몇 개의 단어만 가지고도 히브리어로 기도할 수 있다는 것만으로도 히브리어가 복잡하거나 어려운 언어가 아니라 얼마나 단순하고 재미있는 언어인가 하는 것을 몸소 느낄 수 있을 것이다. 이 코너를 통해 성경 히브리어가 어렵다는 선입견을 조금이라도 깨트렸으면 하는 바람이다.

성경 히브리어를 공부하는 최종 목적은 '문법을 위한 문법'이 아닌 성경 히브리어 본문을 제대로 분석하고 해석하여 1차 독자에게 주어졌던 원래의 의미를 정확하게 파악하는 것이다. 그런 면에서 원어 강독 부분을 강화하였다. 히브리어 문법을 공부한 후에 원문 분석을 어떻게 해야 하는지 그 방법을 몰라 안타까워하는 학생들을 많이 보았다. 그래서 이번 개정 증보판에서는 "성경 히브리어강독" 부분에 "히브리어 성경의 원어 분석 가이드"를 추가하였다. 음역부터 시작하여 형태론적 분석, 통사론적 분석, 텍스트 언어학적 분석에 이르기까지 성경 히브리어를 실제적으로 어떻게 분석하는지에 대한 방법과 아울러 한 구절을 예로 분석하는 법을 소개 해 놓았다. 이러한 방법으로 히브리어 성경의 다른 부분들도 분석할 수 있을 것이다. 본 개정 증보판이 나오도록 힘써 주신 솔로몬 출판사의 박영호 사장님께 깊은 감사의 말씀을 전한다.

2023년 안양에서 권성달

차례

제4과 왜 너는 '그녀가 나의 누이'라고 말했나?

제5과 자는 자여 어찜이냐?

제6과 왜 기도하지 않느냐?

제7과 나를 바다로 던지세요

제8과 성경 히브리어 액센트

성경 히브리어 강독

히브리어 찬양 코너

*** 본서에 실린 찬양을 듣고 싶으면 다음 홈페이지(자료실 히브리어 찬양)를 방문해 보기 바란다
biblenisrael.com

부록

Chapter 1

자음과 모음

자음과 모음

1.1 히브리어 자음

숫자	음가		명칭			히브리어 알파벳	
	영어	한글	한글	영어	히브리어	필기체	인쇄체
1	없음	ㅇ	알레프	alef	אָלֶף	א	א
2	b, v	ㅂ	베트	bet	בֵּת	ב	ב בּ
3	g	ㄱ	기멜	gimel	גִּימֶל	ג	ג גּ
4	d	ㄷ	달레트	dalet	דָּלֶת	ד	ד דּ
5	h	ㅎ	헤이	hey	הֵי	ה	ה
6	v	ㅂ	바브	vav	וָו	ו	ו
7	z	ㅈ	자인	zayin	זַיִן	ז	ז
8	ḥ	ㅎ̇	헤트	ḥet	חֵת	ח	ח
9	t	ㅌ	테트	tet	טֵת	ט	ט
10	y	이	요드	yod	יוֹד	י	י
20	k, ḥ	ㅋ ㅎ̇	카프	kaf	כַּף	ך כ	ך כ כּ
30	l	ㄹ	라메드	lamed	לָמֶד	ל	ל
40	m	ㅁ	멤	mem	מֵם	ם מ	ם מ
50	n	ㄴ	눈	nun	נוּן	ן נ	ן נ
60	ss	ㅆ	싸메흐	sameḥ	סָמֶךְ	ס	ס
70	없음	ㅇ	아인	ayin	עַיִן	ע	ע
80	p, f	ㅍ	페이	pey	פֵּי	ף פ	ף פ פּ
90	ts	ㅉ	짜디	tsadi	צָדִי	ץ צ	ץ צ
100	k	ㅋ	쿠프	kuf	קוֹף	ק	ק
200	r	ㄹ	레쉬	resh	רֵשׁ	ר	ר
300	sh	슈	쉰	shin	שִׁין	שׁ	שׁ
	ss	ㅆ	씬	sin	שִׂין	שׂ	שׂ
400	t	ㅌ	타브	tav	תָּיו	ת	ת תּ

자음쓰기 연습

								알레프	א
								베트	בּ
								기멜	ג
								달레트	ד
								헤이	ה

								바브	ו
								자인	ז
								헤̊트	ח
								테트	ט
								요드	י

								카프	כ
								카프 쏘피트[1]	ךְ

1 '쏘피트(סוֹפִית)'란 '마지막의(final)'라는 뜻을 가진 형용사로 '카프 쏘피트'란 '(단어) 끝에 오는 카프'라는 뜻이다.

								라메드	ל
								멤	מ
								멤 쏘피트	ם
								눈	נ
								눈 쏘피트	ן
								싸메흐	ס

								아인	ע
								페이	פ
								페이 쏘피트	ף
								짜디	צ
								짜디 쏘피트	ץ
								쿠프	ק
								레쉬	ר

								쉰	שׁ
								씬	שׂ
								타브	ת

1. 자음쓰기

성경 히브리어 알파벳에는 대문자와 소문자의 구분은 없고 인쇄체와 필기체의 구분만 있다. 이스라엘에서는 히브리어를 쓸 때 인쇄체를 사용하는 경우는 거의 없고 모두 필기체를 사용한다. 쓰기가 훨씬 용이하고 신속하기 때문이다. 필기체의 경우 쓰는 순서가 중요하지만 인쇄체는 순서가 중요하지 않음을 유의하면서 인쇄체와 필기체를 잘 익히도록 하자.

2. 발음문제

약2500-3000년 전의 성경 히브리어 발음을 제대로 재현한다는 것은 쉬운 일이 아니다. 정확한 발음을 파악하기 힘든 것도 있으며 정확한 발음을 안다고 하더라도 발음하기가 힘든 것들이 있다. 그러므로 본서는 '현대 히브리어'의 발음을 따르고자 한다. 알파벳 명칭 중 다음은 두 가지 발음을 모두 허용한다.

히브리어	발음 1	발음 2
ג	기멜 gimel	김멜 gimmel
ה	헤이 hey	헤 he
י	요드 yod	유드 yud
פ	페이 pey	페 pe
ק	쿠프 kuf	코프 kof

3. 자음 문자 안의 점(다게쉬, דָּגֵשׁ)

히브리어 자음 중 6개는 단어 처음이나 폐음절 다음에 올 때 점(다게쉬)이 붙고 개음절 다음에 올 때는 점이 붙지 않는다. 폐음절과 개음절에 대해서는 1.2항 모음 부분에서 설명되어 있다. 성경 히브리어 시대에 점(다게쉬)의 유무에 따라 발음의 차이가 있었던 것은 다음 6개이다.

ב/בּ (v/b), **כ/כּ** (ḥ/k), **פ/פּ** (f/p), **ג/גּ** (gh/g), **ד/דּ** (ð/d), **ת/תּ** (θ /t)

그러나 현대 히브리어에서 차이가 있는 것은 다음 세 개 뿐이므로 잘 기억하자.

ב/בּ (v/b), **כ/כּ** (ḥ/k), **פ/פּ** (f/p)

4. 현대 영어에서 k와 q가 발음이 동일한 것처럼 히브리어 자음에서 발음이 동일한 것은 다음 6개이다. 문자 안에 점의 유무를 주의깊게 살피자.

א=ע, ב=ו, ט=ת, כּ=ק, כ=ח, ס=שׂ

5. 단어 끝에 오는 문자

다음 5개의 알파벳은 단어 끝에 올 때 모양이 달라진다.

כ → ךְ, מ → ם, נ → ן, פ → ף, צ → ץ

단, 단어 끝에 **כ**(카프)가 올 때 **ד**(달레트)와 구분하기 위해 **ךְ**로 표시한다.

6. 후음문자

히브리어 자음 중 목에서 나오는 '**א**(알레프), **ה**(헤이), **ח**(헤트), **ע**(아인)' 4개의 문자를 후음(guttural)문자라 한다. 이 후음문자들은 음의 특이한 성질로 인해 문자 안에 점(다게쉬)을 찍을 수 없으며 이 문자들과 함께 오는 모음이나 주변의 모음에 약간의 변화를 준다. 문자 **ר**(레쉬)의 경우는 후음은 아니지만 비교적 목과 가까운 부분에서 발음이 되므로 후음문자와 비슷하게 취급된다.

ה(헤이)와 **ח**(헤트)는 자체 음가가 있으니 **א**(알레프)와 **ע**(아인)은 한글의 자음 '이응

(ㅇ)'과 같이 자체 음가가 없으므로 반드시 모음과 함께 할 때만 소리가 난다.

7. 비슷한 문자들

자음의 모양이 비슷하여 혼동하기 쉬운 문자들은 다음과 같다.

ז/ו, ד/ר/ךְ, ב/כ, נ/ג, ס/ם, י/ו, ו/ן

동일한 단어가 비슷한 문자로 인해 서로 다르게 기록된 다음의 병행구절을 보라.

히브리어	음역	병행구절	히브리어	음역	병행구절
הַחֲרֹדִי	하하로디	삼하 23:25	הַחֲרוֹרִי	하하로리	대상11:27
רִיפַת	리파트	창 10:3	דִיפַת	디파트	대상1:6
עַכְבּוֹר	아흐보르	왕하 22:12	עַבְדּוֹן	아브돈	대하34:20
שְׂרָיָה	쓰라야	스 2:2	עֲזַרְיָה	아자르야	느7:7

1.2 히브리어 모음

발음	모양				보기
아	אָ	אַ	אֲ	אָה	אָב בַּת אֲדָמָה 아다마 바트 아브
에	אֵ	אֶ	אֱ, אְ	אֶה	עֶבֶד שֵׁם אֱנוֹשׁ בְּ 베 에노쉬 쉠 에베드
이		אִ		אִי	מִן עִיר 이르 민
오	אֹ	אָ	אֳ	אוֹ, אֹה	כֹּל יוֹם חָכְמָה חֳדָשִׁים 호다쉼 호흐마 욤 콜
우		אֻ		אוּ	שֻׁלְחָן סוּס 쑤쓰 슐한
묵음	אְ				מִלְחָמָה 밀하마

모음쓰기 연습

							아	אָ
							아	אַ
							아	אֲ
							아	אָה
							에	אֵ
							에	אֶ
							에	אְ
							에	אֱ
							에	אֶה
							이	אִ

							이	אִי
							오	אֹ
							오	אָ
							오	אֳ
							오	אוֹ
							오	אֹה
							우	אֻ
							우	אוּ
							묵음	אְ

1. 모음의 발음

성경 히브리어 모음기호는 표에서 보는 바와 같이 10가지 이상으로 구성되어 있으나 발음은 현재 6가지로 간소화되었다. 모든 히브리어 모음에는 고유의 명칭이 있으나 본서에서는 필요에 의해 슈바(ְ)만 그 명칭을 사용하기로 한다.

2. 이중 모음(diphthong)

발음	모양	보기
에이	אֵי, אֶי	אֵלֶיךָ בֵּית 엘레이하 베이트
아이	אַי, אָי	אֲדֹנָי עָלַי 아도나이 알라이
오이	אוֹי	גּוֹי 고이
우이	אוּי	צִפּוּי 찌푸이

3. 개음절과 폐음절

개음절이란 모음으로 끝나는 음절을 말하며 폐음절이란 자음으로 끝나는 음절을 말한다. 폐음절이 단어 중간에 올 때는 무성 슈바(ְ)를 붙이며 모음에 대한 발음은 하지 않는다. 단어 끝에 올 때 ךְ를 제외한 나머지는 무성 슈바를 붙이지 않는다.

예) שֻׁלְחָן 슐한 = שֻׁלְ(슐, 폐음절)+חָן(한, 폐음절),

מִלְחָמָה 밀하마 = מִלְ(밀, 폐음절)+חָ(하, 개음절)+מָה(마, 개음절)

폐음절의 발음에서 조심해야 할 것은 음절이 끝나는 곳에서 ל, ם, ן 세 개의 문자가 올 경우 우리말의 받침으로 발음되지만 그 외의 경우는 모두 보조모음 '一'를 붙여서 발음해야 한다.

예) כֹּל 콜 ('코르' 가 아님), יוֹם 욤 ('요므'가 아님), מִן 민 ('미느'가 아님) אֵת 에트 ('엣'이 아님), אָב 아브 ('압'이 아님), הַר 하르 ('할' 이 아님)

4. 동일한 모양, 다른 발음

(1) ָ ('아' 혹은 '오')

대부분의 경우 '아'로 발음되나 다음의 두 경우 '오'로 발음된다.

① 강세 없는 폐음절에서

예) חָכְמָה (호흐마 ḥoḥma, 지혜)

각 음절에서 강세의 유무는 액센트 기호의 유무에 따라 결정된다. 즉, 액센트 기호가 있는 곳에 강세가 있다. 액센트 기호에 대해서는 8과에 자세히 다루었다.

② '오'(ֳ) 앞에서

예) צָהֳרַיִם (쪼호라임 tsohoraim, 정오)

(2) ְ (유성슈바와 무성슈바)

모음의 한 종류인 슈바(ְ)는 '에' 소리로 날 때가 있고 묵음인 경우가 있다.

① 슈바가 폐음절에 붙을 경우에는 대개 무성(묵음)이다.

예) אַרְבַּע (아르-바 ar-ba, 넷), מִשְׁפָּט (미슈-파트 mish-pat, 법)

단어 중간에 슈바가 단독으로 올 때 그 슈바는 무성슈바이며 그 슈바가 있는 음절이 폐음절이다.

그러나 음절이 끝나는 곳에 슈바가 오더라도 동일한 자음이 두번 연속으로 올 때(슈바가 있는 자음과 그 다음 자음)는 '에'로 발음된다.

예) הַלְלוּ (할렐루 hal-lel-lu, 찬양하라), הִנְנִי (히네니 hi-ne-ni, 내가 여기 있다)

② 단어 중간에 두 개의 슈바가 연속으로 나란히 올 때 첫 번째 것은 무성이고 두 번째 것은 유성 '에'로 발음된다.

예) יִמְצְאוּ (임쩨우 im-tse-u, 그들이 발견할 것이다)

③ 단어 처음에 오는 슈바는 유성 '에'로 발음하기도 하며 무성으로 발음하는 경우도 있다.

i) 접속사(וְ)와 전치사 בְּ, לְ, כְּ 가 슈바와 함께 올 때는 항상 '에'로 발음한다.

예) וְיִשְׂרָאֵל (베이쓰라엘 ve-is-ra-el, 그리고 이스라엘),

בְּיַד (베야드 be-yad, 손에), לְמֶלֶךְ (레멜레흐 le-mel-leḥ, 왕에게)

ii) 단어 처음에 S계통(שׂ, שׁ, ס, ז)이 슈바와 함께 올 때 그 슈바는 항상 무성(묵음)이다.

예) שְׁמוּאֵל 슈무엘 shmu-el (사무엘), סְדֹם 쓰돔 sdom (소돔), זְקֵנִים 즈케님 zke-nim (장로들)

iii) 단어의 두 번째 자음이 후음(א, ע, ה, ח)인 경우 처음에 오는 슈바는 항상 유성 '에'로 발음한다.

예) בְּהֵמָה 베헤마 behema (가축), מְעָרָה 메아라 me-ara (동굴)

iv) 앞으로 배우게 될 동사의 유형 중 '피엘'의 접두동사나 분사 형태에서 가장 처음에 오는 슈바는 항상 유성 '에'로 발음한다.

예) תְּסַפֵּר (테싸페르 te-sa-per, 당신이 말할 것이다),

מְבָרֵךְ (메바레흐 me-va-reḥ, 축복하는)

v) 그 외의 경우 단어 처음에 슈바가 올 때 그 슈바가 유성('에' 모음)이냐 무성('으' 모음) 이냐를 결정짓는 것은 어려운 문제이나 발음의 난이도를 주의깊게 살펴본다면 해결이 가능하다.

영어에서 'spring'이란 단어를 발음할 때 s와 p 사이, 그리고 p와 r 사이에 모음이 없어도 발음을 하는데 어려움을 느끼지 않으며 '으'라는 모음을 넣어서 '스프링'으로 발음한다.

('으'가 우리말에서는 모음이지만 영어와 히브리어에서는 모음이 아님을 명심하자.)

그러나 위의 영어 단어에서 'sp'가 아닌 'ps'의 순서나 'pr'이 아닌 'rp'의 순서로 시작되는 단어는 없다. '스프'와 '프르'는 쉽게 발음되지만 '프스'와 '르프'는 발음이 쉽지 않기 때문이다.

히브리어도 그와 같은 원리로 단어 처음에 오는 슈바의 발음을 결정하면 된다.

발음에서 발생하는 이러한 현상은 어떤 언어든지 간에 비슷하게 나타나는데 이러한 현상이 발생하는 이유는 두 자음 간의 '공명도'(sonority) 차이 때문이다. 즉 자음의 공명도가 오름차순(공명이 적은 것에서 큰 것으로의 배열)으로 배열될 때는 그 두 자음 사이에 모음이 없어도 발음하기 쉬우며, 반대로 공명도가 내림차순(공명이 큰 것에서 적은 것으로의 배열)일 때는 그 두 자음 사이에 모음이 있어야 발음하기 쉽다는 것이다. 히브리어 자음과 국제음성기호의 공명도 계층(sonority hierachy)은 다음과 같다. 파열음에서 접근음으로 갈수록 공명도가 크다.

공명도 계층	히브리어 자음	국제음성기호
1. 파열음 plosive	א, ע, ג, כּ, ק, ד, ט, ת, בּ, פּ	p, b, t, d, k, g, ʔ
2. 파찰음 affricate	צ	ts
3. 마찰음 fricative	ה, ר, ח, כ, שׁ, ז, ס, שׂ, ב, ו, פ	f, v, s, z, ʃ, x, ʁ, h,
4. 비음 nasal	נ, מ	m, n
5. 접근음 approximant	י, ל	l, j

공명도 계층이 오름차순(파열음 쪽에서 접근음 쪽으로)에서 슈바가 무성(묵음)이 되는 예들은 다음과 같다:

דְּבָרִים 드바림 dva-rim (말씀들), **בְּנִי** bni 브니 (나의 아들), **בְּרִית** 브리트 brit (계약),

פְּרִי 프리 pri (열매), כְּלִי 클리 kli (기구), בְּלִי 블리 bli (-없이), תְּפִלָּה 트필라 tfil-la (기도), גְּדוֹלָה 그돌라 gdol-la (큰), מְלָכִים 믈라힘 mla-ḥim (왕들)

공명도 계층이 내림차순(접근음 쪽에서 파열음 쪽으로)에서 슈바가 유성 '에'가 되는 예들은 다음과 같다:

יְלָדִים 옐라딤 yel-la-dim (아이들), לְבָב 레바브 le-vav (마음), מְשִׁיחִי 메쉬히 me-shi-ḥi (나의 메시아), יְרִיחוֹ 예리호 ye-ri-ḥo (여리고), מְאֹד 메오드 me-od (매우), נְבִאִים 네비임 ne-vi-im (선지자들)

5. 모음문자

히브리어 자음 중 ה (헤이), ו (바브), י (요드) 세 문자는 원래 자음이었으나 후에 모음으로도 사용이 되었다. י (요드)는 '이'와 '에' 소리를, ו (바브)는 '오'와 '우' 소리를, ה (헤이)는 '아', '에', '오' 소리를 나타내기 위해 사용되었다. י (요드)와 ו (바브)의 경우 그 문자들을 모음으로 쓰는 경우를 완전서법이라 하고 그 문자 없이 모음을 사용하는 것을 불완전서법이라 한다. 성경 히브리어에서는 이 둘을 병행하여 사용하며 특히 후기 성경 히브리어(바벨론유수 이후의 성경 히브리어)로 가면서 완전서법을 쓰는 경향이 나타난다. 현대 히브리어에서는 완전서법을 주로 사용한다.

서법	모음	예
완전서법	וּ וֹ ִי	הוּקַם קוֹדֶשׁ דָּוִיד 우캄 코데쉬 다비드
불완전서법	ֻ ֹ ִ	הֻקַם קֹדֶשׁ דָּוִד 후캄 코데쉬 다비드

ה (헤이)가 단어 끝에 오면서 모음으로 사용될 때는 발음하지 않는다.

예) שָׂרָה (싸라 sa-ra /'싸라흐'가 아님), מֹשֶׁה (모쉐 mo-she /'모쉐흐'가 아님), שְׁלֹמֹה

(숄로모 shlo-mo /'숄로모흐'가 아님)

6. 조심해야 할 발음

(1) 후음문자 중 ח가 단어 끝에서 모음 ַ 와 함께 올 때 모음을 후음문자보다 먼저 발음한다.

예) כֹּחַ (코아흐 ko-aḥ, 힘), רוּחַ (루아흐 ru-aḥ, 영, 바람),

מָשִׁיחַ (마쉬아흐 ma-shi-aḥ, 메시아)

(2) 단어 끝에 오는 ָיו 는 '-아이브 aiv'가 아닌 '-아브 av'로 발음한다.

예) אֱלֹהָיו (엘로하브 el-lo-hav, 그의 하나님), עָלָיו (알라브 al-lav, 그 위에),

(3) 자음 ו '바브 vav'가 וֹ ,וּ와 같이 모음으로 사용된 것처럼 보이더라도 바로 앞에 다른 모음이 올 경우(무성슈바를 포함) '보 vo'나 '부 vu'로 발음한다.

예) עָוֹן (아본 a-von, 불법), מִצְוֹת (미쯔보트 mits-vot, 명령들)

연습문제

1. 다음 히브리어 문장의 자음 알파벳 명칭을 말하라.

בְּרֵאשִׁית בָּרָא אֱלֹהִים אֵת הַשָּׁמַיִם וְאֵת הָאָרֶץ וְהָאָרֶץ הָיְתָה תֹהוּ
וָבֹהוּ וְחֹשֶׁךְ עַל-פְּנֵי תְהוֹם וְרוּחַ אֱלֹהִים מְרַחֶפֶת עַל-פְּנֵי הַמָּיִם (창1:1-2)
יְהוָה רֹעִי לֹא אֶחְסָר בִּנְאוֹת דֶּשֶׁא יַרְבִּיצֵנִי עַל-מֵי מְנֻחוֹת יְנַהֲלֵנִי נַפְשִׁי
יְשׁוֹבֵב יַנְחֵנִי בְמַעְגְּלֵי-צֶדֶק לְמַעַן שְׁמוֹ (시 23:1-3)

2. 다음을 읽어보라.

1. שְׁ	21. דֹּ	41. אַל	61. יֶלֶד	81. חַסְדּוֹ
2. גַּ	22. קוֹ	42. עִם	62. נוּן	82. מְשָׁרֵת
3. דְּ	23. נֵי	43. כֹּל	63. אָדָם	83. לָמָה
4. לָ	24. חֱ	44. מִן	64. כָּכָה	84. לָהֶם
5. מָ	25. סֹ	45. שַׁב	65. אָח	85. מָקוֹם
6. הֱ	26. צַ	46. קֹף	66. אֲנִי	86. פְּרָת
7. תֵּ	27. טְ	47. בּוּשׁ	67. עַתָּה	87. אֶהְיֶה
8. נֶ	28. יָ	48. הֶל	68. יֵשׁוּעַ	88. הָאָרֶץ
9. כֵּ	29. יוֹ	49. כֵּץ	69. גִּבְעָה	89. תּוֹרָה
10. בְּ	30. יוּ	50. נֵר	70. זֶה	90. מִמֶּנּוּ
11. סֶ	31. יְ	51. אֱל	71. הוֹשֵׁעַ	91. תֵּלֵךְ
12. עִ	32. שֵׁ	52. חֲדָךְ	72. כֹּחַ	92. לְמַעַן
13. רִי	33. וִי	53. עֵז	73. תַּפּוּחַ	93. אֱנוֹשׁ
14. וָ	34. פֹּ	54. הֱשׁ	74. זוּז	94. חֲנוֹךְ
15. זִ	35. אֱ	55. הָלוֹ	75. אַמִּיץ	95. צִידוֹן
16. שׁוֹ	36. בָּה	56. יֵשׁ	76. כָּבַשׁ	96. שְׁלַח
17. בּוֹ	37. לֹה	57. אֵין	77. טוֹב	97. עֵבֶר
18. לִי	38. מֶה	58. גָּדוֹל	78. חָדֶשׁ	98. נָחוֹר

19. תֵּ	39. רָא	59. בַּיִת	79. כְּלִי	99. יִצְחָק
20. אוֹ	40. לֹא	60. יְהִי	80. הוֹדוּ	100. אַבְרָם

3. 다음 단어들을 읽어보라.

(1) 인명, 지명

יִשְׂרָאֵל, דָּוִד, שְׁמוּאֵל, בֵּית לֶחֶם, יְהוֹשֻׁעַ, חֶבְרוֹן, בְּאֵר שֶׁבַע, אֶפְרַיִם, בַּת שֶׁבַע,
קִרְיַת אַרְבַּע, יְהוּדָה, בֵּית-אֵל, עִמָּנוּ אֵל, אִיזֶבֶל, מִיכָאֵל, מַמְרֵא, קָדֵשׁ בַּרְנֵעַ, אֵלִיָּהוּ

(2) 단어

דָּבָר	것(thing), 말(씀)	אֶרֶץ	땅	עַיִן	눈(eye)
זָקֵן	노인, 장로	שָׁם	거기(에)	עַם	백성
בַּיִת	집	נָהָר	강	קוֹל	소리, 음성
אִישׁ	남자, 사람, 남편	בְּ	-에	רֹאשׁ	머리
הַר	산	וְ	그리고	שֵׁם	이름
מֶלֶךְ	왕	יוֹם	날	נֶפֶשׁ	생명, 혼
לֹא	않다 no, not	אָב	아버지	אֵם	어머니

4. 다음 문장을 읽어보라.

אָבִינוּ שֶׁבַּשָּׁמַיִם יִתְקַדֵּשׁ שִׁמְךָ תָּבֹא מַלְכוּתְךָ יֵעָשֶׂה רְצוֹנְךָ כְּבַשָּׁמַיִם כֵּן בָּאָרֶץ

(마 6:9-10)

אֶשָּׂא עֵינַי אֶל-הֶהָרִים מֵאַיִן יָבֹא עֶזְרִי עֶזְרִי מֵעִם יְהוָה עֹשֵׂה שָׁמַיִם וָאָרֶץ

(시 121:1-2)

גּוֹל עַל-יְהוָה דַּרְכֶּךָ וּבְטַח עָלָיו וְהוּא יַעֲשֶׂה

(시 37:5)

הִנֵּה מַה-טּוֹב וּמַה-נָּעִים שֶׁבֶת אַחִים גַּם-יָחַד

(시 133:1)

Chapter 2

당신은 누구십니까?
(מִי אַתָּה)

שָׁלוֹם! מִי אַתָּה?	안녕하세요? 당신은 누구십니까?
אֲנִי מֹשֶׁה וְאַתָּה?	저는 모세입니다. 당신은요?
אֲנִי יוֹסֵף. מִי הוּא?	저는 요셉입니다. 그는 누구입니까?
הוּא בִּנְיָמִין. הוּא גָּדוֹל.	그는 베냐민입니다. 그는 큽니다.
מַה זֶּה?	이것은 무엇입니까?
זֶה לֶחֶם.	이것은 빵입니다.
מִי זֶה?	이 사람은 누구입니까?
זֶה מֶלֶךְ.	이 사람은 왕입니다.

당신은 누구십니까?
(מִי אַתָּה)

2.1 정관사

정관사의 기본 형태는 הַ 이다. 정관사는 명사나 형용사 바로 앞에 위치하며 바로 뒤에 오는 문자에 점(다게쉬)을 추가시킨다.

예) מֶלֶךְ + הַ = הַמֶּלֶךְ 그 왕

그러나 정관사 다음에 오는 단어의 첫 문자가 점(다게쉬)을 취하기 힘든 후음문자(ע, ח, ה, א)나 ר가 올 때 정관사는 הָ나 הֶ가 되기도 한다.

예) הָאָרֶץ 그 땅, הָעִיר 그 도시, הָרֹאשׁ 그 머리, הֶהָרִים 그 산들

2.2 의문불변사

의문사 없는 의문문, 즉 '예'와 '아니오'로 대답할 수 있는 의문문에는 의문불변사가 문장 처음에 붙는데 의문불변사의 기본 형태는 הֲ 로 정관사와 같은 문자를 갖는다. 그 다음에 후음이 오거나 특별한 경우에는 הַ 나 הָ 나 הֶ가 된다.

예) הֲיֵשׁ דָּבָר (렘 37:17) 말씀이 있는가? הַאַתָּה הָאִישׁ (삿 13:11) 너는 그 사람인가?

> **조심하자!**
> 정관사와 의문불변사는 자음이 같으므로 서로 혼동하지 않도록 조심하자. 그러나 정관사와 의문불변사는 문장의 구조와 형태 형태만 잘 살핀다면 구분하기가 어렵지 않음을 알 수 있다.

2.3 전치사

전치사는 성, 수, 인칭 등에 따라 자음의 형태가 변하지 않는 불변사(particle)에 속하며 명사나 대명사 접미사 앞에 온다. 명사 앞에 오는 전치사 중에는 명사 바로 앞에 붙여서 쓰는 '비분리 전치사'가 있고 명사와 분리하여 쓰는 '분리 전치사'가 있다.

비분리 전치사

대표적인 비분리 전치사는 다음 세 개이다:

בְּ (안)에, 로, לְ 에게, 위하여, כְּ 처럼, 같이

위 세 전치사는 다른 명사와 붙여서 사용되므로 '비분리 전치사'로 부르며 다음과 같이 모음이 변한다.

① 기본 형태는 슈바(ְ) 예) בְּעִיר 도시에서, כְּמֶלֶךְ 왕처럼, לְאִישׁ 사람에게

② 뒤에 모음 슈바(ְ)와 함께 올 때 ִ 로 바뀐다. 즉 ◌ְ◌ְ → ◌ִ◌ְ.

예) לְשְׁמוּאֵל → לִשְׁמוּאֵל 사무엘 에게

그러나 모음 슈바(ְ)가 자음 요드(י) 와 함께 올 때 요드(י)의 모음은 생략된다.

예) לְיְהוּדָה → לִיהוּדָה 유다에게, 유다를 위하여

③ 뒤에 후음자음과 복합모음이 올 때는 다음과 같이 바뀐다.

ֲ → ַ , ֱ → ֶ , ֳ → ָ

예) בַחֲלוֹם 꿈에, בֶאֱמֶת 진실로, בָאֳהָלִים 장막들에서

그러나 אֱלֹהִים ,אֱמֹר ,אֲדֹנָי 이 올 때 알레프(א)의 모음이 생략되기도 한다.

예) בֵּאלֹהִים 하나님 안에, לֵאמֹר 말하기를, לַאדֹנָי 주께

그러나 בֶּאֱמֹר ,לַאֲדֹנִי

④ '아' 모음을 취하는 몇 가지 경우가 있다: בַּמֶּה 무엇으로, לָרֹב 수많은, לָמָּה 왜

⑤ 이 세 전치사가 정관사와 함께 오는 경우 정관사의 모음은 전치사에 붙고 정관사의 자음은 사라진다.

예) הַמֶּלֶךְ + לְ → לַמֶּלֶךְ 그 왕에게, הָאִישׁ + לְ → לָאִישׁ 그 사람에게, הֶהָרִים + בְּ → בֶּהָרִים 그 산들에서, הָאָרֶץ + בְּ → בָּאָרֶץ 그 땅에서

조심하자!

비분리 전치사에 붙은 모음을 잘 살피는 것은 정관사의 유무와 관련되므로 중요한 일이다. 그러나 우리말은 관사가 없는 언어이므로 관사를 해석에 반영할 것인가 하는 것은 여러 요소를 고려하여 결정해야 한다.

분리 전치사

전치사 다음에 오는 명사와 결합하지 않고 분리하여 쓰는 전치사로 앞에 소개한 비분리 전치사 세 개를 제외한 기의 대부분의 전치사가 여기에 속한다. 대표적인 분리 전치사를 소개하면 다음과 같다:

אֶל	-로 into, to	עִם	-함께 with
עַל	-위에, 대하여 on, about	אֵת/אֶת	-함께 with

תַּחַת	-아래, 대신에 under, instead of	בְּלִי	-없이 without
עַד	-까지 until	לִפְנֵי	-전에, 앞에 before
בֵּין	-사이에 between	אַחֲרֵי/אַחַר	-후에, 뒤에 after

> 전치사 뒤에는 '마케프' (מַקֵּף, ma-kef)로 불려지는 기호(-)가 붙기도 한다. 이 마케프 기호가 붙으면 강세나 액센트 표기에 있어서 두 단어(혹은 그 이상)를 한 단어로 취급한다는 의미이다. '마케프' 기호는 전치사 뿐 아니라 다른 단어에서도 사용될 수 있다.

전치사 מִן

전치사 מִן (-로부터 from)은 분리 전치사와 비분리 전치사로 모두 사용된다. 이 전치사가 분리 전치사로 사용될 때는 모음과 자음에 변화가 없다.

예) מִן-הַמֶּלֶךְ (삼하 18:13) 그 왕으로부터

그러나 비분리 전치사로 사용될 때는 다음과 같은 변화가 일어난다.

① 전치사에 속해 있는 자음 눈 (ן)은 다음에 오는 자음에 동화되거나 없어진다.

예) מִמֶּלֶךְ 왕으로부터

② 전치사 다음에 י 로 시작되는 단어가 올 경우에 요드에 붙는 모음은 생략된다.

예) מִיהוּדָה 유다로부터

③ 후음 중 א ,ה ,ע 나 ר 앞에서 מֵ가 되기도 한다.

예) מֵאָדָם 사람으로부터 מֵהַמֶּלֶךְ 그 왕으로부터, מֵעִיר 도시에서,

מֵרֹאשׁ 머리(정상)에서

2.4 인칭대명사

인칭 / 성,수		단수	복수
1인칭		אֲנִי אָנֹכִי	אֲנַחְנוּ נַחְנוּ
2인칭	남성	אַתָּה	אַתֶּם
	여성	אַתְּ	אַתֶּן
3인칭	남성	הוּא	הֵם הֵמָּה
	여성	הִיא הִוא	הֵנָּה

① 이곳의 인칭대명사는 독립된 형태로 사용되므로 '독립 인칭대명사'라고도 한다. 인칭대명사는 앞에 접속사 ו 나 의문불변사 ה 와만 결합하여 사용하는 것을 허용하며 그 외에 어떤 단어도 함께 결합하여 사용하지 않는다.

② 독립인칭대명사의 사음은 변하지 않으며 모음은 앞으로 배우게 될 액센트에 따라 약간씩 변한다. 예) אֲנִי 대신 אָֽנִי, אֲנַחְנוּ 대신 אֲנָֽחְנוּ

③ 1인칭 단수에서 אֲנִי(71%)와 אָנֹכִי(29%)가 함께 사용되는데 구약 성경에서 약360회 출현하는 אָנֹכִי의 형태는 후기 성경 히브리어(바벨론유수 이후의 성경 히브리어)로 가면서 거의 사용하지 않는다.

④ 1인칭 복수에서는 대부분 אֲנַחְנוּ가 사용되지만 נַחְנוּ가 사용되기도 하며(총 6회), אֲנוּ가 1회(렘 42:6) 사용되기도 한다.

대략 주후 500년에서 1000년 사이에 히브리어 표준 성경 전수에 몰두했던 유대인 '맛소라 학자'들은 여러가지 활동을 하였는데 그 중 대표적인 것이 모음 부호와 액센트 기호를 고안한 것이었다. 이들은 또한 본문에 적힌 특정한 낱말을 나르게 읽을 것을 제안하기도 했는데 본문에 적힌 것을 아람어로 '크티브(כְּתִיב)'라고 하고 다르게 읽을 것을 여백에 제안한 것을 '그레(קְרֵי)'라고 한다. 렘 42:6의 אֲנוּ는 '크티브'이고 '크레'는 אֲנַחְנוּ이므로 유대인들은 그 낱말을 '아누'로 읽지 않고 '아나흐누'로 읽는다.

⑤ 2인칭 남성단수에서 אַתָּה 대신 אַתְּ가 드물게(총 3회) 사용되기도 한다.

⑥ 2인칭 여성단수에서 אַתְּ 대신 אַתִּי가 7회 나타나지만 모두 '크티브'이고 '크레'는 אַתְּ이다.

⑦ 3인칭 대명사는 다음(2.5)에 나오는 지시대명사, 혹은 지시형용사로 사용되기도 한다.

⑧ 3인칭 여성단수에서(지시대명사, 지시형용사 포함) הִיא(61%)와 הִוא(39%)가 함께 사용되는 것이 특이한 현상이다. הִיא는 성경 전체에서 골고루 나타나지만 הִוא는 총 193회 중 1회(사 39:1)를 제외하면 모두 모세오경에서만 출현한다는 것이 특이하다고 할 수 있다.

⑨ 2인칭 여성복수에서 אַתֶּן이 주로 사용되나 אַתֵּנָה의 형태로도 드물게(총 4회) 나타난다.

⑩ 3인칭 남성복수에서는 הֵמָּה(52%)와 הֵם(48%)이 거의 비슷하게 사용되나 3인칭 여성복수에서는 항상 הֵנָּה만 사용된다.

⑪ 독립인칭대명사는 문장에서 핵심주어, 핵심술어의 기능 외에 2중 주어, 2중 목적어, 2중 소유격, 해설의 기능, 세 구성원문장에서의 역할, 특수구문 등 매우 다양한 기능을 한다.

2.5 지시대명사

인칭 / 성,수		단수	복수
이것 this	남성	זֶה	אֵלֶּה
	여성	זֹאת	
저것, 그것 that	남성	הוּא	הֵם הֵמָּה
	여성	הִיא	הֵנָּה

① 근칭 지시대명사(this) 여성단수는 대개 זֹאת 이나 가끔 זוֹ와 זֹה의 형태도 발견된다.

② 근칭 지시대명사 중 זוּ 형태가 15회 등장하는데 남성, 혹은 여성으로 사용되며 모두

운문체에서 나타난다.

③ 근칭 지시대명사 복수형태는 성의 구별 없이 나타나며 주로 אֵלֶּה가 사용되나 가끔 אֵל도 사용된다.

④ 원칭 지시대명사(that) 여성단수는 인칭대명사의 경우와 같이 הִיא와 הִוא가 함께 사용된다.

⑤ 지시대명사는 독립인칭대명사와 같이 문장에서 다양한 기능을 한다. 인칭대명사와 다른 점은 동사의 목적어로 사용된다는 것, 전치사와 함께 결합하여 사용된다는 것, 정관사와 함께 지시형용사로도 사용된다는 것 등이다.

동사의 목적어로 사용된 예: עָשִׂיתִי זֹאת (창 20:5) 내가 이것을 행했다.

전치사와 함께 사용된 예: לָזֶה 이 자에게, כָּאֵלֶּה 이 자들과 같이

지시형용사로 사용된 예: הַיּוֹם הַזֶּה 이 날

⑥ 인칭대명사와 지시대명사는 대개 앞에 나온 단어를 가리키지만(anaphora) 지시대명사 중에는 앞으로 나올 단어를 가리키는 역할(cataphora)을 하기도 한다.

예) אֵלֶּה שְׁמוֹת בְּנֵי עֵשָׂו (창 36:10) 에서 자손들의 이름은 이러하다.

2.6 의문대명사와 의문부사

의문대명사	מִי 누구, מַה 무엇
의문부사	אֵיפֹה, אֵי, אַיֵּה 어디에, מַדּוּעַ, לָמָה 왜, מָתַי 언제, אֵיךְ 어떻게, אֵי-זֶה 어느 것(사람), מֵאַיִן 어디서부터, כַּמָּה 얼마

① 의문대명사와 의문부사는 대개 모음의 변화가 없으나 מַה 는 정관사의 변화와 비슷하게 모음이 변하여 때로 מָה 나 מֶה 로 된다.

② 의문대명사는 주격 뿐 아니라 목적격, 소유격으로도 사용된다.

예) בֶּן-מִי אַתָּה (삼상 17:58) 너는 누구의 아들이냐,

מֶה עָשִׂיתָ (창 4:10) 너는 무엇을 했느냐

③ 의문대명사는 직접의문문 뿐 아니라 간접의문문에서도 사용된다.

예) לֹא יָדְעוּ מַה-הוּא (출 16:15) 그들은 그것이 무엇인지 알지 못했다

④ 의문대명사는 부정대명사로 누구든지, 무엇이든지의 뜻으로도 사용된다.

예) מִי לַיהוָה אֵלָי 여호와를 위한 자는 누구든지 내게로 (오라)

⑤ 의문대명사 מַה 는 형용사와 함께 감탄적으로 쓰인다.

예) מַה-טּוֹב וּמַה-נָּעִים (시 133:1) 얼마나 좋고 얼마나 즐거운가!

⑥ 의문대명사와 의문부사는 전치사와 함께 사용되기도 한다.

예) לְמִי 누구에게, לָמָּה 무엇을 위하여=어찌하여, עַד-מָתַי 언제까지, מֵאַיִן 어디에서

2.7 명사문장

모든 셈어가 그렇듯이 히브리어의 중요한 특징 중 하나는 명사만을 나열하여 매우 단순한 문장을 만들 수 있다는 것이다. 그러한 문장을 '명사문장(nominal sentence)', 혹은 동사없는 문장(verbless sentence)이라 부른다. 명사문장에는 명사를 포함하여 대명사(인칭대명사, 지시대명사, 의문대명사), 형용사, 부사, 수사, 전치사구 등의 구성성분이 올 수 있다.

① 명사문장을 영어나 한글로 해석할 때 히브리어에는 없는 단어를 추가하여 해석해야 하는데 영어에서는 주로 'be'를 사용하며 한글에서는 '이다', '있다', 혹은 '되다' 세 종류로 해석된다.

예) אֲנִי יוֹסֵף (창 45:3) I **am** Joseph. 나는 요셉**이다**.

אֲנַחְנוּ בְקָדֵשׁ (민 20:16) We are in Kadesh. 우리는 가데스에 **있다**.

② 명사문장의 시제해석은 반드시 문맥에 따라 해야한다. 따라서 명사문장의 해석은 과

거, 현재, 미래 모두가 가능하다.

예) הוּא בְמִצְרַיִם (대하 10:2) 그는 이집트에 **있었다**.

מִי אַתָּה (창 27:18) 너는 누구**냐?**

הִנֵּה-שָׁם אֲחִיָּה (왕상 14:2) 보라, 아히야가 그곳에 **있을 것이다**.

אֲנִי-לוֹ לְאָב (대상 22:10) 나는 그에게 아버지가 **될 것이다**.

③ 우리말은 높임말과 낮춤말 사이에 구분이 있지만 히브리어를 포함한 모든 셈어에는 그러한 구분이 없다. 따라서 מִי אַתָּה (창 27:18)와 같은 명사문장을 해석할 때 '너는 누구냐?', '당신은 누구입니까?', '당신님은[2] 누구십니까?' 등 다양한 가능성을 문맥에서 찾아내야 한다.

④ 명사문장의 단어순서는 주어-술어, 술어-주어 두가지가 모두 가능하다. 명사문장에 대한 논란은 아직도 진행 중이며 주어와 술어의 용어 및 정체판명, 문장구분, 한정성, 계사, 세구성원문장, 격걸림문장 등 해결되지 않은 숙제가 많이 있는데 단어순서도 그 중 하나이다. 대개 명사문장은 동질(identification) 문장과 비동질(non-identification) 문장으로 분류되는데 일반적으로 동질문장에서는 주어-술어, 비동질문장에서는 주어-술어 혹은 술어-주어의 순서를 갖는다.[3]

---

2 우리말에는 2인칭대명사에 높임말이 없으므로 '당신님'이란 표현을 사용해 보았다.

3 일반적으로 학자들은 명사문장을 동질(identification)문장과 분류(classification)문장으로 나누나 본인은 '분류'문장이란 용어가 적절하지 않다고 여겨 '비동질'문장이라는 용어를 사용한다. 여기서 동질문장이란 주어와 술어가 가리키는 지시물(referent)이 동일한 문장을 말하며 비동질문장이란 동일한 지시물을 갖지 않는 문장을 말한다. 동일한 지시물을 갖는 동질문장에서는 주어와 술어의 순서를 바꾸어도 항상 참이다. '나는 모세이다'라는 문장은 '모세는 나다'로 바꾸었을 때도 여전히 참이므로, 즉 '나'와 '모세'는 동일한 지시물이므로 동질문장이다. 비동질문장에서 주어와 술어는 동일한 지시물이 아니므로 둘의 관계가 포함관계인 경우가 많다. '나는 선지자다'라는 문장에서 '나'와 '선지자'는 동일 지시물이 아니고 포함관계이므로 비동질문장에 속한다. '그녀는 예쁘다', '그의 아들은 일곱명이다' 등의 문장도 모두 비동질문장에 속한다.

예) 동질문장 אֲנִי יְהוָה (왕상 20:13) 나는 여호와다.

비동질문장 עִבְרִי אָנֹכִי (욘 1:9) 나는 히브리인이다.

다음은 다양한 명사문장의 예이다:[4]

① 의문대명사+인칭대명사 מִי אַתָּה (창 27:18) 너는 누구냐

② 인칭대명사+명사 אֲנִי יְהוָה (왕상 20:13) 나는 여호와이다

③ 인칭대명사+인칭대명사 אֲנִי הוּא (사 43:13) 나는 그다

④ 지시대명사+인칭대명사 זֶה הוּא (삼상 16:12) 이 자가 그다

⑤ 명사+명사 יְהוָה רֹעִי (시 23:1) 여호와는 나의 목자시다

⑥ 형용사+명사 צַדִּיק יְהוָה (시 11:7) 여호와는 의로우시다

⑦ 인칭대명사+부사 אֲנִי שָׁם (삼하 14:32) 나는 거기에 있다

⑧ 명사+수사 שֹׁפְטִים שֵׁשֶׁת אֲלָפִים (대상 23:4) 판사들은 육천이다

⑨ 명사+전치사구 אֲנַחְנוּ בַּבַּיִת (왕상 3:18) 우리들은 집에 있다

⑩ 명사+인칭대명사+명사 יְהוָה הוּא הָאֱלֹהִים (왕상 18:39)
정녕 여호와는 하나님이시다

⑪ 인칭대명사+지시대명사+명사 אַתָּה זֶה בְּנִי עֵשָׂו (창 27:24)
정녕 너는 내 아들 에서냐

⑫ 명사+수사+인칭대명사 חֲלוֹם אֶחָד הוּא (창 41:26)
정녕 꿈은 하나이다

⑬ 인칭대명사+인칭대명사+인칭대명사 אֲנִי אֲנִי הוּא (신 32:39)
정녕 내가 그다

---

4 명사문장 중 ⑩에서 ⑬까지는 주어와 술어 외에 또 다른 요소를 포함하는 문장으로 '세구성소 명사문장'이라 부르며, 이에 대한 학자들의 견해는 다양하다. 필자는 '강조'의 기능을 한다고 보아 '정녕'이라는 단어를 넣어 해석했다.

2과 단어

בַּת	딸	בֵּן	아들	אָדָם	사람
אוֹר	빛	לֶחֶם	빵	כֹּהֵן	제사장
מָשִׁיחַ	메시아	גָּדוֹל	큰, 위대한	אִשָּׁה	여자, 아내
רוּחַ	영, 바람	טוֹב	좋은	יָד	손
עֶבֶד	종	עִיר	도시	בְּרִית	계약, 언약
רֹעֶה	목자	צַדִּיק	의로운	חֶסֶד	인자, 자비
חָכְמָה	지혜	אֱלֹהִים	하나님, 신	תּוֹרָה	율법, 가르침
שֻׁלְחָן	상, 책상	אֶחָד	하나의	בֹּקֶר	아침

[히브리어로 기도하기]

אָבִינוּ שֶׁבַּשָּׁמַיִם	하늘에 계신 우리 아버지!
אַתָּה אֱלֹהִים	당신은 하나님이십니다.
אַתָּה מֶלֶךְ	당신은 왕이십니다.
אֲנִי לֹא מֶלֶךְ	저는 왕이 아닙니다.
אַתָּה טוֹב	당신은 좋습니다.
אֲנִי לֹא טוֹב	저는 좋지 않습니다.
אַתָּה גָּדוֹל	당신은 위대합니다.
אֲנִי לֹא גָּדוֹל	저는 위대하지 않습니다.
אַתָּה אֱלֹהִים טוֹב	당신은 좋으신 하나님이십니다.
אַתָּה אֱלֹהִים גָּדוֹל	당신은 위대하신 하나님이십니다.
אַתָּה רֹעֶה טוֹב	당신은 좋으신 목자이십니다.
אֱלֹהִים, אֲנִי אוֹהֵב אֹתְךָ	하나님, 저는 당신을 사랑합니다.
בְּשֵׁם יֵשׁוּעַ הַמָּשִׁיחַ, אָמֵן	예수님의 이름으로 기도합니다. 아멘!

연습문제

1. 다음 문장을 읽으라.

אָבִינוּ שֶׁבַּשָּׁמַיִם יִתְקַדֵּשׁ שִׁמְךָ : תָּבֹא מַלְכוּתְךָ יֵעָשֶׂה רְצוֹנְךָ כְּבַשָּׁמַיִם כֵּן בָּאָרֶץ : אֶת-
לֶחֶם חֻקֵּנוּ תֵּן-לָנוּ הַיּוֹם : וּסְלַח-לָנוּ עַל חֲטָאֵינוּ כְּפִי שֶׁסּוֹלְחִים גַּם אֲנַחְנוּ לַחוֹטְאִים
לָנוּ : וְאַל תְּבִיאֵנוּ לִידֵי נִסָּיוֹן כִּי אִם חַלְּצֵנוּ מִן הָרָע כִּי לְךָ הַמַּמְלָכָה וְהַגְּבוּרָה
וְהַתִּפְאֶרֶת לְעוֹלְמֵי עוֹלָמִים אָמֵן (마6:9-13)

2. 다음 전치사구를 해석하라.

(1) לְדָוִד
(2) בְּשֵׁם
(3) כְּמֶלֶךְ
(4) לִיהוּדָה
(5) בֵּאלֹהִים
(6) כְּאִישׁ
(7) לָעִיר
(8) בַּבַּיִת
(9) בָּאָרֶץ
(10) כָּאִישׁ
(11) עַד-הַבַּיִת
(12) עַל-הָאָרֶץ
(13) לִפְנֵי הָאֱלֹהִים
(14) אֶל-אַבְרָהָם
(15) מִן-הָעָם
(16) עִם-יִצְחָק

(17) תַּחַת יַד　　(18) בְּלִי שֵׁם

(19) אַחֲרֵי הַיּוֹם　　(20) אֶת-הַבֵּן

(21) עִם-הָאָב　　(22) מִיהוּדָה

(23) לִפְנֵי הָעִיר　　(24) לַדָּבָר

(25) מִיִּשְׂרָאֵל　　(26) בַּיּוֹם

(27) בַּשָּׁנָה　　(28) אֶל הַמֶּלֶךְ

(29) אַחַר הַדָּבָר　　(30) בֵּין מוֹאָב וּבֵין יִשְׂרָאֵל

3. 다음 명사문장을 해석하라.

(1) מִי אֵלֶּה?　　(2) מִי אַתֶּם?

(3) מָה הֵמָּה?　　(4) אֵיפֹה הִיא?

(5) מַדּוּעַ הוּא שָׁם?　　(6) מֵאַיִן אַתָּה?

(7) עַד-מָתַי אַתֶּן בַּבַּיִת?　　(8) זֶה הוּא.

(9) הַכֹּהֵן טוֹב.　　(10) אָב וְאֵם בַּבַּיִת.

Chapter 3

안녕하세요?
(מַה שְּׁלוֹמְךָ)

מַה שְׁלוֹמְךָ?	당신의 평안은 어떻습니까(안녕하세요?)
טוֹב. וְאַתָּה?	좋습니다(평안합니다). 당신은요?
תּוֹדָה לָאֵל. שְׁלוֹמִי טוֹב.	하나님께 감사합니다. 저의 평안은 좋습니다.
מַה שְׁלוֹם אָבִיךָ?	당신의 아버지의 평안은 어떤가요?
הוּא בַּבַּיִת. שְׁלוֹמוֹ לֹא טוֹב.	그는 집에 있습니다. 그의 평안은 좋지 않습니다.
לָמָה? מַה יֵשׁ לוֹ?	왜요? 그에게 무엇이 있나요?
רֹאשׁוֹ לֹא טוֹב.	그의 머리가 좋지 않습니다.

안녕하세요?
(מַה שְׁלוֹמְךָ)

3.1 명사와 형용사의 성수

명사의 성, 수는 다음과 같다:

수 \ 성	남성		여성	
단수	숫말	סוּס	암말	סוּסָה
복수	숫말들	סוּסִים	암말들	סוּסוֹת
쌍수	두 마리의 숫말들	סוּסַיִם	두 마리의 암말들	סוּסָתַיִם

① 히브리어 명사와 형용사에는 남성과 여성 둘만 있으며 중성은 없다. 위의 표에 나타난 것처럼 동일한 어원을 가진 명사가 남성과 여성을 동시에 가지는 것은 주로 사람이나 동물을 나타내는 단어에서 나타난다. 그러나 동물 보다는 사람에서 훨씬 더 많이 나타난다. 성경 히브리어에서 말(horse, סוס)을 나타내는 단어는 단 한 차례만 여성, 즉 '암말'이란 뜻으로 사용되었다. 그러나 이 단어로 표를 만든 이유는 성과 수에 따라 어근의 모음이 변하지 않기 때문이다.

② 여성단수 어미형태인 ָה- 나 ת- 는 여성을 나타내는 표지이다.

예) סוּסָה 암말, תּוֹרָה 계명, אִשָּׁה 여자, 아내, בַּת 딸, מַלְכוּת 왕국

③ 일반적으로 남성복수에 붙는 어미는 ־ִים, 여성복수는 ־וֹת, 그리고 쌍수에 붙는 어미는 ־ַיִם이다. 이러한 어미들이나 여성단수 어미가 붙을 때 명사의 모음이 변하는 경우가 대부분이다. 하지만 그러한 복잡한 모음의 변화를 기억할 필요는 없다.

예) מֶלֶךְ 왕/ מְלָכוֹת 여왕들, יֶלֶד 어린이/ יְלָדִים 어린이들, נָבִיא 선지자/ נְבִיאָה 여선지자

기억하지 말자!

굳이 명사의 성을 외울 필요는 없다. 우리의 목표는 히브리어 작문이 아니라 본문을 해석하는 것이기 때문이다. 여러가지 형태에 따른 모음변화나 강세 등을 파악할 필요도 없다. 또한 명사를 유형에 따라 1변화, 2변화, 3변화 명사 등으로 구분하는 것도 바람직하지 않다. 그럴 시간이 있다면 한 문장이라도 더 외우는 편이 낫다.

④ 모든 명사가 다 쌍수 형태를 갖는 것은 아니며 쌍으로 표시할 수 있는 것만 쌍수를 갖는다. 예) יָדַיִם 두 손들, עֵינַיִם 두 눈들, יוֹמַיִם 이틀

⑤ 복수가 될 때 모음 뿐 아니라 자음이 변하는 다음과 같은 명사들은 조심해야 할 것이다. יוֹם - יָמִים 날(들), אִישׁ - אֲנָשִׁים 남자(사람)(들), בַּיִת - בָּתִּים 집(들)

⑥ 여성복수형태가 붙는 남성명사들은 다음과 같다(그러나 이것도 굳이 외울 필요는 없다). אָב - אָבוֹת 아버지(들), חֲלוֹם - חֲלֹמוֹת 꿈(들), מָקוֹם - מְקֹמוֹת 장소(들), שֻׁלְחָן - שֻׁלְחָנוֹת 상(들) table(s), שֵׁם - שֵׁמוֹת 이름(들), קוֹל - קֹלוֹת 소리(들)

⑦ 남성복수형태가 붙는 여성명사들은 다음과 같다(자음이 변하는 것들만 특별히 기억하자). עִיר - עָרִים 도시(들), שָׁנָה - שָׁנִים 해(년)(들), אֶבֶן - אֲבָנִים 돌(들), אִשָּׁה - נָשִׁים 여자(아내)(들)

형용사의 성, 수는 다음과 같다:

수 \ 성	남성	여성
단수	טוֹב 좋은	טוֹבָה 좋은
복수	טוֹבִים 좋은	טוֹבוֹת 혹은 טֹבוֹת 좋은

형용사의 용법

① 형용사의 용법은 크게 두 가지로 관형적 용법(구)과 서술적 용법(설)이다.

i) 관형적 용법으로 사용될 때는 단어의 순서가 중요한데 항상 명사 뒤에서 앞에 나온 명사를 꾸며 주며 문장이 아닌 구를 형성한다. 즉 명사+형용사의 순서이다.

예) אִישׁ טוֹב 좋은 사람

정관사가 올 때는 명사와 형용사 모두 정관사를 붙여야 한다.

예) הָאִישׁ הַטּוֹב 그 좋은 사람

ii) 서술적 용법으로 사용될 때는 단어 순서가 자유로우며 구가 아닌 문장을 형성한다.

예) אִישׁ טוֹב 혹은 טוֹב אִישׁ 사람은 좋다.

정관사가 올 때는 명사에만 정관사를 붙인다.

예) הָאִישׁ טוֹב 혹은 טוֹב הָאִישׁ 그 사람은 좋다.

② 형용사의 성과 수는 명사와 일치해야 한다.

예) אִשָּׁה טוֹבָה 좋은 여자 혹은 여자는 좋다, הָאֲנָשִׁים הַטּוֹבִים 그 좋은 사람들,

טוֹבָה הָאָרֶץ 그 땅은 좋다, נָשִׁים טוֹבוֹת 좋은 여자들 혹은 여자들은 좋다.

③ 형용사에는 쌍수가 없다. 따라서 명사가 쌍수일 때 형용사는 복수형태를 사용한다.

예) הַיָּדַיִם טֹבוֹת 그 손들은 좋다.

④ 2과에서 나온 지시대명사가 지시형용사로 사용되기도 하는데 정관사와 함께 관형적 용법으로 나타난다. 예) הַיּוֹם הַזֶּה 이 날, הַיּוֹם הַהוּא 그 날

⑤ 형용사 중 ה 로 끝나는 단어는 여성단수와 복수에서 ה가 탈락된다.

수 \ 성	남성	여성	뜻
단수	קָשֶׁה יָפֶה	קָשָׁה יָפָה	어려운, 완고한 아름다운
복수	קָשִׁים יָפִים	קָשׁוֹת יָפוֹת	어려운, 완고한 아름다운

⑥ 형용사가 명사화되어 단독으로 쓰일 때가 있다.

예) כָּל-הַטּוֹב (삼상 14:36) 모든 좋은 것

3.2 비교급과 최상급

히브리어 형용사에는 비교급과 최상급을 표현하는 특별한 형태가 없다. 비교급을 표현할 때는 전치사 מִן / ·מִ (-보다) 를 사용한다.

예) חָכָם אַתָּה מִדָּנִאֵל (겔 28:3) 당신은 다니엘보다 더 지혜롭다.

최상급을 표현하는 방법은 다양한데 형용사 앞에 정관사를 붙여 표현하기도 한다.

예) הַיָּפָה בַּנָּשִׁים (아 1:8) 여자들 중 가장 예쁜 자

• **명사와 형용사의 연습** - 모음의 변화는 무시하라. 형용사의 형태를 보고 명사의 성, 수를 짐작할 수 있다. 고유명사는 한정명사와 동일하게 취급됨을 조심하라.

형용사: **רַע, רָעָה, רָעִים, רָעוֹת** (악한, 나쁜)

חָזָק, חֲזָקָה, חֲזָקִים, חֲזָקוֹת (강한)

① זָקֵן טוֹב ② עַם קָשֶׁה ③ אֶבֶן רָעָה ④ הַבֵּן הַטּוֹב ⑤ הַבַּת הָרָעָה

⑥ הָרֹעֶה הֶחָזָק ⑦ בֹּקֶר טוֹב ⑧ הַשֻּׁלְחָן גָּדוֹל ⑨ יְהוָה צַדִּיק ⑩ סוּס אֶחָד

⑪ הָעֶבֶד גָּדוֹל ⑫ הָעִיר רָעָה ⑬ אֵם טוֹבָה ⑭ הַמְּקֹמוֹת טוֹבִים

⑮ שֻׁלְחָנוֹת חֲזָקִים ⑯ הַנָּשִׁים רָעוֹת ⑰ הַשְּׁמוֹת הַגְּדוֹלִים

⑱ הַחֲלֹמוֹת קָשִׁים ⑲ אֲנָשִׁים טוֹבִים ⑳ בַּיָּמִים הָרָעִים

3.3 명사의 연계형

아랍어, 독일어, 헬라어 등에는 지금도 명사의 격이 남아 있으나 성경 히브리어의 경우 명사의 격이 없다. 따라서 격표시는 다른 방법으로 하는데 속격을 표시하는 방법이 바로 설대형과 연계형 개념이다. 2개 이상의 명사를 연속적으로 표현하고자 할 때 우리말의 '의'나 영어의 'of'에 해당되는 단어를 넣지 않고 여러개의 명사만을 나열하는데 가장 뒤에 오는 명사가 '절대형'이며 그 앞에 오는 명사가 '연계형'이다. 연계형의 형태는 다음과 같다:

성 \ 수	단수		복수	
형	남성	여성	남성	여성
절대형	סוּס 숫말	סוּסָה 암말	סוּסִים 숫말들	סוּסוֹת 암말들
연계형	סוּס -의 숫말	סוּסַת -의 암말	סוּסֵי -의 숫말들	סוּסוֹת -의 암말들

① 표에서 보는 바와 같이 남성단수와 여성복수에서는 절대형과 연계형 사이에 아무런 차이가 없고 여성단수와 남성복수에서만 차이가 있다. 강세의 이동으로 인해 연계형 명사에 모음의 변화가 있을 수 있으나 특별히 기억할 필요는 없다.

예) עֶבֶד אַבְרָהָם 아브라함의 종, תּוֹרַת אֱלֹהִים 하나님의 율법,

אַנְשֵׁי יַעֲקֹב 야곱의 사람들, מַלְכוֹת יִשְׂרָאֵל 이스라엘의 여왕들

② 정관사와 함께 올 때 정관사는 절대형에만 붙는다. 연계형의 수가 아무리 많더라도 가장 끝에 오는 절대형에만 정관사를 붙이면 된다.

예) בְּנֵי הַכֹּהֵן 그 제사장의 아들들

לֵב רָאשֵׁי עַם-הָאָרֶץ (욥 12:24) 그 땅의 백성의 두령들의 마음

③ 다음 연계형들은 불규칙하게 변하는 것들이다:

אָב - אֲבִי '-의 아버지', אָח - אֲחִי '-의 형제', פֶּה - פִּי '-의 입',

אִשָּׁה – אֵשֶׁת '-의 아내', מָוֶת - מוֹת '-의 죽음'

예) אֲבִי מֹשֶׁה 모세의 아비, אֲחִי יוֹאָב 요압의 형제, פִּי יְהוָה 여호와의 입, אֵשֶׁת אוּרִיָּה 우리아의 아내, מוֹת אַבְרָהָם 아브라함의 죽음

3.4 대명사 접미사

명사 뒤에 붙는 대명사 접미사는 다음과 같다.

대명사접미사 \ 명사연계형			남성단수	여성단수	남성복수	여성복수
			סוּס	סוּסַת	סוּסֵי	סוּסוֹת
			-의 숫말	-의 암말	-의 숫말들	-의 암말들
단수	1 인칭	אֲנִי	סוּסִי	סוּסָתִי	סוּסַי	סוּסוֹתַי
	2 인칭남성	אַתָּה	סוּסְךָ	סוּסָתְךָ	סוּסֶיךָ	סוּסוֹתֶיךָ
	2 인칭여성	אַתְּ	סוּסֵךְ	סוּסָתֵךְ	סוּסַיִךְ	סוּסוֹתַיִךְ
	3 인칭남성	הוּא	סוּסוֹ	סוּסָתוֹ	סוּסָיו	סוּסוֹתָיו
	3 인칭여성	הִיא	סוּסָהּ	סוּסָתָהּ	סוּסֶיהָ	סוּסוֹתֶיהָ
복수	1 인칭	אֲנַחְנוּ	סוּסֵנוּ	סוּסָתֵנוּ	סוּסֵינוּ	סוּסוֹתֵינוּ
	2 인칭남성	אַתֶּם	סוּסְכֶם	סוּסַתְכֶם	סוּסֵיכֶם	סוּסוֹתֵיכֶם
	2 인칭여성	אַתֶּן	סוּסְכֶן	סוּסַתְכֶן	סוּסֵיכֶן	סוּסוֹתֵיכֶן
	3 인칭남성	הֵמָּה	סוּסָם	סוּסָתָם	סוּסֵיהֶם	סוּסוֹתֵיהֶם
	3 인칭여성	הֵנָּה	סוּסָן	סוּסָתָן	סוּסֵיהֶן	סוּסוֹתֵיהֶן

① 명사 뒤에 대명사 접미사를 붙일 때에는 명사의 절대형이 아닌 연계형 다음에 대명사 접미사를 붙여야 한다. 따라서 여성단수와 남성복수 형태를 조심해야 한다. 대명사 접미사의 뜻은 소유격으로 나의 말, 너의 말, 그의 말 등이다.

예) תּוֹרָתְךָ (느 9:26) 당신의 계명, אֱלֹהֵינוּ (출 3:18) 우리의 하나님

② 3인칭 남성단수 대명사 접미사의 형태는 'וֹ-' 대신에 'הוּ-'가 오기도 하며 3인칭 남성/여성 복수에서 'ם-', 'ן-' 대신에 'הֶם-', 'הֶן-'이 오기도 한다.

예) לְמִינוֹ (창 1:11), לְמִינֵהוּ (창 1:12) 그 종류대로,

לְמִינֵהֶם (창 1:21) 그것들의 종류대로

③ 대명사 접미사 앞에 오는 명사가 단수인가 복수인가를 구분하는 방법은 접미사 앞에 요드(י)의 여부이다. 즉, 접미사 앞에 요드가 없으면 단수이고 요드가 있으면 복수이다. 그러나 1인칭 단수 대명사 접미사의 경우는 단수, 복수 명사 모두 뒤에 요드(י)가 있으므로 반드시 모음으로 구분해야 한다.

예) אֲדֹנִי (왕상 1:31) 나의 주인(주님), אֲדֹנָי (시 2:4) 나의 주인(주님)들

			단수명사+접미사	복수명사+접미사
단수	1 인칭	אֲנִי	-ִי	-ַי
	2 인칭남성	אַתָּה	-ְךָ	-ֶיךָ
	2 인칭여성	אַתְּ	-ֵךְ	-ַיִךְ
	3 인칭남성	הוּא	-וֹ	-ָיו
	3 인칭여성	הִיא	-ָהּ	-ֶיהָ
복수	1 인칭	אֲנַחְנוּ	-ֵנוּ	-ֵינוּ
	2 인칭남성	אַתֶּם	-ְכֶם	-ֵיכֶם
	2 인칭여성	אַתֶּן	-ְכֶן	-ֵיכֶן
	3 인칭남성	הֵמָּה	-ָם	-ֵיהֶם
	3 인칭여성	הֵנָּה	-ָן	-ֵיהֶן

존경의 복수

하나님, 혹은 신을 나타내는 보통명사인 אֱלֹהִים이 신을 나타낼 때는 복수로 '신들'이 되지만(출 20:3 등) 하나님을 나타낼 때는 단수취급을 한다. 하나님, 혹은 사람에 대한 존경을 나타낼 때 단수이나 복수형태를 취하는데 이러한 것을 '존경의 복수'라 한다. 하나님을 나타내는 고유명사인 'יְהוָה'를 '아도니'가 아닌 '아도나이'로 표현하는 것도 같은 맥락이다.

예) אֲדֹנֶיהָ (삿 19:27) 그녀의 주인(남편)들→그녀의 주인님,
　　אֲדֹנֵינוּ דָוִד (왕상 1:11) 우리의 주인들 다윗→우리의 주인님 다윗

④ 대명사 접미사가 복수명사와 함께 쓰일 때 대명사 접미사 바로 앞의 요드(י)는 3인

칭 남성단수를 제외하고 모두 ‘이’로 발음하며 3인칭 남성단수는 발음을 하지 않는다. 즉 ‘복수명사+3인칭 남성단수’ ‘**סוּסָיו**’는 ‘쑤싸이브’가 아니라 ‘쑤싸브’로 발음을 해야 한다. 나머지는 ‘쑤싸이’, ‘쑤쎄이하’, ‘쑤싸이흐’, ‘쑤쎄이누’ 등으로 발음한다.

⑤ 명사에 대명사 접미사가 붙을 때 그 명사는 한정된 것으로 보아야 한다. 따라서 대명사 접미사와 함께 사용되는 명사에는 정관사를 붙일 수 없으며 그 명사 뒤에 형용사가 관형적 용법으로 올 때는 형용사에 정관사를 붙여 주어야 한다.[5]

예) **בִּתִּי הַגְּדוֹלָה** (삼하 18:17) 나의 큰 딸. 만일 형용사에 정관사가 빠진다면

즉, ‘**בִּתִּי גְּדוֹלָה**’는 ‘나의 딸은 크다’라는 문장이 된다.

대명사 접미사 앞에는 명사의 연계형이 오므로 불규칙 연계형을 갖는 명사들은 다음과 같이 모음과 자음에 변화가 있다.

	אָב 아버지	אָח 형제	אִשָּׁה 여자, 아내	בֵּן 아들	בַּת 딸	בַּיִת 집	שֵׁם 이름
אֲנִי	אָבִי	אָחִי	אִשְׁתִּי	בְּנִי	בִּתִּי	בֵּיתִי	שְׁמִי
אַתָּה	אָבִיךָ	אָחִיךָ	אִשְׁתְּךָ	בִּנְךָ	בִּתְּךָ	בֵּיתְךָ	שִׁמְךָ
אַתְּ	אָבִיךְ	אָחִיךְ	-	בְּנֵךְ	בִּתֵּךְ	בֵּיתֵךְ	שְׁמֵךְ
הוּא	אָבִיו	אָחִיו	אִשְׁתּוֹ	בְּנוֹ	בִּתּוֹ	בֵּיתוֹ	שְׁמוֹ
הִיא	אָבִיהָ	אָחִיהָ	-	בְּנָהּ	בִּתָּהּ	בֵּיתָהּ	שְׁמָהּ
אֲנַחְנוּ	אָבִינוּ	אָחִינוּ	-	בְּנֵנוּ	בִּתֵּנוּ	בֵּיתֵנוּ	שְׁמֵנוּ
אַתֶּם	אֲבִיכֶם	אֲחִיכֶם	-	בִּנְכֶם	בִּתְּכֶם	בֵּיתְכֶם	שִׁמְכֶם
אַתֶּן	אֲבִיכֶן	אֲחִיכֶן	-	בִּנְכֶן	בִּתְּכֶן	בֵּיתְכֶן	שִׁמְכֶן
הֵמָּה	אֲבִיהֶם	אֲחִיהֶם	-	בְּנָם	בִּתָּם	בֵּיתָם	שְׁמָם
הֵנָּה	אֲבִיהֶן	אֲחִיהֶן	-	בְּנָן	בִּתָּן	בֵּיתָן	שְׁמָן

위의 표에서 첫 세 단어(**אָב**, **אָח**, **אִשָּׁה**)는 자음에도 변화가 있지만 뒤의 네 단어(**בֵּן**, **בַּת**, **בַּיִת**, **שֵׁם**)는 자음에는 변화가 없고 모음에만 변화가 있음을 조심하자.

---

5 따라서 출 8:13,14의 ‘הַכִּנָּם’(그들의 이)은 ‘정관사+명사+대명사접미사’이므로 문법적으로 잘못된 표현이다.

조심하자!

'אֲבִי/אָבִי'나 'אֲחִי/אָחִי'와 같은 표현은 두가지가 가능하다.

① 명사+대명사 접미사: '나의 아버지'(אָבִי), '나의 형제'(אָחִי)

② 명사의 연계형: '-의 아버지'(אֲבִי), '-의 형제'(אֲחִי)

이 둘의 구분은 알레프 아래에 있는 모음을 통해 할 수 있다.

전치사에 붙는 대명사 접미사

전치사 뒤에 붙는 대명사 접미사도 명사 뒤에 붙는 것과 같다. 단지 전치사의 종류에 따라 단수명사에 붙는 것과 복수명사에 붙는 것으로 나뉘어진다.

(1) 단수명사에 붙는 대명사 접미사를 따라가는 전치사들과 불변사

수	인칭		לְ -에게	אֵת -함께	אֵת -를	מִן -부터	כְּמוֹ -처럼
단수	1인칭	אֲנִי	לִי	אִתִּי	אֹתִי	מִמֶּנִּי	כָּמוֹנִי
	2인칭남성	אַתָּה	לְךָ	אִתְּךָ	אֹתְךָ	מִמְּךָ	כָּמוֹךָ
	2인칭여성	אַתְּ	לָךְ	אִתָּךְ	אֹתָךְ	מִמֵּךְ	כָּמוֹךְ
	3인칭남성	הוּא	לוֹ	אִתּוֹ	אֹתוֹ	מִמֶּנּוּ	כָּמֹהוּ
	3인칭여성	הִיא	לָהּ	אִתָּהּ	אֹתָהּ	מִמֶּנָּה	כָּמוֹהָ
복수	1인칭	אֲנַחְנוּ	לָנוּ	אִתָּנוּ	אֹתָנוּ	מִמֶּנּוּ	כָּמוֹנוּ
	2인칭남성	אַתֶּם	לָכֶם	אִתְּכֶם	אֶתְכֶם	מִכֶּם	כְּמוֹכֶם
	2인칭여성	אַתֶּן	לָכֶן	אִתְּכֶן	אֶתְכֶן	-	כְּמוֹכֶן
	3인칭남성	הֵמָּה	לָהֶם	אִתָּם	אֹתָם	מֵהֶם	כְּמוֹהֶם
	3인칭여성	הֵנָּה	לָהֶן	אִתָּן	אֹתָן	מֵהֶן	כְּמוֹהֶן

① לְ (-에게, -위하여)와 동일한 변화를 하는 것은 בְּ (-안에) 이다. 운문체에서는 לָהֶם 대신에 'לָמוֹ'가 등장하기도 한다.

② אֵת는 동일한 형태가 하나는 '-와 함께'의 뜻을 가진 전치사이고 또 하나는 '-를'의

뜻을 가진 대격표시 불변사이다. 대명사 접미사가 붙을 때 그 둘은 모음 형태를 달리하는데 전자의 경우 אִתִּי 등으로 변하고 후자의 경우 אֹתִי 등으로 변하므로 모음을 잘 관찰해야 한다. 전치사 אֵת와 동일한 변화를 하는 전치사는 עִם (-와 함께)이다. 참고. עִמָּנוּ אֵל (사7:14) 하나님이 우리와 함께 (계신다).

③ 전치사 מִן / · מִ (-로부터)의 변화형은 1인칭 복수까지는 멤(מ)을 하나 더 붙여 주는 것에 주의를 해야 하며 3인칭 남성단수와 1인칭 복수 형태가 동일함을 주의해야 한다. 'מִמֶּנִּי' 대신에 'מִנִּי'의 형태도 등장한다. כְּ (-처럼)는 כָּמוֹנִי, כָּמוֹךָ 등으로 변하며 분리 전치사로 사용될 때는 'כְּ'가 아니라 'כְּמוֹ'로 사용된다.

④ 그 밖에 단수명사를 따르는 전치사들은 다음과 같다: בֵּין (-사이에), נֶגֶד (-맞서서, 맞은편에), אֵצֶל (-옆에, 가까이에), בְּעַד (-위하여, 편에서). 그러나 בֵּין (-사이에)은 가끔 복수명사를 따르기도 한다.

(2) 복수명사에 붙는 대명사 접미사를 따라가는 전치사들

수	인칭		עַל -위에	אֶל -에게, 로	לִפְנֵי -전에, 앞에	אַחֲרֵי -후에, 뒤에
단수	1 인칭	אֲנִי	עָלַי	אֵלַי	לְפָנַי	אַחֲרַי
	2 인칭남성	אַתָּה	עָלֶיךָ	אֵלֶיךָ	לְפָנֶיךָ	אַחֲרֶיךָ
	2 인칭여성	אַתְּ	עָלַיִךְ	אֵלַיִךְ	לְפָנַיִךְ	אַחֲרַיִךְ
	3 인칭남성	הוּא	עָלָיו	אֵלָיו	לְפָנָיו	אַחֲרָיו
	3 인칭여성	הִיא	עָלֶיהָ	אֵלֶיהָ	לְפָנֶיהָ	אַחֲרֶיהָ
복수	1 인칭	אֲנַחְנוּ	עָלֵינוּ	אֵלֵינוּ	לְפָנֵינוּ	אַחֲרֵינוּ
	2 인칭남성	אַתֶּם	עֲלֵיכֶם	אֲלֵיכֶם	לִפְנֵיכֶם	אַחֲרֵיכֶם
	2 인칭여성	אַתֶּן	עֲלֵיכֶן	אֲלֵיכֶן	לִפְנֵיכֶן	אַחֲרֵיכֶן
	3 인칭남성	הֵמָּה	עֲלֵיהֶם	אֲלֵיהֶם	לִפְנֵיהֶם	אַחֲרֵיהֶם
	3 인칭여성	הֵנָּה	עֲלֵיהֶן	אֲלֵיהֶן	לִפְנֵיהֶן	אַחֲרֵיהֶן

① 복수명사에 붙는 대명사 접미사를 따라가는 전치사들은 위의 표에 있는 것들 외에 תַּחַת (-아래, 대신에), עַד (-까지), בִּלְעֲדֵי (-없이) 등이 있다.

> **조심하자!**
> 대명사 접미사와 함께 오는 명사는 그것이 단수명사인가 복수명사인가를 파악해야 할 필요가 있지만 대명사 접미사와 함께 오는 전치사가 단수명사를 따라가는가 혹은 복수명사를 따라가는가 하는 것을 굳이 외울 필요는 없다.

(3) 이중 전치사

① 전치사 מִ(-로부터)가 다른 전치사와 함께 이중으로 사용되는 경우가 종종 있다. 그 경우 앞에 나타나는 전치사 מִ와 그 뒤에 연속으로 나타나는 전치사의 해석여부는 문맥으로 결정한다.

예) מֵעַל 위에, 위로부터, -로부터, מִלִּפְנֵי 앞에서부터, 앞에서

② 관용표현: 이중전치사 다음에 전치사 ל가 오는 경우 '-로부터 -로'와 같이 해석하지 않고 이중전치사 중 מִ 다음에 오는 전치사의 뜻에 따라 해석한다.

예) מִתַּחַת לְבֵית-אֵל (창 35:8) 벧엘 아래 ('밑에서부터 벧엘로'로 해석해서는 안됨),

מֵעַל לָרָקִיעַ (창 1:7) 궁창 위 ('위에서부터 궁창으로'로 해석해서는 안됨)

3.5 예쉬(יֵשׁ) 와 에인(אֵין)

① 성경 히브리어와 현대 히브리어에는 영어의 'to have'에 해당하는 단어가 없고 '예쉬(있다)'와 '에인(없다)'으로 존재나 소유에 대한 표현을 한다. 그 경우 종종 전치사 לְ 와 함께 사용한다.

예) יֶשׁ-לִי-כֹל (창 33:11) 나에게 모든 것이 있다, אֵין לָהּ אָב וָאֵם (에 2:7) 그녀에게는 부모가 없다.

② '예쉬'와 '에인'이 항상 존재나 소유를 나타내는 것은 아니다. '예쉬'가 성경에 총138회 등장하는데 그 중 134회(97%)가 존재나 소유를 나타내고 '에인'은 총789회 중 663회(84%)가 존재나 소유를 나타낸다. 존재나 소유를 나타내지 않는 예들은 다음과 같다.

예) אִם-יֶשְׁכֶם עֹשִׂים חֶסֶד וֶאֱמֶת (창 24:49) 만일 너희들이 인자와 진리를 행한다면,
אַתָּה אֵינְךָ חוֹלֶה (느 2:2) 당신은 아프지 않다.

3.6 접속사 וְ

① 접속사 וְ는 기본적으로 '그리고'의 뜻이지만 문맥에 따라 '그러나', '혹은'의 뜻을 가지기도 하며 어떤 경우는 해석을 하지 않는 것이 매끄러울 때도 있다.

② 기본적인 모음은 וְ이지만 경우에 따라 וְ, וּ, וַ, וָ, וִ 등으로 바뀐다.

기억하지 말자!

접속사에 붙는 다양한 모음의 종류와 어떤 경우에 모음이 변하는 지는 기억할 필요가 없다. 모음이 바뀐다고 해서 그것이 접속사인 것을 파악하지 못하는 것이 아니기 때문이다.

3과 단어

חָכָם	지혜로운	סֵפֶר	문서, 책	דָּם	피
גִּבּוֹר	영웅	כֶּרֶם	포도원	חֶרֶב	칼
חָדָשׁ	새로운	עֶרֶב	저녁	קָדוֹשׁ	거룩한
מָקוֹם	장소	כָּבוֹד	영광	מָחָר	내일
אָחוֹת	누이	דּוֹר	세대	נָבִיא	선지자
רַב	많은	פֶּה	입	שָׁמַיִם	하늘
יַיִן	포도주	מִסְפָּר	수	מְאֹד	매우
תַּחַת	-아래	עֵץ	나무	לַיְלָה	밤
תָּמִיד	항상	יָשָׁר	곧은, 정직한	מִשְׁפָּחָה	가족

[히브리어로 기도하기]

אָבִינוּ שֶׁבַּשָּׁמַיִם	하늘에 계신 우리 아버지!
אֲנִי בֵּן אֱלֹהִים	저는 하나님의 아들입니다.
אֲנִי בַּת אֱלֹהִים	저는 하나님의 딸입니다.
אַתָּה אָבִי	당신은 저의 아버지이십니다.
אֲנִי עֶבֶד אֱלֹהִים	저는 하나님의 종입니다.
אַתָּה צַדִּיק	당신은 의롭습니다.
אַתָּה קָדוֹשׁ	당신은 거룩하십니다.
אֲנִי לֹא צַדִּיק	저는 의롭지 않습니다.
אֲנִי לֹא קָדוֹשׁ	저는 거룩하지 않습니다.
אַתָּה תָּמִיד אִתִּי	당신은 항상 저와 함께 계십니다.
אַתָּה טוֹב מְאֹד	당신은 매우 좋습니다.
אַתָּה גָּדוֹל מְאֹד	당신은 매우 위대하십니다.
אֱלֹהִים, אֲנִי תָּמִיד אוֹהֵב אֹתְךָ	하나님, 저는 항상 당신을 사랑합니다.
בְּשֵׁם יֵשׁוּעַ הַמָּשִׁיחַ, אָמֵן	예수님의 이름으로 기도합니다. 아멘!

연습문제

1. 다음 문장을 읽으라.

יְבָרֶכְךָ יְהוָה וְיִשְׁמְרֶךָ׃ יָאֵר יְהוָה פָּנָיו אֵלֶיךָ וִיחֻנֶּךָּ׃ יִשָּׂא יְהוָה פָּנָיו אֵלֶיךָ וְיָשֵׂם לְךָ
שָׁלוֹם (민 6:24-26)

לֹא יִתְיַצֵּב אִישׁ לְפָנֶיךָ כֹּל יְמֵי חַיֶּיךָ כַּאֲשֶׁר הָיִיתִי עִם-מֹשֶׁה אֶהְיֶה עִמָּךְ לֹא אַרְפְּךָ
וְלֹא אֶעֶזְבֶךָּ׃ חֲזַק וֶאֱמָץ כִּי אַתָּה תַּנְחִיל אֶת-הָעָם הַזֶּה אֶת-הָאָרֶץ אֲשֶׁר-נִשְׁבַּעְתִּי
לַאֲבוֹתָם לָתֵת לָהֶם׃ (수 1:5-6)

וְאֵלֶּה שְׁמוֹת בְּנֵי יִשְׂרָאֵל הַבָּאִים מִצְרָיְמָה אֵת יַעֲקֹב אִישׁ וּבֵיתוֹ בָּאוּ׃ רְאוּבֵן שִׁמְעוֹן
לֵוִי וִיהוּדָה׃ יִשָּׂשכָר זְבוּלֻן וּבִנְיָמִן׃ דָּן וְנַפְתָּלִי גָּד וְאָשֵׁר(출 1:1-4)

2. 다음 명사문장을 해석하라.

(1) לְאִישׁ חָכָם יֵשׁ סֵפֶר אֶחָד.

(2) עַל הַשֻּׁלְחָן יֵשׁ יַיִן חָדָשׁ.

(3) כְּבוֹד אֱלֹהִים רַב מְאֹד בָּאָרֶץ.

(4) מִשְׁפַּחְתּוֹ אִתָּנוּ.

(5) אֵין לֶחֶם בְּיָדִי.

(6) פִּי הַנָּבִיא גָּדוֹל.

(7) הַכֹּהֵן הַקָּדוֹשׁ גָּדוֹל.

(8) אֵין לִי חָכְמַת אֱלֹהִים.

(9) הָאָב הַצַּדִּיק וְהַיָּשָׁר גִּבּוֹרֵנוּ.

(10) יֵשׁ לָנוּ מָחָר.

(11) אֵין חָדָשׁ בַּבֹּקֶר וּבָעֶרֶב.

(12) רֹעֶה חָכָם וְטוֹב תַּחַת הָעֵץ.

(13) תּוֹרַת אֱלֹהִים תָּמִיד בְּפִי.

(14) דַּם בֵּן הַנָּבִיא תַּחַת הַשֻּׁלְחָן.

(15) רוּחַ אֱלֹהֵינוּ תָּמִיד קְדֹשָׁה.

3. 다음 명사문장을 해석하라.

(1) אֲנַחְנוּ אֲנָשִׁים חֲכָמִים.

(2) מָה יֵשׁ לָכֶם בַּבַּיִת?

(3) אֵין לִי צְדָקָה.

(4) אָבִינוּ אִתָּם.

(5) כְּבוֹד אֱלֹהִים תָּמִיד אִתָּנוּ.

(6) עַם הָאָרֶץ קָדוֹשׁ.

(7) הַנָּבִיא הֶחָדָשׁ גָּדוֹל.

(8) כֶּרֶם הָאֱלֹהִים בְּאֶרֶץ טוֹבָה.

(9) הֵמָּה אֵת יְהוָה.

(10) אֱלֹהֵינוּ הַטּוֹב צַדִּיק.

Chapter 4

왜 너는 '그녀가 나의 누이'라고 말했나?
(לָמָּה אָמַרְתָּ אֲחֹתִי הִוא?)

לָמָה אָמַרְתָּ אֲחֹתִי הִוא?	왜 너는 '그녀가 나의 누이'라고 말했나?
כִּי פָּחַדְתִּי אֹתְךָ	왜냐하면 나는 당신을 두려워했기 때문입니다.
לָקַחְתָּ אֵת אִשְׁתִּי	당신은 제 아내를 취했습니다.
אֶתְמוֹל בַּלַּיְלָה אֱלֹהִים אָמַר	어제 밤 하나님께서 나에게 네가 위대한
לִי אֲשֶׁר אַתָּה אִישׁ גָּדוֹל	사람이라고 말씀하셨다.
אֲנִי הָאִישׁ הָעֹבֵד אֹתוֹ	나는 그분을 섬기는 사람입니다.
אֲנִי עַבְדּוֹ	나는 그분의 종입니다.

왜 너는 '그녀가 나의 누이'라고 말했나?
(לָמָה אָמַרְתָּ אֲחֹתִי הִוא?)

4.1 성경 히브리어 동사개요

성경 히브리어에서 동사는 매우 중요하다. 대개 동사는 세개의 자음으로 구성된 어근을 가진다. 또한 동사는 접사(접두사, 접미사)를 가지며 성과 수와 상에 따라서 그 접사는 변화를 갖는다. 성경 히브리어에는 중요한 형태가 두가지 있는데 "**접미동사**"와 "**접두동사**"이다. 많은 문법책에서 접미동사 형태를 **완료**라 부르고 접두동사 형태를 **미완료**라 부른다. 그러나 '완료', '미완료'라는 용어는 예외가 많이 존재하므로 적합한 용어가 아니다.

다른 셈어들과 마찬가지로 성경 히브리어는 '시제'(tense)가 없고 '상'(aspect)만 있는 언어이다.[6] '시제'에 관한 문제는 매우 복잡한 문제이다. 성경 히브리어의 시제도 마찬가지이다. 예루살렘 히브리대학교에서는 최근 두 명이 성경 히브리어의 '시제'에 관한 주제로 박

6 통계학에서는 '유의수준'이란 말을 사용하는데 '의미 있는 수준'이라는 뜻으로 통계학계에서는 보통 0.05의 유의수준을 받아들인다. 유의수준이 0.05라는 것은 신뢰도가 95%라는 것으로 어떠한 사실이 95% 이상 사실일 경우 그 사실을 인정해준다는 의미이다. McFall L. (The Enigma of the Hebrew Verbal System)의 통계자료에 의하면 접미동사에서 과거는 약80%, 접두동사에서 미래는 약57%이다. 그 비율이 각각 95% 이상이면 성경 히브리어에는 시제가 있다고 말할 수 있는 것이다. 우리말에서 '먹었다'라는 표현은 95% 이상 과거에서 사용되므로 우리말은 시제가 있는 언어로 볼 수 있다. '시제'와 관련된 주제로 보다 자세히 공부하려면 고영민, '한국어의 시제 서법 동작상' (2007), 태학사를 보라.

사학위 논문을 썼다. '시간'(time)과 '시제'(tense)는 구분되어져야 한다. 시제란 시간을 표시하는 표지이다. '시제가 있다'는 말은 그 언어 속에 과거, 현재, 미래를 뚜렷이 구분하는 체계가 있다는 뜻이다. 시제와 상은 시간과 관련이 있으나 법(mood)은 시간과 관계가 없으며 저자나 화자의 심리태도와 관련이 있다. 있는 사실을 그대로 표현하는 것은 직설법, 명령을 표현하는 것이면 명령법, 없는 사실을 있는 사실처럼 표현하는 것은 가정법이다. 시제와 상은 시간과 관련이 있는 것인데 시제는 시간의 위치(시점)를 표현하는 것이고 상이란 시간의 위치가 아닌 시간의 상태를 표현하는 것이다. 시간의 위치는 원래 '과거'와 '비과거' 둘로만 구분이 되었으나 현대에 와서 편의상 '과거', '현재', '미래' 셋으로 구분한다. 시간의 상태나 모양을 표현하는 상은 완료/미완료, 진행(계속), 반복(습관) 등이 이에 해당한다.

성경 히브리어 동사는 7개의 유형을 갖는다. 그 유형들은 각각 특별한 의미와 형태를 갖는다. 유형을 분류하는데 오랫동안 **פעל**(행하다, 만들다)이란 동사가 사용되어 왔으므로 다음과 같은 명칭을 갖는다:

	단순형	중첩형	사역형
능동	Qal (פָּעַל)	Piel (פִּעֵל)	Hiphil (הִפְעִיל)
수동	Niphal (נִפְעַל)	Pual (פֻּעַל)	Hophal (הָפְעַל)
재귀		Hithpael (הִתְפַּעֵל)	

① 기본 능동형은 '파알'(פָּעַל)로 부르는 대신 '가벼운', '쉬운'의 뜻을 가지는 히브리어 '칼'(קַל)로 부른다. 나머지 6개 유형의 명칭은 모두 위의 표에서 괄호안에 있는 것을 그대로 사용한다.

② Niphal형은 의미론적으로 Qal형과는 60%정도 관계가 있고 Piel형과는 10%, Hiphil형과는 10%정도 관계가 있다. 또한 수동으로도 쓰이지만, 재귀, 상호적으로도 쓰이며 능동

으로도 쓰인다.

③ 중첩형은 기본형의 가운데 자음에 이중점이 붙는 형태이다. 그 의미는 강조적, 사실적, 사역적, 결과적, 명사적으로 매우 다양하다. Pual은 Piel의 수동이며 Hithpael은 재귀적, 상호적, 능동적 뜻을 가진다.

조심하자!

후음에는 이중점을 붙일 수 없다. 그러므로 히브리어 동사의 유형을 분류하는데 1,000년 이상 사용되어 왔던 동사 פעל은 적절하지 못한 것임을 알 수 있다. 가운데 어근이 후음이 아닌 동사의 경우 중첩형은 קִדֵּשׁ, קֻדַּשׁ, הִתְקַדֵּשׁ와 같이 된다. 그러나 이미 1,000년 이상 동사 פעל에 맞추어서 용어가 보편화되어 왔기 때문에 이 용어를 바꾸는 것은 매우 어렵다.

④ Hiphil은 대개 사역의 뜻을 가지며 그 수동은 Hophal형이다.

성경 히브리어에서 동사의 총수는 성경 관련 소프트웨어인 바이블웍스 10에 따르면 72,391개이고 어코던스 10에 따르면 72,396개인데, 7개의 유형에서 나타나는 비율은 다음과 같다.

<table>
<tr><th></th><th>단순형</th><th>중첩형</th><th>사역형</th></tr>
<tr><td>능동</td><td>Qal (פָּעַל)
69.8%</td><td>Piel (פִּעֵל)
9.0%</td><td>Hiphil (הִפְעִיל)
13.1%</td></tr>
<tr><td>수동</td><td rowspan="2">Niphal (נִפְעַל)
5.8%</td><td>Pual (פֻּעַל)
0.6%</td><td>Hophal (הָפְעַל)
0.5%</td></tr>
<tr><td>재귀</td><td>Hithpael (הִתְפַּעֵל)
1.2%</td><td></td></tr>
</table>

즉, 'Qal'에서 69.8%로 가장 많이 나타나고 그 다음으로 'Hiphil' (13.1%), 'Piel' (8.8%)의 순으로 나타나며 'Hithpael', 'Hophal', 'Pual' 등은 매우 낮은 비율로 나타남을 알 수 있다.[7]

4.2 칼(Qal) 접미동사

히브리어 동사의 변화형에는 규칙변화와 불규칙 변화가 있는데 다음의 네 가지 경우 중 적어도 하나에 속하면 이를 불규칙동사라 하고 그 중 어느 하나에도 속하지 않으면 규칙동사라 한다.

1. 기본형 세 자음 중에 후음문자(א, ה, ח, ע)를 적어도 하나 이상 포함하는 경우
2. 기본형 첫자음에 요드(י)나 눈(נ)을 포함하는 경우
3. 가운데(두 번째) 자음에 요드(י)나 바브(ו)를 포함하거나
4. 두 번째와 세 번째 자음이 동일한 경우

확률적으로만 계산해 본다면 모든 동사 중 규칙동사는 약40%이며 불규칙동사는 약60%이다. 그러나 실제로 성경 히브리어에서의 용례들을 살펴보면 규칙동사 보다는 불규칙동사가 훨씬 더 많이 출현한다는 것을 알 수 있는데 규칙동사는 빈도수 20위권 안에서 하나도 없으며 30위권 내에서 단 하나가 발견되며(שׁמר 지키다, 28위 - 468회 출현) 60위권 내에서는 6개(10%)만 발견될 뿐이다. 따라서 실제로는 약90%정도가 불규칙동사임을 알 수 있다.

다음은 칼 접미동사의 변화인데 규칙변화 중 가장 빈도수가 높은 두 개의 동사인 שׁמר(지키다-28위), פקד(방문하다-38위)의 변화형이다. מלך(왕이되다-34위)는 의미상 여

7 이 7개의 유형 외에도 pilel, pilpel, polel, polal, polpal, palel, poal, pulal, hitpoel, hotpaal, hitpolel, hitpalpel, nitpael, nitpalpel, nitpoel 등의 유형이 많이 있는데, 이러한 유형들은 통틀어서 약3%미만의 비율을 차지한다.

러 인칭에 사용되지 않으므로 생략한다.

<table>
<tr><th>수</th><th colspan="2">인칭, 성</th><th>שמר
지키다</th><th>פקד
방문하다</th><th>접미사</th></tr>
<tr><td rowspan="5">단수</td><td>1인칭</td><td>אֲנִי</td><td>שָׁמַרְתִּי</td><td>פָּקַדְתִּי</td><td>---תִּי</td></tr>
<tr><td>2인칭남성</td><td>אַתָּה</td><td>שָׁמַרְתָּ</td><td>פָּקַדְתָּ</td><td>---תָּ</td></tr>
<tr><td>2인칭여성</td><td>אַתְּ</td><td>שָׁמַרְתְּ</td><td>פָּקַדְתְּ</td><td>---תְּ</td></tr>
<tr><td>3인칭남성</td><td>הוּא</td><td>שָׁמַר</td><td>פָּקַד</td><td>---</td></tr>
<tr><td>3인칭여성</td><td>הִיא</td><td>שָׁמְרָה</td><td>פָּקְדָה</td><td>---ָה</td></tr>
<tr><td rowspan="5">복수</td><td>1인칭</td><td>אֲנַחְנוּ</td><td>שָׁמַרְנוּ</td><td>פָּקַדְנוּ</td><td>---נוּ</td></tr>
<tr><td>2인칭남성</td><td>אַתֶּם</td><td>שְׁמַרְתֶּם</td><td>פְּקַדְתֶּם</td><td>---תֶּם</td></tr>
<tr><td>2인칭여성</td><td>אַתֶּן</td><td>שְׁמַרְתֶּן</td><td>פְּקַדְתֶּן</td><td>---תֶּן</td></tr>
<tr><td>3인칭남성</td><td>הֵמָּה</td><td rowspan="2">שָׁמְרוּ</td><td rowspan="2">פָּקְדוּ</td><td rowspan="2">---וּ</td></tr>
<tr><td>3인칭여성</td><td>הֵנָּה</td></tr>
</table>

① 위의 표에서 접미동사 뒤에 붙는 접미사 형태는 규칙, 불규칙을 막론하고, 7유형 중 어떤 유형이건 막론하고 항상 변하지 않는 형태이므로 꼭 외워야 한다.

② 동사의 기본형은 칼 접미동사 3인칭 남성단수다. 히브리어 사전에는 기본 형태로 나타나므로 사전을 찾을 때는 이 기본형태를 알아야한다.(그러나 불규칙동사 중 두 번째 자리에 '바브'나 '요드'가 오는 제2바브(요드) 동사는 예외이다.)

③ 동사의 기본형인 칼 접미동사 3인칭 남성단수의 모음은 '**שָׁמַר**'와 같이 모두 '아' 모음이다.[8] 그러나 여러가지 접미사가 붙을 때 모음이 변하는 것은 강세의 이동 때문이다. 3인칭 여성단수(**שָׁמְרָה**)에서 두 번째 자음에 붙는 모음이 '아'에서 슈바(ְ)로 바뀐 것은 강

8 모음 중 가장 쉬운 모음이 '아' 모음이다. '아'모음은 입모양에서도 가장 크게벌리는 모양이며 우리가 아플 때 내는 소리가 바로 이 모음이다.

세가 멤(מ)에서 레쉬(ר)로 이동했기 때문이다. 또한 2인칭 남성/여성 복수에서 첫자음의 모음이 '아'에서 슈바(ְ)로 바뀐 것은 강세가 마지막 음절인 תֶּם, תֶּן으로 이동되었기 때문이다.[9]

④ 접미동사의 시간 결정(과거, 현재, 미래)은 항상 문맥에서 해야 한다. 접미동사 형태가 과거와 밀접한 관련을 맺고 있는 것은 확실하나 비과거에 해당하는 것이 20%나 있으므로 항상 과거로 해석할 수는 없다.

⑤ 상과 관련하여 살펴볼 때 접미동사가 완료상과 밀접한 관련을 맺고 있는 것은 사실이나 '접미동사=완료상'의 등식이 항상 성립하지 않는 것은 접미동사 형태 중 완료상이 아닌 '순간'상(혹은 선포적 행동)을 가질 때도 있으며 단순히 어떤 상황을 진술하는 경우도 있다. 다음의 예들은 '완료' 상이 어울리지 않는 구절들이다.

וְאַתָּה **יָדַעְתָּ** אֶת-עַבְדְּךָ אֲדֹנָי יְהוִה (삼하 7:20)
주 여호와여 당신은 당신의 종을 **아십니다.**
וְיָדַעְתִּי אֱלֹהַי כִּי אַתָּה בֹּחֵן לֵבָב (대상 29:17)
나의 하나님이여 당신은 마음을 살피시는 것을 내가 **압니다**.
יְהוָה צְבָאוֹת אֲשֶׁר **עָמַדְתִּי** לְפָנָיו (왕상 18:15)
내가 앞에 **서 있는** 만군의 여호와

⑥ 동족목적어 - 성경 히브리어 문장 중 동사와 동일한 어원을 갖는 명사를 목적어로 취하는 경우가 종종 있다. 이 경우 그 동사를 강조하는 경우도 있고 언어습관인 경우도 있다.
예) פָּחֲדוּ פָחַד (시 14:5) 그들이 (두려움을) 두려워했다.

9 히브리어에서는 강세가 주로 마지막 음절에 오는 것을 알 수 있다. 그러나 모음변화가 형태에 영향을 미치는 경우 외에는 모음변화에 지나친 관심을 둘 필요는 없다.

נָדַרְתָּ לִּי שָׁם נֶדֶר (창 31:13) 너는(남) 그곳에서 나에게 (맹세를) 맹세했다.

다음은 성경 히브리어에서 가장 많이 나오는 빈도수 5위권 안에 들어가는 동사들의 칼 접미동사 형태이다.

1위 - אָמַר(말하다, 5,298회), 2위 - הָיָה(이다, 있다, 되다, 3,561회),

3위 - עָשָׂה(하다, 2,627회), 4위 - בּוֹא(오다, 2,565회),

5위 - נָתַן(주다, 2,011회)

<table>
<tr><th colspan="3">기본형</th><th>אמר</th><th>היה</th><th>עשׂה</th><th>בוא</th><th>נתן</th></tr>
<tr><th colspan="3">뜻</th><th>say
말하다</th><th>be
이다</th><th>do
하다</th><th>come
오다</th><th>give
주다</th></tr>
<tr><td rowspan="5">단수</td><td>1인칭</td><td>אֲנִי</td><td>אָמַרְתִּי</td><td>הָיִיתִי</td><td>עָשִׂיתִי</td><td>בָּאתִי</td><td>נָתַתִּי</td></tr>
<tr><td>2인칭남성</td><td>אַתָּה</td><td>אָמַרְתָּ</td><td>הָיִיתָ</td><td>עָשִׂיתָ</td><td>בָּאתָ</td><td>נָתַתָּ</td></tr>
<tr><td>2인칭여성</td><td>אַתְּ</td><td>אָמַרְתְּ</td><td>הָיִית</td><td>עָשִׂית</td><td>בָּאת</td><td>נָתַתְּ</td></tr>
<tr><td>3인칭남성</td><td>הוּא</td><td>אָמַר</td><td>הָיָה</td><td>עָשָׂה</td><td>בָּא</td><td>נָתַן</td></tr>
<tr><td>3인칭여성</td><td>הִיא</td><td>אָמְרָה</td><td>הָיְתָה</td><td>עָשְׂתָה</td><td>בָּאָה</td><td>נָתְנָה</td></tr>
<tr><td rowspan="5">복수</td><td>1인칭</td><td>אֲנַחְנוּ</td><td>אָמַרְנוּ</td><td>הָיִינוּ</td><td>עָשִׂינוּ</td><td>בָּאנוּ</td><td>נָתַנּוּ</td></tr>
<tr><td>2인칭남성</td><td>אַתֶּם</td><td>אֲמַרְתֶּם</td><td>הֱיִיתֶם</td><td>עֲשִׂיתֶם</td><td>בָּאתֶם</td><td>נְתַתֶּם</td></tr>
<tr><td>2인칭여성</td><td>אַתֶּן</td><td>אֲמַרְתֶּן</td><td>הֱיִיתֶן</td><td>עֲשִׂיתֶן</td><td>בָּאתֶן</td><td>נְתַתֶּן</td></tr>
<tr><td>3인칭남성</td><td>הֵמָּה</td><td rowspan="2">אָמְרוּ</td><td rowspan="2">הָיוּ</td><td rowspan="2">עָשׂוּ</td><td rowspan="2">בָּאוּ</td><td rowspan="2">נָתְנוּ</td></tr>
<tr><td>3인칭여성</td><td>הֵנָּה</td></tr>
</table>

위 변화에서 먼저 제2위와 제3위동사, 즉 세 번째 자음이 헤이(ה)로 끝나는 동사의 변화형을 살펴보면 다음과 같다.

① 3인칭 남성단수는 항상 ה로 끝난다. 3인칭 여성단수의 경우 세 번째 자음의 ה가 ת로 바뀐다.

예) הָיְהָה → הָיְתָה, עָשְׂהָה → עָשְׂתָה

② 1인칭과 2인칭의 경우(단수, 복수 모두) 세 번째 자음의 ה가 원래 어근인 י로 바뀐다.

예) הָיַהְתָ → הָיִיתָ, עָשַׂהְנוּ → עָשִׂינוּ

③ 3인칭복수의 경우 세 번째 자음인 ה가 사라진다.

예) הָיְהוּ → הָיוּ, עָשְׂהוּ → עָשׂוּ

제4위 동사인 제2바브(요드)동사에서는 다음 한가지 사실만 기억하면 된다.

① 제2바브(요드)동사는 접미동사 변화에서 두 번째 자음인 '바브'나 '요드'가 모든 인칭의 변화형에서 사라진다.

제5위 동사인 'נתן'은 칼 접미동사 변화형에서 첫 번째 자음(נ)의 변화는 없고 세 번째 자음의 변화만 있다.

① 1인칭과 2인칭에서(단수, 복수 모두) 세 번째 자음인 '눈'(נ)이 그 다음 자음에 동화되어 없어진다. 예) נָתַנְתִּי → נָתַתִּי, נָתַנְתָּ → נָתַתָּ

② 그러나 3인칭의 경우(단수, 복수 모두) 세 번째 자음인 '눈'(נ)은 사라지지 않는다.

4.3 관계대명사 אֲשֶׁר 혹은 -שֶׁ

관계대명사는 여러가지 형태의 절에 올 수 있다.

① 선행사가 주어: הַיַּרְדֵּן אֲשֶׁר בְּאֶרֶץ כְּנָעַן (수 22:10) 가나안 땅에 있는 요단

② 선행사가 목적어: אִשְׁתּוֹ אֲשֶׁר-לָקָח (신 24:5) 그가 취한 그의 아내

③ 선행사가 시간이나 장소의 부사:

הַיּוֹם אֲשֶׁר נָתַן יְהוָה אֶת-סִיסְרָא בְּיָדֶךָ (삿 4:14)

여호와께서 시스라를 네 손에 주신 날,

הָאָרֶץ אֲשֶׁר-בּוֹ נֶפֶשׁ חַיָּה (창 1:30)

생명이 있는 땅

④ אֲשֶׁר 는 여러가지 전치사들과 결합하여 다양한 절을 구성한다.

כַּאֲשֶׁר -할 때, -처럼, לְמַעַן אֲשֶׁר 위하여,

עַל אֲשֶׁר, יַעַן אֲשֶׁר, בַּאֲשֶׁר, עֵקֶב אֲשֶׁר, מִפְּנֵי אֲשֶׁר 때문에

לְ (-에게, 위하여), עַד (까지), אַחֲרֵי (-후에), אֶל (-에게, 로), תַּחַת (-밑에), מִן 혹은 מִ (-부터, 보다) 등은 구를 이루지만 עַד, מֵאֲשֶׁר, תַּחַת אֲשֶׁר, אֶל אֲשֶׁר, אַחֲרֵי אֲשֶׁר, אֲשֶׁר, לַאֲשֶׁר 등은 절을 이룬다.

⑤ כִּי는 '때문에', '진실로'(강조용법), '-할 때' 등 용도가 다양한데 관계대명사(목적격)로도 매우 많이 사용된다.

예) רָאִינוּ כִּי-הָיָה יְהוָה עִמָּךְ (창 26:28) 여호와가 너와 함께 계심을 우리가 보았다.

4.4 칼(Qal) 분사

Qal의 능동, 수동 분사 형태는 다음과 같다:

수	태	능동		수동	
	성	남성	여성	남성	여성
단수		כֹּתֵב	כֹּתֶבֶת	כָּתוּב	כְּתוּבָה
복수		כֹּתְבִים	כֹּתְבוֹת	כְּתוּבִים	כְּתוּבוֹת

① Qal 형에만 분사 수동 형태가 있고 Piel 형이나 Hiphil 형에는 분사 수동 형태가 따로 없다. 이것은 Niphal 이 원래 Qal의 수동이 아니었음을 암시해 주는 것이다.

② 분사는 형태론적으로는 명사의 형태를 따라가나 의미론적으로는 명사와 동사의 두 가지 의미를 다 갖는다. 따라서 **כֹּתֵב**는 '쓰는 사람/것'도 되고 '쓰다'도 된다. 분사의 상은 '진행상'이므로 분사가 동사의 의미로 사용될 때는 '진행적 행동' 혹은 '생생한 묘사'를 나타낸다.

③ 분사는 (정관사와 함께) 형용사적으로도 사용된다.

예) **יְהוָה הָאֹמֵר אֵלַי** (창 32:10) 내게 말씀하시는(말씀하신) 여호와

כְּכָל-הַכָּתוּב בּוֹ (수 1:9) 그 안에 기록된 모든 것을 따라

④ 분사의 시간결정(과거, 현재, 미래)은 문맥에 따라서 한다. 분사를 포함하는 문장은 큰 텍스트 범위 내에서 대개 핵심문장이 아닌 부수적 문장이다.

⑤ 문자 중 후음문자가 들어 있거나 불규칙 변화를 하는 동사들은 분사 형태도 기본형에서 약간씩 차이가 남을 기억하자. 다음은 불규칙 동사들의 칼 분사능동형태이다.

기본형	남성단수	여성단수	남성복수	여성복수
יָדַע (알다)	יֹדֵעַ	יֹדַעַת	יֹדְעִים	יֹדְעוֹת
רָאָה (보다)	רֹאֶה	רֹאָה	רֹאִים	רֹאוֹת

알아두자!

시제가 존재하는 현대 히브리어에서 분사가 동사적으로 사용될 때는 늘 현재이다. 또한 접미동사 형태는 항상 과거이며 앞으로 배우게 될 접두동사 형태는 항상 미래이다. 그러나 성경 히브리어에서의 시제 결정은 '문맥'을 통해서 한다.

빈도수 5위권 동사의 칼 분사 능동형태는 다음과 같다. 빈도수 2위인 '**הָיָה**'(이다, 있다, 되다)에는 분사형태가 없다.

기본형		אמר	עשׂה	בוא	נתן
뜻		say 말하다	do 하다	come 오다	give 주다
단수	남성	אֹמֵר	עֹשֶׂה	בָּא	נֹתֵן
	여성	אֹמֶרֶת	עֹשָׂה	בָּאָה	נֹתֶנֶת
복수	남성	אֹמְרִים	עֹשִׂים	בָּאִים	נֹתְנִים
	여성	אֹמְרוֹת	עֹשׂוֹת	בָּאוֹת	נֹתְנוֹת

위의 표에서 빈도수 3위인 '**עָשָׂה**'와 4위인 '**בוא**'의 분사형태가 불규칙으로 나타나므로 조심해야 한다. 특히 빈도수 4위인 '**בוא**'의 분사 능동 형태 중 남성단수 형태(**בָּא**)는 접미동사 3인칭 남성단수 형태와 동일하며 분사 여성단수 형태(**בָּאָה**)는 접미동사 3인칭 여성단수 형태와 동일하다.

후자의 경우(**בָּאָה**) 강세의 위치여부에 따라 분사와 접미동사 사이에 구분이 가능한데 강세가 앞에 있으면 칼 접미동사 3인칭 여성단수며 강세가 뒤에 있으면 칼 분사능동 여성단수 형태이다. 강세의 위치는 액센트의 위치에 따라 파악할 수 있는데 액센트에 대해서는 8과에서 자세히 다루었다. 그러나 전자의 경우(בָּא) 분사와 접미동사 사이의 구분은 형태적으로는 불가능하므로 전후 문맥과 통사구조, 다른 동사들의 형태 등을 통해 판단해야 한다.

4과 단어

פָּחַד	두려워하다	יָדַע	알다	שָׁמַע	듣다
לָקַח	취하다	אָכַל	먹다	רָאָה	보다
אָמַר	말하다	יָלַד	낳다	עָמַד	서다
עָבַד	일하다, 섬기다	יָשַׁב	앉다	הָלַךְ	가다
כָּתַב	쓰다	עָלָה	올라가다	בָּנָה	짓다
הָיָה	이다, 있다, 되다	קָרָא	부르다, 읽다	חָטָא	죄짓다
עָשָׂה	하다, 만들다	שִׂים	두다	קֹדֶשׁ	거룩
בּוֹא	오다	מָצָא	발견하다	אוֹת	기호, 표시
נָתַן	주다	קוּם	일어나다	חַי	살아있는
יָצָא	나가다	שָׁמַר	지키다	אֶתְמוֹל	어제

[히브리어로 기도하기]

אָבִינוּ שֶׁבַּשָּׁמַיִם	하늘에 계신 우리 아버지!
אַתָּה תָּמִיד אָבִינוּ	당신은 항상 우리 아버지이십니다.
אַתָּה תָּמִיד מַלְכֵּנוּ	당신은 항상 우리의 왕이십니다.
בָּאתִי לְפָנֶיךָ	제가 당신 앞에 왔습니다.
אֲנִי קוֹרֵא/קוֹרֵאת לְשֵׁם אֱלֹהִים	저는 하나님의 이름을 부릅니다.
אַתָּה רוֹאֶה אֹתִי	당신은 저를 보고 계십니다.
אַתָּה יוֹדֵעַ אֵת הַכֹּל	당신은 모든 것을 알고 계십니다.
כִּי אַתָּה אֱלֹהִים	당신은 하나님이시기 때문입니다.
אֲנִי הוֹלֵךְ/הוֹלֶכֶת עִמְּךָ	저는 당신과 함께 갑니다.
נָתַתָּ לִי אֵת בִּנְךָ	당신은 제게 당신의 아들을 주셨습니다.
כִּי אַתָּה אוֹהֵב אֹתִי	당신께서 저를 사랑하시기 때문입니다.
אֲנִי אוֹהֵב/אוֹהֶבֶת אֹתְךָ	저는 당신을 사랑합니다.
בְּשֵׁם יֵשׁוּעַ הַמָּשִׁיחַ, אָמֵן	예수님의 이름으로 기도합니다. 아멘!

연습문제

1. 다음 문장을 읽으라.

ג וַיֹּאמֶר אֱלֹהִים יְהִי אוֹר וַיְהִי-אוֹר : ד וַיַּרְא אֱלֹהִים אֶת-הָאוֹר כִּי-טוֹב וַיַּבְדֵּל
אֱלֹהִים בֵּין הָאוֹר וּבֵין הַחֹשֶׁךְ : ה וַיִּקְרָא אֱלֹהִים לָאוֹר יוֹם וְלַחֹשֶׁךְ קָרָא לָיְלָה
וַיְהִי-עֶרֶב וַיְהִי-בֹקֶר יוֹם אֶחָד : ו וַיֹּאמֶר אֱלֹהִים יְהִי רָקִיעַ בְּתוֹךְ הַמָּיִם וִיהִי מַבְדִּיל
בֵּין מַיִם לָמָיִם : ז וַיַּעַשׂ אֱלֹהִים אֶת-הָרָקִיעַ וַיַּבְדֵּל בֵּין הַמַּיִם אֲשֶׁר מִתַּחַת לָרָקִיעַ
וּבֵין הַמַּיִם אֲשֶׁר מֵעַל לָרָקִיעַ וַיְהִי-כֵן : ח וַיִּקְרָא אֱלֹהִים לָרָקִיעַ שָׁמָיִם וַיְהִי-עֶרֶב
וַיְהִי-בֹקֶר יוֹם שֵׁנִי : (창 1:3-8)

2. 다음 문장을 읽고 해석하라.

(1) אֵיךְ כָּתַבְתָּ אֶת-כָּל-הַדְּבָרִים הָאֵלֶּה (렘 36:17)

(2) הֵם אָמְרוּ אָחִינוּ הוּא (삿 9:3)

(3) רָאִיתִי צַדִּיק לְפָנַי בַּדּוֹר הַזֶּה (창 7:1)

(4) נָתַתִּי אֶת-הָאָרֶץ הַזֹּאת מִנְּהַר מִצְרַיִם עַד-הַנָּהָר הַגָּדֹל נְהַר-פְּרָת (창 15:18)

(5) אֲנִי וְהָאִשָּׁה הַזֹּאת יֹשְׁבֹת בְּבַיִת אֶחָד (왕상 3:17)

(6) זֹאת אוֹת-הַבְּרִית אֲשֶׁר-אֲנִי נֹתֵן בֵּינִי וּבֵינֵיכֶם וּבֵין כָּל-נֶפֶשׁ חַיָּה אֲשֶׁר אִתְּכֶם

(창 9:12)

(7) הֵם הָלְכוּ אֶל-הָעִיר אֲשֶׁר-שָׁם אִישׁ הָאֱלֹהִים (삼상 9:10)

(8) מָצָא חִלְקִיָּהוּ הַכֹּהֵן אֶת-סֵפֶר תּוֹרַת-יְהוָה בְּיַד-מֹשֶׁה (대하 34:14)

(9) עָלִינוּ אֶל-הַמָּקוֹם אֲשֶׁר-אָמַר יְהוָה כִּי חָטָאנוּ (민 14:40)

(10) הֲלֹא כָתַבְתִּי לְךָ (잠 22:20)

(11) הַאַתָּה אִישׁ-הָאֱלֹהִים אֲשֶׁר-בָּאתָ מִיהוּדָה (왕상 13:14)

(12) לָמָּה לֹא-הָלַכְתָּ עִמִּי מְפִיבֹשֶׁת (삼하 19:26)

(13) שָׁמַעְתִּי אֵת אֲשֶׁר-שָׁלַחְתָּ אֵלָי (왕상 5:22)

(14) זֶה הַיּוֹם אֲשֶׁר נָתַן יְהוָה אֶת-סִסְרָא בְּיָדֶךָ (삿 4:14)

(15) לֹא-שָׁמְרוּ אֲבוֹתֵינוּ אֶת-דְּבַר יְהוָה (대하 34:21)

Chapter 5

자는 자여 어찜이냐?
(מָה לְךָ נִרְדָּם؟)

מָה לְךָ נִרְדָּם? 자는 자여 어찜이냐?

קְרָא אֶל אֱלֹהֶיךָ 네 하나님을 불러라

לֹא אוּכַל לִקְרֹא אֵלָיו 나는 그 분을 부를 수가 없습니다

לָמָה לֹא? מִי אַתָּה וּמֵאַיִן אַתָּה? 왜 없는가? 너는 누구이며 어디서 왔느냐?

עִבְרִי אָנֹכִי וּשְׁמִי יוֹנָה 저는 히브리인이며 제 이름은 요나입니다

자는 자여 어찜이냐?
(מָה לְךָ נִרְדָּם׃)

5.1 칼(Qal) 접두동사

다음은 칼 접두동사의 변화이다. 규칙변화 중 가장 빈도수가 높은 두 개의 동사인 **שמר**(지키다- 28위), **פקד**(방문하다-38위)의 변화형이다.

수	인칭, 성		שמר 지키다	פקד 방문하다	접두사(접미사)
단수	1 인칭	אֲנִי	אֶשְׁמֹר	אֶפְקֹד	א---
	2인칭남성	אַתָּה	תִּשְׁמֹר	תִּפְקֹד	תּ---
	2인칭여성	אַתְּ	תִּשְׁמְרִי	תִּפְקְדִי	תּ---ִי
	3인칭남성	הוּא	יִשְׁמֹר	יִפְקֹד	י---
	3인칭여성	הִיא	תִּשְׁמֹר	תִּפְקֹד	תּ---
복수	1 인칭	אֲנַחְנוּ	נִשְׁמֹר	נִפְקֹד	נ---
	2인칭남성	אַתֶּם	תִּשְׁמְרוּ	תִּפְקְדוּ	תּ---וּ
	2인칭여성	אַתֵּן	תִּשְׁמֹרְנָה	תִּפְקֹדְנָה	תּ---נָה
	3인칭남성	הֵמָּה	יִשְׁמְרוּ	יִפְקְדוּ	י---וּ
	3인칭여성	הֵנָּה	תִּשְׁמֹרְנָה	תִּפְקֹדְנָה	תּ---נָה

① 위의 표를 보면 칼 접두동사에서 접두사는 모든 인칭과 성,수에 다 붙는다는 것을 알

수 있다. 즉 접두사가 붙지 않는 접두동사는 없다. 그러므로 접두사의 여부는 접두동사의 확인을 위해 매우 중요한 것이다. 접두동사 형태에서 접미사도 함께 붙는 것이 있다. 그러나 접두동사에 붙는 접미사는 접미동사에 붙는 접미사와는 다른 형태이므로 잘 기억하자.

② 접두동사는 형태적으로 2인칭 남성단수와 3인칭 여성단수가 동일하며 2인칭 여성복수와 3인칭 여성복수도 동일하다. 따라서 그들 사이의 구분은 문장이나 문맥에서 주어가 무엇인가에 따라서 해야한다.

③ 위의 표에서 가장 오른쪽 열에 있는 접두동사 앞과 뒤에 붙는 접두사(접미사) 형태는 동사의 7유형중 어떤 유형이든지 간에, 또한 규칙변화와 불규칙변화를 막론하고 항상 동일한 형태이므로 매우 중요하다.

④ 접두동사의 시간 결정(과거, 현재, 미래)은 접미동사와 마찬가지로 항상 문맥에 서 해야 한다. 접미동사에서는 과거가 약80%였으나 접두동사에서 미래는 약57%이므로 접두동사를 항상 미래로 해석하지 않도록 조심해야 한다.

⑤ 접미동사 = 완료의 등식이 적합하지 않듯이 접두동사에서도 '미완료'라는 용어가 어울리지 않는 것은 접두동사는 미완료 뿐 아니라 과거의 '진행', '지속', '습관적 반복', '현재의 행동' 등 매우 다양한 상을 가지기 때문이다. 다음의 예들을 보라.

כֵן **תִּלְבַּשְׁןָ** בְּנוֹת-הַמֶּלֶךְ הַבְּתוּלֹת מְעִילִים (삼하 13:18)

처녀인 공주들은 그와같이 옷을 **입었다(습관)**.

אָז **תָּבֹאנָה** שְׁתַּיִם נָשִׁים זֹנוֹת אֶל-הַמֶּלֶךְ **וַתַּעֲמֹדְנָה** לְפָנָיו (왕상 3:16)

그 때에 창녀 둘이 왕에게 **와서** 그 앞에 **섰다(경험)**.

אַחַת לְשָׁלוֹשׁ שָׁנִים **תָּבוֹאנָה** אֳנִיּוֹת תַּרְשִׁישׁ (대하 9:21)

삼 년에 한 번씩 배들이 다시스로 **왔다(반복)**.

וְאֵד יַעֲלֶה מִן-הָאָרֶץ (창 2:6)
안개가 땅에서 올라오고 **있었다(지속).**

⑥ 접미동사 2인칭 단수와 복수는 명령의 감각으로 사용되는 경우가 종종있다.
예) **אֶת-בְּרִיתִי תִשְׁמֹר** (창 17:9) 너는(남성) 나의 언약을 지키라.

5.2 칼 불규칙동사 개요

이미 언급한 바와 같이 히브리어 성경에는 규칙동사보다는 불규칙동사가 훨씬 더 많이 출현한다. 빈도수 60위권 내에서 규칙동사는 단 10%에 불과하며 불규칙동사가 90%를 차지할 뿐 아니라 20위권 내에서는 규칙동사가 하나도 발견되지 않으므로 불규칙동사는 반드시 익혀야한다.

불규칙동사란 규칙동사에서 나타난 모음 및 자음 변화와 다른 변화를 갖는 동사를 말한다. 이러한 변화들은 자음 중에서 약한 자음(י, ו, נ)과 후음문자(א, ה, ח, ע) 때문에 발생한다. 불규칙동사는 '약동사' 혹은 '약변화동사'라고도 부른다. 다음은 불규칙동사의 종류이다.

(1) 제1후음동사 - 제1후음동사란 세 자음으로 구성된 동사의 기본형 어간 중 첫 번째 자음이 후음인 동사를 말한다. 이미 언급한 바와 같이 히브리어 문법학자들은 오랫동안 **פעל**이란 동사로 문법설명을 해왔다. 따라서 세 자음 어간 중 '**פ**'는 첫 번째 자음을 대표하고 '**ע**'는 두 번째 자음, '**ל**'는 세 번째 자음을 대표하여 제1후음 동사를 '페이 후음동사'로도 부른다. 제1후음동사 중 특히 '알레프'로 시작되는 동사를 '제1알레프동사', 혹은 '페이 알레프동사'(**פ״א**)로 부른다. 빈도수 1위(**אמר**, 5,307회), 2위(**היה**, 3,561회), 3위(**עשה**,

2,621회)가 모두 제1후음동사에 속한다.

(2) 제2후음동사 - 제2후음동사란 기본어간 중 두 번째 자음이 후음인 동사를 말하며 '아인 후음동사'라고도 부른다. 빈도수 7위(ראה, 1,302회)와 55위(אהב, 203회)가 제2후음동사에 속한다.

(3) 제3후음동사 - 기본어간 중 세 번째 자음이 후음인 동사를 말하며 '라메드 후음동사'라고도 부른다. 특히 제3후음동사 중 'ה'와 'א'으로 끝나는 동사를 각각 '제3요드동사', '제3알레프동사'라고 부른다. '제3요드동사'를 많은 문법서에서는 '라메드 헤이동사'(ל״ה)로 부르는데 이는 옳지 않다. 세 번째 자음의 어근이 'ה'가 아니라 'י'이기 때문이다. 제3후음동사 중 빈도수 2위(היה), 3위(עשׂה)가 '제3요드동사'이며 빈도수 4위(בוא, 2,568회)가 '제3알레프동사'에 속한다. 아주 드물기는 하지만 '제3헤이동사'가 있기는 하다. 그 경우 헤이(ה)에 점(다게쉬)을 표시한다.

예) גָּבַהּ לִבּוֹ (대하 32:25) 그의 마음이 높아졌다.

(4) 제1바브동사 (제1요드동사) - 제1바브(ו)동사 혹은 제1요드(י)동사는 동사 어간 중 첫 번째 자음이 '바브'나 '요드'로 시작되는 동사를 말한다. 이 그룹의 동사는 제1바브동사가 제1요드동사보다 훨씬 더 많이 출현한다. 칼 접미동사 3인칭 단수인 기본형에서는 첫 번째 자음이 모두 '요드'로 시작되기 때문에 많은 문법서에서 이 그룹의 동사를 '페이 요드동사'(פ״י)로만 부르는데 이 또한 옳지 않다. 왜냐하면 아카드어나 아랍어와 같은 다른 셈어와 비교해볼 때 이 그룹 중 첫 번째 자음의 어근이 '요드'가 아니라 '바브'인 것을 알 수 있기 때문이다. 히브리어에서도 칼 유형 외에 니팔이나 히필 등에서 첫 번째 자음이 '요드'가 아니라 '바브'로 나타나는 것을 확인할 수 있다. 빈도수 10위(ישׁב), 11위(יצא), 14위(ידע)가 제1바브동사이며 드물기는 하지만 'יטב'(좋다)와 같은 동사가 제1요드동사이다.

(5) 제1눈동사 - 첫 번째 자음이 '눈'으로 시작되는 동사이며 '페이 눈동사'(פ״נ)라고도 한다. 빈도수 5위(נתן), 20위(נשׂא), 30위(נפל)가 제1눈동사이다.

(6) 제2바브동사 (제2요드동사) - 두 번째 자음이 '바브'나 '요드'인 동사를 말한다. 빈도수 4위(בוא), 12위(שׁוב), 21위(קום) 등이 이 그룹에 속한다.

(7) 제2중복동사 - 동사 어간 중 두 번째 자음과 세 번째 자음이 동일한 동사를 말한다. 이 그룹에 속하는 동사들은 빈도수가 높지 않다. 빈도수 80위(סבב, 돌다)와 87위(הלל, 자랑하다), 126위(רעע, 사악하다)가 이 그룹에 속한다.

지금까지 언급한 불규칙동사 7가지는 서로 겹치는 경우도 많다. 예를 들어 빈도수 3위 동사인 עשׂה는 두 자음이 불규칙으로 제1후음동사, 제3요드동사에 동시에 속한다. 이와같이 두 가지 이상 겹치게 되는 동사의 경우 좀 더 많은 변화를 하게된다.

5.3 칼 접두동사 - 불규칙동사 I

(1) 제1후음동사

제1후음동사 중 '제1알레프동사'(페이 알레프동사)를 제외한 나머지 동사들은 모음 슈바가 와야할 곳에서 합성슈바가 오며 그 앞에 붙는 접두사에도 합성슈바와 동일한 발음의 일반 모음이 온다.

예) אֶעְבֹּר → אֶעֱבֹר, יִעְבֹּר → יַעֲבֹר, תִּעְמֹד → תַּעֲמֹד

제1후음동사 중 제1알레프동사는 תֹּאמַר, יֹאמַר와 같이 모음이 특이하게 변하며 특히 1인칭단수의 경우 אֹמַר와 같이 첫자음인 א이 사라진다. 드물기는 하지만 제1알레프동사 중 יֶאֱהַב, תֶּאֱהַב와 같이 변하는 동사도 있다.

(2) 제2후음동사

제2후음동사의 경우 모음 '오'가 와야 할 곳에 '아' 모음이 오며 일반 후음의 법칙과 같이 슈바가 와야할 곳에 합성슈바가 온다.

예) תִּשְׁאֹל → תִּשְׁאַל, אֶפְעֹל → אֶפְעַל, יִשְׁאְלוּ → יִשְׁאֲלוּ, יֶאֱהֹב → יֶאֱהַב

(3) 제3후음동사

제3후음동사 중 '**ע**'와 '**ח**'으로 끝나는 동사는 제2후음동사와 같이 모음 '오'가 와야할 곳에 '아(ַ)' 모음이 온다.

예) יִשְׁמֹע → יִשְׁמַע, אֶשְׁמֹע → אֶשְׁמַע, תִּשְׁלֹח → תִּשְׁלַח, יִשְׁלֹח → יִשְׁלַח

'**א**'로 끝나는 동사 역시 '오'가 와야할 곳에 '아'(ָ) 모음이 온다.

예) יִקְרֹא → יִקְרָא, נִקְרֹא → נִקְרָא

제3후음동사 중 '**ה**'로 끝나는 '제3요드동사'(라메드 요드동사)는 '**אֶעֱשֶׂה**', '**יַעֲשֶׂה**', '**תַּעֲשׂוּ**'와 같이 변한다.

위의 세 가지 변화를 요약하면 다음과 같다. 특히 **אמר**는 빈도수 1위 동사이므로 잘 기억하도록 하자.

규칙/불규칙			규칙변화	제1후음	제1알레프	제2,3후음	제3요드
기본형			שׁמר 지키다	עבר 지나가다	אמר 말하다	שׁמע 듣다	ראה 보다
단수	1	אֲנִי	אֶשְׁמֹר	אֶעֱבֹר	אֹמַר	אֶשְׁמַע	אֶרְאֶה
	2남	אַתָּה	תִּשְׁמֹר	תַּעֲבֹר	תֹּאמַר	תִּשְׁמַע	תִּרְאֶה
	2여	אַתְּ	תִּשְׁמְרִי	תַּעַבְרִי	תֹּאמְרִי	תִּשְׁמְעִי	תִּרְאִי
	3남	הוּא	יִשְׁמֹר	יַעֲבֹר	יֹאמַר	יִשְׁמַע	יִרְאֶה
	3여	הִיא	תִּשְׁמֹר	תַּעֲבֹר	תֹּאמַר	תִּשְׁמַע	תִּרְאֶה
복수	1	אֲנַחְנוּ	נִשְׁמֹר	נַעֲבֹר	נֹאמַר	נִשְׁמַע	נִרְאֶה
	2남	אַתֶּם	תִּשְׁמְרוּ	תַּעַבְרוּ	תֹּאמְרוּ	תִּשְׁמְעוּ	תִּרְאוּ

복수	2여	אַתֵּן	תִּשְׁמֹרְנָה	תַּעֲבֹרְנָה	תֹּאמַרְנָה	תִּשְׁמַעְנָה	תִּרְאֶינָה
	3남	הֵמָּה	יִשְׁמְרוּ	יַעַבְרוּ	יֹאמְרוּ	יִשְׁמְעוּ	יִרְאוּ
	3여	הֵנָּה	תִּשְׁמֹרְנָה	תַּעֲבֹרְנָה	תֹּאמַרְנָה	תִּשְׁמַעְנָה	תִּרְאֶינָה

이중 불규칙 동사이며 성경 히브리어에서 빈도수 2위(**היה**)와 3위(**עשׂה**)를 차지하는 두 동사의 접두동사 변화는 다음과 같다.

규칙/불규칙			규칙변화	빈도수 2위동사	빈도수 3위동사
기본형			שמר 지키다	היה 이다, 있다, 되다	עשׂה 행하다
단수	1 인칭	אֲנִי	אֶשְׁמֹר	אֶהְיֶה	אֶעֱשֶׂה
	2인칭남성	אַתָּה	תִּשְׁמֹר	תִּהְיֶה	תַּעֲשֶׂה
	3인칭남성	הוּא	יִשְׁמֹר	יִהְיֶה	יַעֲשֶׂה
	3인칭남성	הִיא	תִּשְׁמֹר	תִּהְיֶה	תַּעֲשֶׂה
	3 인칭여성	הִיא	תִּשְׁמֹר	תִּהְיֶה	תַּעֲשֶׂה
복수	1 인칭	אֲנַחְנוּ	נִשְׁמֹר	נִהְיֶה	נַעֲשֶׂה
	2인칭남성	אַתֶּם	תִּשְׁמְרוּ	תִּהְיוּ	תַּעֲשׂוּ
	2인칭여성	אַתֵּן	תִּשְׁמֹרְנָה	תִּהְיֶינָה	תַּעֲשֶׂינָה
	3인칭남성	הֵמָּה	יִשְׁמְרוּ	יִהְיוּ	יַעֲשׂוּ
	3인칭여성	הֵנָּה	תִּשְׁמֹרְנָה	תִּהְיֶינָה	תַּעֲשֶׂינָה

5.4 칼 접두동사 – 불규칙동사 II

칼 불규칙 접두동사 중 자음이 변하는 불규칙 동사는 '제1바브(요드)동사'와 '제1눈동사'이다.

(1) 제1바브동사 (페이 바브동사, פ״ו)

제1바브동사는 칼 접두동사에서 첫자음인 '요드'가 사라지며 모음의 변화가 있다는 특징이 있다. 다음은 제1바브동사 칼 접두동사의 형태이다.

기본형			שמר 지키다	ישב 앉다	יצא 나가다	ידע 알다	הלך 가다
단수	1	אֲנִי	אֶשְׁמֹר	אֵשֵׁב	אֵצֵא	אֵדַע	אֵלֵךְ
	2남	אַתָּה	תִּשְׁמֹר	תֵּשֵׁב	תֵּצֵא	תֵּדַע	תֵּלֵךְ
	2여	אַתְּ	תִּשְׁמְרִי	תֵּשְׁבִי	תֵּצְאִי	תֵּדְעִי	תֵּלְכִי
	3남	הוּא	יִשְׁמֹר	יֵשֵׁב	יֵצֵא	יֵדַע	יֵלֵךְ
	3여	הִיא	תִּשְׁמֹר	תֵּשֵׁב	תֵּצֵא	תֵּדַע	תֵּלֵךְ
복수	1	אֲנַחְנוּ	נִשְׁמֹר	נֵשֵׁב	נֵצֵא	נֵדַע	נֵלֵךְ
	2남	אַתֶּם	תִּשְׁמְרוּ	תֵּשְׁבוּ	תֵּצְאוּ	תֵּדְעוּ	תֵּלְכוּ
	2여	אַתֵּן	תִּשְׁמֹרְנָה	תֵּשַׁבְנָה	תֵּצֶאנָה	תֵּדַעְנָה	תֵּלַכְנָה
	3남	הֵמָּה	יִשְׁמְרוּ	יֵשְׁבוּ	יֵצְאוּ	יֵדְעוּ	יֵלְכוּ
	3여	הֵנָּה	תִּשְׁמֹרְנָה	תֵּשַׁבְנָה	תֵּצֶאנָה	תֵּדַעְנָה	תֵּלַכְנָה

① 첫자음인 '바브'나 '요드'가 사라지면서 첫 번째 모음이 '이'에서 '에'로의 변화가 발생했는데 이는 발음상 '이'보다는 '에'가 더 편하기 때문이다. 원래 셈어의 모음은 '아', '이', '우' 세개만 있었으며 그 모음들은 격을 나타내는 표지였다. ('우'는 주격, '아'는 목적격, '이'는 소유격 표지였다. 지금도 아랍어는 세개의 모음만을 가지고 있으며 동일한 격체계를 가지고 있다.) 따라서 모음 '에'와 '오'는 후대에 발달한 모음들임을 알 수 있다. 히

브리어는 아래와 같이 매우 간단한 모음 체계를 가지고 있다.

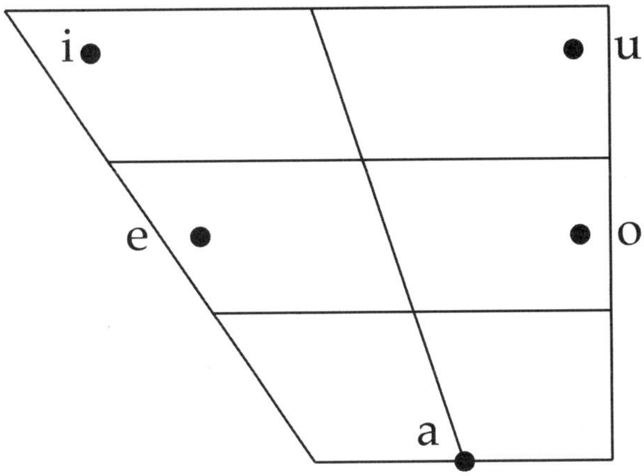

위의 그림에서 입의 모양이 아래쪽으로 '아'를 향해 갈수록 점점 더 벌어진다. 또한 '이'와 '우'는 가장 적게 벌어지는데 '이'는 좌우로, '우'는 상하로 벌어지며 '에'와 '오'는 그 중간에 해당된다. 따라서 '이'에서 '에'로의 변화나 '우'에서 '오'로의 변화는 입술의 모양을 더 벌어지게하여 발음을 좀 더 자연스럽게 하려는 현상에서 나타난다. 앞으로 후음과 관련된 발음에서 이러한 변화가 나타나게 되는 것을 확인할 수 있을 것이다.

② '**יֵדֵע**'가 아닌 '**יֵדַע**'가 된 것은 후음자음인 '**ע**' 때문이다. 그러나 후음 '**א**'이 있음에도 '**יֵצַא**'가 아니라 '**יֵצֵא**'가 된 것은 후음 중 '**א**'은 '에' 모음을 선호하고 나머지 후음인 '**ע**, **ה**, **ח**'는 '아' 모음을 선호하기 때문이다.

예) **אֱלֹהִים**, **אֶשְׁמֹר**, **עֲבָדִים**, **כֹּהֲנִים**, **יֹדַעַת**

③ 빈도수 순위 6위에 해당하는 '**הלךְ**' 동사는 제1바브동사가 아님에도 불구하고 그 그룹과 동일하게 변한다는 것을 명심하자.

④ 제1요드동사의 경우 제1바브동사와는 달리 첫자음인 '요드'가 생략되지 않고 **יִיטַב**,

תִּיטַב와 같이 그대로 남는다.

(2) 제1눈동사 (페이 눈동사, פ״נ)

제1눈동사는 제1바브동사와 같이 첫자음인 '눈'이 탈락된다. 그러나 제1바브동사와는 달리 '눈'이 탈락되면서 두 번째 자음에 점(다게쉬)을 남긴다. 다음은 제1눈동사의 변화이다.

기본형			שמר 지키다	נפל 떨어지다	נתן 주다	נשא 들어올리다	לקח 취하다
단수	1	אֲנִי	אֶשְׁמֹר	אֶפֹּל	אֶתֵּן	אֶשָּׂא	אֶקַּח
	2남	אַתָּה	תִּשְׁמֹר	תִּפֹּל	תִּתֵּן	תִּשָּׂא	תִּקַּח
	2여	אַתְּ	תִּשְׁמְרִי	תִּפְּלִי	תִּתְּנִי	תִּשְׂאִי	תִּקְחִי
	3남	הוּא	יִשְׁמֹר	יִפֹּל	יִתֵּן	יִשָּׂא	יִקַּח
	3여	הִיא	תִּשְׁמֹר	תִּפֹּל	תִּתֵּן	תִּשָּׂא	תִּקַּח
복수	1	אֲנַחְנוּ	נִשְׁמֹר	נִפֹּל	נִתֵּן	נִשָּׂא	נִקַּח
	2남	אַתֶּם	תִּשְׁמְרוּ	תִּפְּלוּ	תִּתְּנוּ	תִּשְׂאוּ	תִּקְחוּ
	2여	אַתֵּן	תִּשְׁמֹרְנָה	תִּפֹּלְנָה	תִּתֵּנָּה	תִּשֶּׂאנָה	תִּקַּחְנָה
	3남	הֵמָּה	יִשְׁמְרוּ	יִפְּלוּ	יִתְּנוּ	יִשְׂאוּ	יִקְחוּ
	3여	הֵנָּה	תִּשְׁמֹרְנָה	תִּפֹּלְנָה	תִּתֵּנָּה	תִּשֶּׂאנָה	תִּקַּחְנָה

① 첫자음인 '눈'이 탈락되고 다음 자음에 동화된 것 처럼 '눈'으로 끝나는 '**נתן**' 동사의 경우 접미동사에서 세 번째 자음인 '눈'이 탈락되기도 한다.

예) **נָתַנְתִּי → נָתַתִּי, נָתַנְתָּ → נָתַתָּ**

② 두 번째 자음에 모음 '슈바'가 오는 경우 점(다게쉬)이 생략되기도 한다.

예) **תִּשְׂאִי, יִשְׂאוּ, תִּקְחוּ**

③ 두 번째 자음이 후음인 경우 점(다게쉬)을 찍을 수 없으므로 첫자음인 '눈'이 탈락되

지 않는다.

예) 'נחל' (상속받다)의 접두동사 - תִּנְחַל, נִנְחַל, יִנְחֲלוּ 등.

④ 빈도수 13위에 속하는 'לקח'는 제1눈동사가 아니지만 제1눈동사와 동일하게 변화하므로 잘 기억하자.

(3) 제2바브/요드동사 (아인 바브/요드동사)

제2바브/요드동사는 접미동사 형태에서 두 번째 자음이 탈락되었으나 접두동사 형태에서는 바브나 요드가 나타난다. 다음은 제2바브/요드동사 변화표이다.

기본형			שמר 지키다	בוא 오다	שוב 돌아오다	קום 일어나다	שים 두다
단수	1	אֲנִי	אֶשְׁמֹר	אָבוֹא	אָשׁוּב	אָקוּם	אָשִׂים
	2남	אַתָּה	תִּשְׁמֹר	תָּבוֹא	תָּשׁוּב	תָּקוּם	תָּשִׂים
	2여	אַתְּ	תִּשְׁמְרִי	תָּבוֹאִי	תָּשׁוּבִי	תָּקוּמִי	תָּשִׂימִי
	3남	הוּא	יִשְׁמֹר	יָבוֹא	יָשׁוּב	יָקוּם	יָשִׂים
	3여	הִיא	תִּשְׁמֹר	תָּבוֹא	תָּשׁוּב	תָּקוּם	תָּשִׂים
복수	1	אֲנַחְנוּ	נִשְׁמֹר	נָבוֹא	נָשׁוּב	נָקוּם	נָשִׂים
	2남	אַתֶּם	תִּשְׁמְרוּ	תָּבוֹאוּ	תָּשׁוּבוּ	תָּקוּמוּ	תָּשִׂימוּ
	2여	אַתֶּן	תִּשְׁמֹרְנָה	תָּבוֹאנָה	תְּשׁוּבֶינָה	-	תָּשִׂימְנָה
	3남	הֵמָּה	יִשְׁמְרוּ	יָבוֹאוּ	יָשׁוּבוּ	יָקוּמוּ	יָשִׂימוּ
	3여	הֵנָּה	תִּשְׁמֹרְנָה	תָּבוֹאנָה	תְּשׁוּבֶינָה	-	תָּשִׂימְנָה

① 이 그룹은 접두사에 붙는 모음이 대부분 '아' (ָ)라는 것이 특징이다.

② 제2바브동사의 경우 두 번째 자음의 '바브' 내신 불완전서법으로 모음 '오' 혹은 '우'만 표시하는 경우가 있다. 예) תָּבֹא, יָשֻׁבוּ, יָקֻסוּ

(4) 제2중복동사 (아인중복동사)

제2중복동사의 변화는 다음과 같다.

기본형			שמר 지키다	סבב 돌다		דמם 침묵하다
단수	1인칭	אֲנִי	אֶשְׁמֹר	אֶסֹּב	אָסֹב	תִּדֹּמִּי
	2인칭남성	אַתָּה	תִּשְׁמֹר	תִּסֹּב	תָּסֹב	תִּדֹּם
	2인칭여성	אַתְּ	תִּשְׁמְרִי	תִּסֹּבִּי	תָּסֹבִּי	תִּדֹּמִּי
	3인칭남성	הוּא	יִשְׁמֹר	יִסֹּב	יָסֹב	יִדֹּם
	3인칭여성	הִיא	תִּשְׁמֹר	תִּסֹּב	תָּסֹב	תִּדֹּם
복수	1인칭	אֲנַחְנוּ	נִשְׁמֹר	נִסֹּב	נָסֹב	נִדֹּם
	2인칭남성	אַתֶּם	תִּשְׁמְרוּ	תִּסֹּבּוּ	תָּסֹבּוּ	-
	2인칭여성	אַתֵּן	תִּשְׁמֹרְנָה	תִּסֹּבְנָה	תְּסֻבֶּינָה	-
	3인칭남성	הֵמָּה	יִשְׁמְרוּ	יִסֹּבּוּ	יָסֹבּוּ	יִדְּמוּ
	3인칭여성	הֵנָּה	תִּשְׁמֹרְנָה	תִּסֹּבְנָה	תְּסֻבֶּינָה	-

이 그룹의 접두동사 형태는 성경에 많이 출현하지 않는다. **סבב** 동사의 변화형은 두가지로 함께 나타난다.

יָכֹל (-할 수 있다)의 변화형

			접미동사	접두동사
단수	1인칭	אֲנִי	יָכֹלְתִּי	אוּכַל
	2인칭남성	אַתָּה	יָכֹלְתָּ	תּוּכַל
	2인칭여성	אַתְּ	-	תּוּכְלִי
	3인칭남성	הוּא	יָכֹל	יוּכַל
	3인칭여성	הִיא	יָכְלָה	תּוּכַל
복수	1인칭	אֲנַחְנוּ	-	נוּכַל
	2인칭남성	אַתֶּם	-	תּוּכְלוּ
	2인칭여성	אַתֵּן	-	-
	3인칭남성	הֵמָּה	יָכְלוּ	יוּכְלוּ
	3인칭여성	הֵנָּה	-	-

יָכֹל 은 대개 부정사 연계형과 함께 온다.

예) לֹא יָכֹל לִבְנוֹת בַּיִת לְשֵׁם יְהוָה (왕상 5:17)

그는 여호와의 이름을 위해 집을 지을 수 없었다.

לֹא אוּכַל לַעֲשׂוֹת דָּבָר (창 19:22)

나는 아무것도 할 수 없다.

5.5 칼 부정사

부정사에는 부정사 연계형과 부정사 절대형, 두가지 형태가 있다.

부정사 연계형

부정사 연계형이란 상이나 인칭, 성, 수를 나타내지 않는 동사적 명사이다. 칼 규칙 변화에서 부정사 연계형 형태를 만드는 방법은 접두동사 3인칭 남성단수 형태에서 접두사를 제거하면 된다. 즉 'יִשְׁמֹר' 에서 접두사를 뺀 형태인 'שְׁמֹר'가 부정사 연계형이다. 부정사 연계형은 다음과 같은 특징이 있다.

① 부정사 연계형은 독립적으로 오기도 하지만 전치사와 함께 오기도한다. 부정사 연계형이 전치사와 함께 오는 경우가 약92%이며 독립적으로 오는 경우가 약8%이다. 전치사와 함께 오는 경우 전치사 לְ와 함께 오는 경우가 약74%로 가장 많고 그 외에 כְּ, בְּ 등 다른 전치사와 함께 오기도 한다.

예) בִּשְׁמֹר, לִשְׁמֹר, שְׁמֹר

② 부정사 연계형은 대명사 접미사를 갖기도 한다. 그 경우 대명사 접미사는 부정사의 목적어 역할을 하기도 한다. 또한 강세의 이동으로 인해 모음의 변화가 생길 수 있다.

예) לִשְׁמָרְךָ (출 23:20) 너를 지키도록, לְשָׁמְרָם (수 10:18) 그들을 지키도록

③ 부정사 연계형이 כְּ, בְּ 등의 전치사와 함께 올 때 종종 '-할 때'라는 부사구로 해석되며 만일 대명사 접미사와 함께 온다면 그 대명사 접미사는 부정사의 주어 역할을 한다.

예) כִּשְׁמֹעַ עֵשָׂו אֶת-דִּבְרֵי אָבִיו (창 27:34) 에서가 그의 아버지의 말씀들을 들었을 때,

בְּזָכְרֵנוּ (시 137:1) 우리가 기억했을 때

④ 부정사 연계형의 부정어는 לֹא나 אַל대신 בְּלִי, בִּלְתִּי, לְבִלְתִּי 등이 사용된다.

예) לְבִלְתִּי שְׁמֹר מִצְוֹתָיו (신 8:11) 그의 계명들을 지키지 않음으로

⑤ 그 외에 부정사 연계형은 문장에서 주어, 술어, 목적어, 부사 등 매우 다양한 역할을 한다. 또한 성경 히브리어에는 동명사가 없는데 부정사 연계형은 동명사의 역할도 한다.

⑥ 불규칙동사 중 제3요드동사와 제1요드동사의 칼 부정사 연계형을 만드는 방법은 다음과 같다.

〈제3요드동사〉

기본형의 마지막 자음 'ה'를 'וֹת'로 바꾸어준다. 예) רָאָה → רְאוֹת, עָשָׂה → עֲשׂוֹת

〈제1요드동사〉

기본형의 첫자음 'י'를 빼고 뒤에 'ת'를 추가시킨 후 약간의 모음 변화를 준다.

예) יָשַׁב → שֶׁבֶת, יָצָא → צֵאת

부정사 절대형

칼 부정사 절대형의 형태는 'שָׁמוֹר', 혹은 불완전서법으로 'שָׁמֹר'이다.

① 부정사 절대형은 불변사와 같이 형태의 변화를 하지 않으며 접미사나 접두사를 붙이지 않고 단독으로만 사용된다.

② 부정사 절대형이 동일한 어원을 가진 동사와 함께 이중으로 기록되는 구조는 동사에 대한 강조를 위함이며 화자나 저자는 그의 진술이 진실함을 확증하거나 확고히 하고자 할

때 그러한 구조의 문장을 사용한다.

מִכֹּל עֵץ־הַגָּן אָכֹל תֹּאכֵל (창 2:16) 너는 동산의 모든 나무에서 무엇이든지 **먹어도** 좋다.

③ 부정사 절대형의 용법은 그 외 동시동작적인 행동, 점진적 행동, 강조 명령, 동명사적 사용 등 다양하다.

5.6 칼 명령형

명령형 형태는 접두동사 형태 중 2 인칭에서 접두어를 뺀 것과 동일하다.

		지키다	방문하다	기억하다
남성단수	אַתָּה	שְׁמֹר	פְּקֹד	זְכֹר
여성단수	אַתְּ	שִׁמְרִי	פִּקְדִי	זִכְרִי
남성복수	אַתֶּם	שִׁמְרוּ	פִּקְדוּ	זִכְרוּ
여성복수	אַתֶּן	שְׁמֹרְנָה	פְּקֹדְנָה	זְכֹרְנָה

① 규칙변화에서 칼 남성단수 명령형 형태는 부정사 연계형 형태와 동일하다.

② 여성단수와 남성복수 명령형 형태의 첫 모음이 'i'로 바뀐 것은 단어 처음에 슈바가 연속으로 올 경우 첫 슈바가 'i'로 바뀐다는 원칙(즉, ְ ְ → ִ ְ)에 따라 바뀐 것이다.

שְׁמְרִי → שִׁמְרִי

③ 여성복수 명령형 형태는 성경에 많이 나타나지 않는다. 성경에 출현하는 모든 동사 중 여성복수 명령형 형태는 총22회만 나타날 뿐이다. 위의 표에 나타나는 세 동사는 여성복수는 물론 여성단수 명령형 형태도 나타나지 않고 남성단수와 남성복 수 형태만 나타난다.

④ 명령형 형태는 부정 명령으로는 전혀 사용되지 않고 긍정 명령만 사용된다. 부정 명령을 표현하고자 할 때는 명령 형태가 아닌 접두동사 형태를 사용하는데 다음의 두가지 방법을 쓴다.

ㄱ. 부정어 'אַל'을 사용하여 화자/저자의 바람을 나타낸다: 'אַל' + 접두동사 단축형[10]

예) אַל־תִּשְׁמְעוּ אֶל־חִזְקִיָּהוּ (왕하 18:31) 히스기야(의 말)을 듣지말기를 원한다.

ㄴ. 부정어 'לֹא'를 사용하여 단호한 금지를 나타낸다: 'לֹא' + 접두동사

예) לֹא תִּגְנֹב (출 20:15) 도적질하지 말라!

5.7 니팔(Niphal) 동사

언급한 바와 같이 니팔 동사는 의미론적으로 칼 동사와는 60%정도 관계가 있고 피엘 동사와는 10%, 히필과는 10%정도 관계가 있다. 또한 수동으로 쓰이는 경우가 가장 많으나 재귀, 상호적으로도 쓰이며 능동으로도 쓰인다. '니팔 동사'의 유래에 대해 학자들의 연구가 있었지만 아직까지 명확한 청사진을 제시하지는 못하고 있다. 어쨌든 '니팔=칼 수동'의 등식은 항상 성립하는 것이 아니므로 조심해야 할 것이다.[11]

성경 히브리어에 출현하는 모든 동사 중 니팔이 차지하는 비율은 약6%로 70%인 칼에 비하면 매우 낮은 편이다. 또한 성경 히브리어에 출현하는 동사의 빈도수는 각 유형마다 많은 차이가 있다. 예를 들어 성경에서 가장 많이 출현하는 동사인 'אמר'는 니팔형에서만 살펴보면 49위(21회 출현)를 차지한다. 'מלט'(도망가다)와 같이 칼형에서는 전혀 출현하지 않으나 니팔형에서는 출현하는 동사도 있다. 니팔형에서도 역시 규칙변화 보다는 불

---

10 단축형에 대해서는 7.4항을 보라.

11 항상 그런 것은 아니지만 일반적으로 동일한 어원의 동사가 칼 유형에서 등장하면 그 동사는 니팔에서 수동으로 해석하며 칼에서 등장하지 않으면 능동으로 해석한다.
예) אמר '말하다'(칼) → '말해지다'(니팔), שׁבר '깨뜨리다'(칼) → '깨어지다'(니팔), מלט '도망가다'(니팔), רדם '깊이잠자다'(니팔)

규칙변화 동사가 훨씬 더 많이 출현하는데 10위권 내에서 규칙변화는 하나도 없으며 30위권 안에 규칙변화가 6회 출현한다. 다음은 니팔 규칙변화의 형태들이다.

(1) 니팔 접미동사 – 규칙동사

다음은 니팔 규칙 접미동사 형태이다.

수	인칭, 성		שבר 깨어지다	מלט 도망가다	접미사
단수	1 인칭	אֲנִי	נִשְׁבַּרְתִּי	נִמְלַטְתִּי	---תִּי
	2인칭남성	אַתָּה	נִשְׁבַּרְתָּ	נִמְלַטְתָּ	---תָּ
	2인칭여성	אַתְּ	נִשְׁבַּרְתְּ	נִמְלַטְתְּ	---תְּ
	3인칭남성	הוּא	נִשְׁבַּר	נִמְלַט	---
	3인칭여성	הִיא	נִשְׁבְּרָה	נִמְלְטָה	---ָה
복수	1 인칭	אֲנַחְנוּ	נִשְׁבַּרְנוּ	נִמְלַטְנוּ	---נוּ
	2인칭남성	אַתֶּם	נִשְׁבַּרְתֶּם	נִמְלַטְתֶּם	---תֶּם
	2인칭여성	אַתֶּן	נִשְׁבַּרְתֶּן	נִמְלַטְתֶּן	---תֶּן
	3인칭남성	הֵמָּה	נִשְׁבְּרוּ	נִמְלְטוּ	---וּ
	3인칭여성	הֵנָּה			

① 니팔(נִפְעַל) 접미동사는 그 명칭에서 짐작할 수 있듯이 동사의 기본형에서 자음 '눈'(נ)을 처음에 추가시키면 된다. 니팔 뿐 아니라 모든 접미동사의 접미사는 표에서 보는 바와 같이 동일하다.

② 칼 접두동사 1인칭 복수의 접두사가 '눈'(נ)이므로 니팔 접미동사의 접두어와 동일하므로 혼동하지 않도록 조심하자.

예) **נִשְׁמֹר** - **שׁמר**의 칼 접두동사 1인칭 복수,

נִשְׁמַר - **שׁמר**의 니팔 접미동사 3인칭 남성단수

특히 불규칙변화 중 제3후음 동사의 경우 칼 접두동사 1인칭 복수와 니팔 접미동사 3인

칭 남성단수는 자음과 모음 모두가 동일하므로 문맥으로 구분해야 한다.

예) נִשְׁמַע 창 45:16 - 니팔 접미동사 3인칭 남성단수, 수 1:17 - 칼 접두동사 1인칭복수.

(2) 니팔 접미동사 – 불규칙동사

불규칙			제3알레프	제3요드	제1후음	제1눈	제1바브
기본형			מצא 발견되다	ראה 보여지다	הפך 뒤집히다	נתן 주어지다	ידע 알려지다
단수	1인칭	אֲנִי	נִמְצֵאתִי	-	-	-	נוֹדַעְתִּי
	2인칭남성	אַתָּה	-	-	-	-	-
	2인칭여성	אַתְּ	נִמְצֵאת	-	-	-	-
	3인칭남성	הוּא	נִמְצָא	נִרְאָה	נֶהְפַּךְ	נִתַּן	נוֹדַע
	3인칭여성	הִיא	נִמְצְאָה	נִרְאֲתָה	נֶהֶפְכָה	נִתְּנָה	-
복수	1인칭	אֲנַחְנוּ	-	-	-	-	-
	2인칭남성	אַתֶּם	-	-	-	-	-
	2인칭여성	אַתֶּן	-	-	-	-	-
	3인칭남성	הֵמָּה	נִמְצְאוּ	נִרְאוּ	נֶהֶפְכוּ	נִתְּנוּ	-
	3인칭여성	הֵנָּה					

① 표에서 보는 바와 같이 니팔 불규칙 접미동사는 모든 인칭(성,수)에서 나타나지 않고 일부에서만 나타난다.

② 규칙동사와 비교해 볼 때 불규칙 동사는 제3알레프, 제3요드, 제1후음 동사의 경우 모음의 차이만 발견된다. 모음 변화의 폭은 그리 크지 않으며 후음으로 인한 발음 때문에 생기는 것임을 알 수 있다.

③ 니팔 불규칙 접미동사에서 자음이 변화는 경우는 제1눈과 제1바브 동사의 경우이다. 제1눈 동사의 경우 제1자음인 눈이 다음 자음으로 동화되어 점(다게쉬)을 남긴다. 그러나

그 다음 자음인 제2자음이 후음인 경우 그 자음에 점(다게쉬)을 갖지 않는다.

예) נִחַמְתִּי, נִחַם 그가/내가 후회했다/돌이켰다.

④ 제1바브 동사의 경우 첫자음인 요드가 원래 어근인 바브로 나타난다.

예) ידע → נוֹדַע 그것이 알려졌다, ילד → נוֹלַד 그가 태어났다.

(3) 니팔 접두동사 – 규칙동사

수	인칭, 성		שבר 깨어지다	מלט 도망가다	접두사(접미사)
단수	1 인칭	אֲנִי	אֶשָּׁבֵר	אֶמָּלֵט	א---
	2인칭남성	אַתָּה	תִּשָּׁבֵר	תִּמָּלֵט	תִּ---
	2인칭여성	אַתְּ	תִּשָּׁבְרִי	תִּמָּלְטִי	תִּ---ִי
	3인칭남성	הוּא	יִשָּׁבֵר	יִמָּלֵט	י---
	3인칭여성	הִיא	תִּשָּׁבֵר	תִּמָּלֵט	תִּ---
복수	1 인칭	אֲנַחְנוּ	נִשָּׁבֵר	נִמָּלֵט	נ---
	2인칭남성	אַתֶּם	תִּשָּׁבְרוּ	תִּמָּלְטוּ	תִּ---וּ
	2인칭여성	אַתֶּן	תִּשָּׁבַרְנָה	תִּמָּלַטְנָה	תִּ---נָה
	3인칭남성	הֵמָּה	יִשָּׁבְרוּ	יִמָּלְטוּ	י---וּ
	3인칭여성	הֵנָּה	תִּשָּׁבַרְנָה	תִּמָּלַטְנָה	תִּ---נָה

① 니팔 뿐 아니라 모든 접두동사의 접두사는 표에서 보는 바와 같이 동일하다.

② 히브리어에서 자음 '눈'(נ)은 약한 자음이므로 폐음절 끝에 올 때 다음에 오는 자음 속으로 동화되어 사라지면서 그 자음에 점(다게쉬)을 남긴다.

③ 첫 자음에 붙는 모음은 1인칭단수만을 제외하고 모두 이(ִ) 모음이며 두번째 자음에는 모두 점(다게쉬)이 붙으며 아(ָ) 모음이 붙는다.

(4) 니팔 접두동사 – 불규칙동사

불규칙			제1후음–제3요드	제3후음	제1바브
기본형			עשׂה 행해지다	שׁמע 들려지다	ילד 태어나다
단수	1인칭	אֲנִי	-	-	אִוָּלֵד
	2인칭남성	אַתָּה	תֵּעָשֶׂה	תִּשָּׁמַע	תִּוָּלֵד
	2인칭여성	אַתְּ	-	-	-
	3인칭남성	הוּא	יֵעָשֶׂה	יִשָּׁמַע	יִוָּלֵד
	3인칭여성	הִיא	תֵּעָשֶׂה	תִּשָּׁמַע	תִּוָּלֵד
복수	1인칭	אֲנַחְנוּ	-	-	-
	2인칭남성	אַתֶּם	-	-	-
	2인칭여성	אַתֵּן	תֵּעָשֶׂינָה	-	-
	3인칭남성	הֵמָּה	יֵעָשׂוּ	יִשָּׁמְעוּ	יִוָּלֵדוּ
	3인칭여성	הֵנָּה	תֵּעָשֶׂינָה	-	-

① 제1후음 동사의 경우 후음이 점(다게쉬)을 취할 수 없으므로 후음 앞의 모음을 '이'에서 '에'로 보상해준다. 예) יִהָפֵךְ → יֵהָפֵךְ

② ראה(보다) 동사와 같이 제1자음이 레쉬(ר)인 경우 후음은 아니나 이곳에서는 후음처럼 취급되어 변화된다. 예) יֵרָאֶה, תֵּרָאֶה, יֵרָאוּ

③ עשׂה나 ראה 동사의 경우 앞 부분은 제1후음 동사와 같이 변하고 뒷 부분은 제3요드 동사와 같이 변한다.

④ 제3후음 동사의 경우 뒷 부분에 모음이 '에'가 아닌 '아'로 나타난다.

예) יִשָּׁמֵעַ → יִשָּׁמַע

⑤ 제1바브 동사의 경우 접미동사와 마찬가지로 원래 어근인 '바브'가 나타난다.
예) יֵיָּלֵד → יִוָּלֵד, יִיָּדַע → יִוָּדַע

(5) 니팔 분사, 명령, 부정사

니팔 분사형

	남성	여성
단수	נִשְׁבָּר	נִשְׁבָּרָה 혹은 נִשְׁבֶּרֶת
복수	נִשְׁבָּרִים	נִשְׁבָּרוֹת

① 니팔 분사형은 접미동사 형태처럼 자음 눈(נ)으로 시작된다.

② 니팔 분사형에서 조심해야 할 것은 접미동사 3인칭 남성단수 형태와 니팔 남성단수 형태 사이에 자음은 물론 발음이 동일하므로 혼동하기 쉽다는 것이다. 그 둘 사이의 구분은 모음의 모양으로 해야한다. 즉 니팔 접미동사 3인칭 남성단수는 נִשְׁבַּר 이고 니팔 분사 남성단수는 נִשְׁבָּר 이다.

니팔 명령형

		שמר 지키다
남성단수	אַתָּה	הִשָּׁמֵר
여성단수	אַתְּ	הִשָּׁמְרִי
남성복수	אַתֶּם	הִשָּׁמְרוּ
여성복수	אַתֶּן	-

① 니팔 명령형은 니팔 접두동사 2인칭 남성단수 형태에서 접두사 ת 대신에 ה 를 붙이면 되고 자음 눈(נ)이 다음 자음에 동화되어 점(다게쉬)을 남기는 것과 그 자음에 붙는 모

음은 접두동사 형태와 동일하다.

② 성경 전체에서 니팔 명령형이 많이 출현하지 않으며 특히 여성복수 명령의 경우 단 한 차례도 출현하지 않는다.

니팔 부정사형

	연계형	절대형
קטל	הִקָּטֵל	הִקָּטוֹל/נִקְטֹל
שׁמר	הִשָּׁמֵר	-

① 니팔 부정사 연계형은 니팔 명령형 남성단수 형태와 동일하다.

② 니팔 부정사 절대형은 연계형에 비해 출현 빈도가 매우 낮은데 위의 표에서 보는 바와 같이 두가지 형태가 있다.

5과 단어

רָדַם	잠들다(Ni.)	לְבַב, לֵב	마음	אֳנִיָּה	배(ship)
יָכוֹל	할 수 있다	בְּתוּלָה	처녀	יָשַׁע	구원하다
לָבַשׁ	옷을 입다	מְעִיל	의복	פָּתַח	열다
בָּחַן	살피다	זוֹנָה	창녀	פָּרַד	나누다
מִצְוָה	계명	אִם	만일 -이면	בָּרָא	창조하다

연습문제

1. 다음 문장을 읽으라. (창1:9-13)

ט וַיֹּאמֶר אֱלֹהִים יִקָּווּ הַמַּיִם מִתַּחַת הַשָּׁמַיִם אֶל-מָקוֹם אֶחָד וְתֵרָאֶה הַיַּבָּשָׁה וַיְהִי-
כֵן **י** וַיִּקְרָא אֱלֹהִים לַיַּבָּשָׁה אֶרֶץ וּלְמִקְוֵה הַמַּיִם קָרָא יַמִּים וַיַּרְא אֱלֹהִים כִּי-טוֹב **יא**
וַיֹּאמֶר אֱלֹהִים תַּדְשֵׁא הָאָרֶץ דֶּשֶׁא עֵשֶׂב מַזְרִיעַ זֶרַע עֵץ פְּרִי עֹשֶׂה פְּרִי לְמִינוֹ אֲשֶׁר
זַרְעוֹ-בוֹ עַל-הָאָרֶץ וַיְהִי-כֵן **יב** וַתּוֹצֵא הָאָרֶץ דֶּשֶׁא עֵשֶׂב מַזְרִיעַ זֶרַע לְמִינֵהוּ וְעֵץ עֹשֶׂה-
פְּרִי אֲשֶׁר זַרְעוֹ-בוֹ לְמִינֵהוּ וַיַּרְא אֱלֹהִים כִּי-טוֹב **יג** וַיְהִי-עֶרֶב וַיְהִי-בֹקֶר יוֹם שְׁלִישִׁי

2. 다음 동사들의 기본형 형태를 박스 안에서 찾고 분석해 보라.[12]

> **לָקַח, יָדַע, יָצָא, שָׁמַע, רָאָה, הָלַךְ, יָלַד, שִׂים, אָכַל, עָמַד, קוּם, קָרָא,**
> 읽다, 일어나다, 서다, 먹다, 두다, 낳다, 가다, 보다, 듣다, 나가다, 알다, 취하다
>
> **עָלָה, מָצָא, שָׁמַר, בָּנָה**
> 짓다, 지키다, 발견하다, 올라가다

예) **תִּשְׁמֹר** - 접두동사 2 인칭 남성단수 혹은 3 인칭 여성단수, 기본형 **שָׁמַר**(지키다), 칼, 해석 – 당신이(남)/그녀가 지킬 것이다.

(1) **נִרְאֶה**

(2) **אֶשְׁמַע**

(3) **תֹּאכְלִי**

(4) **יַעֲמֹד**

(5) **תָּקוּם**

---

12 성경 히브리어에서의 시제 설정은 문맥에서 해야하나 본서에서는 편의상 접미동사는 과거로, 접두동사는 미래로 해석하기로 한다.

(6) תִּבְנוּ

(7) אֵלֵד

(8) נִקַּח

(9) תֵּצֵא

(10) תִּרְאוּ

(11) תִּקְרְאִי

(12) אֶמְצָא

(13) יַעֲלֶה

(14) תִּשְׁמַעְנָה

(15) תֵּדְעִי

(16) יָשִׂימוּ

(17) אֶבְנֶה

(18) תִּקְרָא

(19) תַּעַמְדוּ

(20) נֵלֵךְ

(21) יָקוּמוּ

(22) אֶשְׁמֹר

(23) אֹכַל

(24) תָּשִׂים

(25) נָקוּם

(26) תָּשִׂימִי

(27) תִּקְחוּ

(28) אֵדַע

(29) נֵצֵא

(30) תֵּלֵד

3. 다음 동사들의 기본형 형태를 박스 안에서 찾고 분석해 보라.

> יָדַע, שָׁמַע, רָאָה, יָלַד, קָרָא, מָצָא, שָׁמַר,עָבַד, בָּנָה, כָּתַב, עָשָׂה, אָמַר,
> נָתַן, בָּרָא, פָּרַד, פָּתַח, יָשַׁע

예) **נִשְׁמְעוּ** - 접미동사 3 인칭 복수, 기본형 **שָׁמַע**, 니팔, 해석 – 그것들이 들려졌다.

(1) אֵרָאֶה

(2) תִּכָּתֵב

(3) נֶעֱבַד

(4) נִמְצֵאת

(5) נַעֲשׂוּ

(6) נֶאֱמַר

(7) יִנָּתֵן

(8) נִבְרְאוּ

(9) נוֹלַד

(10) יִוָּלֵד

(11) נוֹדַע

(12) תִּוָּדֵעַ

(13) יִפָּרֵד

(14) נִפְתְּחוּ

(15) תִּמָּצֵא

(16) יִקָּרֵא

(17) נִקְרְאָה

(18) נִשְׁמַע

(19) נוֹשַׁע

(20) תִּוָּשַׁע

4. 다음 문장을 읽고 해석하라.

(1) לֹא תֹאכְלוּ מִכֹּל עֵץ הַגָּן (창 3:1)

(2) אֶת-הָאֵשׁ הַגְּדֹלָה הַזֹּאת לֹא-אֶרְאֶה עוֹד (신 18:16)

(3) אָנֹכִי אֶהְיֶה עִמְּךָ (신 31:23)

(4) בְּנֹתֵיכֶם תִּתְּנוּ-לָנוּ וְאֶת-בְּנֹתֵינוּ תִּקְחוּ לָכֶם (창 34:9)

(5) אֲנַחְנוּ לֹא-נֵדַע מַה-נַּעֲבֹד אֶת-יְהוָה (출 10:26)

(6) בַּמָּקוֹם הַזֶּה אֶתֵּן שָׁלוֹם (학 2:9)

(7) לֹא-נִבְנָה בַיִת לְשֵׁם יְהוָה עַד הַיָּמִים הָהֵם (왕상 3:2)

(8) לֹא-יִקָּרֵא שִׁמְךָ עוֹד יַעֲקֹב כִּי אִם-יִשְׂרָאֵל יִהְיֶה שְׁמֶךָ (창 35:10)

(9) רָעָה לֹא-תִמָּצֵא בְךָ מִיָּמֶיךָ (삼상 25:28)

(10) הַיּוֹם אֵרָאֶה אֵלָיו (왕상 18:15)

(11) לֹא-נָתַן יְהוָה לָכֶם לֵב לָדַעַת וְעֵינַיִם לִרְאוֹת וְאָזְנַיִם לִשְׁמֹעַ עַד הַיּוֹם הַזֶּה (신 29:3)

(12) מִצִּיּוֹן תֵּצֵא תוֹרָה וּדְבַר-יְהוָה מִירוּשָׁלָם (사 2:3)

Chapter 6

왜 기도하지 않느냐?
(לָמָּה לֹא תִתְפַּלֵּל?)

נָתַתָּ שָׂכָר לָבוֹא תַּרְשִׁישָׁה	너는 다시스로 가는 삯을 냈다.
לָמָּה לֹא תִּתְפַּלֵּל?	왜 너는 기도하지 않느냐?
מִפְּנֵי הָאֱלֹהִים אֲנִי בּוֹרֵחַ	하나님 앞에서 나는 도망갑니다.
מָה עָשִׂיתָ? לָמָּה בָּרַחְתָּ?	너는 무엇을 했느냐? 왜 너는 도망가느냐?
הוּא אָמַר לִי קוּם לֵךְ אֶל נִינְוֵה	그는 내게 말했습니다: "일어나 니느웨로 가라"

왜 기도하지 않느냐?
(לָמָּה לֹא תִתְפַּלֵּל?)

6.1 피엘(Piel) 동사

언급한 바와 같이 동사의 7 유형중 피엘, 푸알, 히트파엘은 중첩형이라 불려지는데 가운데 자음에 이중점이 붙는 것이 중요한 형태적 특징이다. 그 의미는 강조적, 사실적, 사역적, 결과적, 명사적으로 매우 다양하다. 푸알은 피엘의 수동이며 히트파엘은 재귀적, 상호적, 능동적 뜻을 가진다. 성경 히브리어에 출현하는 모든 동사 중 칼이 70%로 가장 많이 차지하고 니팔이 6%를 차지하는 반면 피엘은 6,449개로 9% 정도 차지한다. 칼과 니팔의 동사 빈도 순위가 많은 차이를 보인 것과 같이 칼과 피엘도 많은 차이를 보인다. 칼에서 우선순위 1-5위(**אמר**, **היה**, **עשׂה**, **בוא**, **נתן**)에 해당하는 동사들은 피엘에서는 전혀 나타나지 않는다. 피엘 규칙변화는 다른 유형에 비해 비교적 많이 나타나는 편인데 1-10위권 내에 2개(**דבר**-1위, **בקשׁ**-5위)가 있으며 20위권 내에 6개(**כפר**-11위, **שׁלם**-12위, **קדשׁ**-13위, **ספר**-14위)가 발견된다.

(1) 피엘 접미동사 – 규칙동사

수	인칭, 성		דבר 말하다	בקשׁ 찾다	קדשׁ 거룩하게하다	접미사
단수	1	אֲנִי	דִּבַּרְתִּי	בִּקַּשְׁתִּי	קִדַּשְׁתִּי	---תִּי
	2남	אַתָּה	דִּבַּרְתָּ	-	קִדַּשְׁתָּ	---תָּ
	2여	אַתְּ	-	-	-	---תְּ
	3남	הוּא	דִּבֶּר	בִּקֵּשׁ	קִדַּשׁ	---
	3여	הִיא	דִּבְּרָה	בִּקְשָׁה	-	---ָה
복수	1	אֲנַחְנוּ	דִּבַּרְנוּ	-	-	---נוּ
	2남	אַתֶּם	דִּבַּרְתֶּם	בִּקַּשְׁתֶּם	קִדַּשְׁתֶּם	---תֶּם
	2여	אַתֶּן	-	-	-	---תֶּן
	3남	הֵמָּה	דִּבְּרוּ	בִּקְשׁוּ	קִדְּשׁוּ	---וּ
	3여	הֵנָּה				

① 제1자음에 모음 '이'()가 있으며 제2자음에 점(다게쉬)이 붙는 것이 피엘 접미동사의 특징이다. 언급한 바와 같이 모든 접미동사의 접미사는 표에서 보는 바와 같이 동일하다.

② 제2자음에 붙는 모음을 살펴보면 1인칭과 2인칭에서는 '아'(ַ)이고 3인칭 남성단수에서는 '에'(ֶ 혹은 ֵ)이며 3인칭 여성단수와 3인칭 복수에서는 슈바(ְ)이다.

③ 3인칭 남성단수에서 제2자음에 붙는 모음이 '에'가 아닌 '아'(ַ)가 붙는 경우가 있다. 예) קִדַּשׁ 거룩하게 하다, לִמַּד 가르치다

④ דבר 동사의 경우 3인칭 남성단수에서 'דִּבֶּר' 와 'דִּבֵּר' 두 형태가 모두 다 사용된다.

(2) 피엘 접미동사 – 불규칙동사

불규칙			제2알레프	제2후음	제3요드	제3알레프
기본형			מאן 거절하다	בער 태우다	כלה 끝내다	מלא 채우다
단수	1인칭	אֲנִי	-	בִּעַרְתִּי	כִּלִּיתִי	מִלֵּאתִי
	2인칭남성	אַתָּה	מֵאַנְתָּ	בִּעַרְתָּ	-	מִלֵּאתָ
	2인칭여성	אַתְּ	מֵאַנְתְּ	-	-	-
	3인칭남성	הוּא	מֵאֵן	בִּעֵר	כִּלָּה	מִלֵּא
	3인칭여성	הִיא	מֵאֲנָה	-	-	-
복수	1인칭	אֲנַחְנוּ	-	-	כִּלִּינוּ	-
	2인칭남성	אַתֶּם	מֵאַנְתֶּם	בִּעַרְתֶּם	כִּלִּיתֶם	מִלֵּאתֶם
	2인칭여성	אַתֶּן	-	-	-	-
	3인칭남성	הֵמָּה	מֵאֲנוּ	בִּעֲרוּ	כִּלּוּ	מִלְאוּ
	3인칭여성	הֵנָּה				

① 제2후음동사 중 제2알레프동사의 경우 제2자음에 점(다게쉬)이 오지 않고 제1자음의 모음이 '이'( ) 대신에 '에'( )로 바뀐다.

② 제2자음에 자음 레쉬(ר)가 올 경우에도 제2알레프동사와 같이 비슷하게 변한다.

예) בֵּרַךְ (혹은 בֵּרֵךְ) '복을 주다', בֵּרַכְתִּי, בֵּרֲכוּ 등

③ 제2자음에 ה, ח, ע이 오는 경우 제2자음에 점(다게쉬)이 오지 않을 뿐 아니라 제1자음의 모음이 '이'( ) 그대로 유지된다.

예) מִהַרְתָּ 너가 서둘렀다, טִהַרְנוּ 우리가 깨끗케했다, נִחַם 그가 위로했다.

④ 제2자음에 후음이 올 경우 '슈바' 모음이 와야 할 곳에서 합성모음이 온다.

מֵאְנָה → מֵאֲנָה 그녀가 거절했다, מִהֲרוּ 그들이 서둘렀다.

⑤ 제3요드동사에서는 3인칭 남성단수에서 제2자음에 모음이 '에'가 아닌 '아'이며 1,2 인칭에서는 '아'가 아닌 '이'이다. צִוָּה, צִוִּיתָ

⑥ 제3알레프동사에서는 1인칭과 2인칭에서 제2자음의 모음이 '아'가 아닌 '에'로 나타난다. מִלַּאתִי → מִלֵּאתִי

(3) 피엘 접두동사 – 규칙동사

수	인칭, 성		דבר 말하다	בקשׁ 찾다	ספר 이야기하다	접두사 (접미사)
단수	1	אֲנִי	אֲדַבֵּר	אֲבַקֵּשׁ	אֲסַפֵּר	א---
	2남	אַתָּה	תְּדַבֵּר	תְּבַקֵּשׁ	תְּסַפֵּר	תּ---
	2여	אַתְּ	תְּדַבְּרִי	תְּבַקְשִׁי	-	תּ---ִי
	3남	הוּא	יְדַבֵּר	יְבַקֵּשׁ	יְסַפֵּר	י---
	3여	הִיא	תְּדַבֵּר	תְּבַקֵּשׁ	תְּסַפֵּר	תּ---
복수	1	אֲנַחְנוּ	נְדַבֵּר	נְבַקֵּשׁ	נְסַפֵּר	נ---
	2남	אַתֶּם	תְּדַבְּרוּ	תְּבַקְשׁוּ	תְּסַפְּרוּ	תּ---וּ
	2여	אַתֶּן	תְּדַבֵּרְנָה	תְּבַקֵּשְׁנָה	-	תּ---נָה
	3남	הֵמָּה	יְדַבְּרוּ	יְבַקְשׁוּ	יְסַפְּרוּ	י---וּ
	3여	הֵנָּה	תְּדַבֵּרְנָה	תְּבַקֵּשְׁנָה	-	תּ---נָה

① 접두사가 있는 자리에 모음 '슈바'(ְ)가 있으며 제2자음에 점(다게쉬)이 붙는 것이 피엘 접두동사의 특징이다. 언급한 바와 같이 모든 접두동사의 접두사는 표에서 보는 바와 같이 동일하다.

② 후음인 알레프(א)에는 모음 '슈바'가 붙을 수 없으므로 1인칭 단수에서는 합성슈바인 '아'(ֲ)와 함께 와서 'אֲ' 모양이 된다.

③ 제2자음이 모음 '슈바'와 함께 올 때 점(다게쉬)이 붙지 않는 경우가 있다.

예) יְבַקְשׁוּ, תְּבַקְשִׁי

(4) 피엘 접두동사 - 불규칙동사

불규칙			제2알레프	제3요드	제3헤트
기본형			מאן 거절하다	כלה 끝내다	שׁלח 보내다
단수	1 인칭	אֲנִי	-	אֲכַלֶּה	אֲשַׁלַּח
	2인칭남성	אַתָּה	תְּמָאֵן	תְּכַלֶּה	תְּשַׁלַּח
	2인칭여성	אַתְּ	-	-	תְּשַׁלְּחִי
	3인칭남성	הוּא	יְמָאֵן	יְכַלֶּה	יְשַׁלַּח
	3인칭여성	הִיא	תְּמָאֵן	תְּכַלֶּה	תְּשַׁלַּח
복수	1 인칭	אֲנַחְנוּ	-	-	-
	2인칭남성	אַתֶּם	תְּמָאֲנוּ	-	תְּשַׁלְּכוּ
	2인칭여성	אַתֶּן	-	תְּכַלֶּנָה	תְּשַׁלַּחְנָה
	3인칭남성	הֵמָּה	יְמָאֲנוּ	יְכַלּוּ	יְשַׁלְּחוּ
	3인칭여성	הֵנָּה	-	תְּכַלֶּנָה	תְּשַׁלַּחְנָה

① 제2알레프동사의 경우 후음인 제2자음이 점(다게쉬)을 취하지 않으며 후음 자음 앞의 모음을 '아'(ַ)에서 '아'(ָ)로 변경시킨다. בּרךְ(복을 주다) 동사도 동일하게 변한다.

예) יְמַאֵן → יְמָאֵן, יְבַרֵךְ → יְבָרֵךְ

② 제2자음에 ה, ח, ע이 오는 경우 제2자음에 점(다게쉬)이 오지 않으며 후음 자음 앞의 모음은 변화가 없다.

예) יְטַהֵר, יְנַחֵם, יְבַעֵר

③ 제3후음동사 중 ה로 끝나는 제3요드동사는 יְכַלֶּה와 같이 제2자음에 '에'(ֶ) 모음을

취하며 ח나 ע로 끝나는 경우는 יְשַׁלַּח, יְבַקַּע (그가 쪼갤것이다)와 같이 제2자음이 '아'(ַ) 모음을 취하며 으로 끝나는 경우는 יְמַלֵּא와 같이 규칙적으로 변한다.

(5) 피엘 분사, 명령, 부정사

피엘 분사형

	남성	여성
단수	מְדַבֵּר	מְדַבֶּרֶת
복수	מְדַבְּרִים	מְדַבְּרוֹת

① 피엘 분사형은 자음 멤(מ)으로 시작된다. 동사의 7유형 중 '칼'과 '니팔'을 제외한 나머지 5개 유형의 분사형은 모두 자음 멤(מ)으로 시작된다.

② 피엘 분사 남성단수의 모음은 피엘 접두동사 3인칭 단수의 모음과 동일하다.

③ 매우 드물기는 하나 (성경 전체에 5회) 피엘 분사 여성단수 형태가 'מְקַטֶּלֶת' 대신 'מְקַטֵּלָה'로 오기도 한다. 예) מְרַקֵּדָה (나3:2) '뛰는'

피엘 명령형

		דבר 말하다
남성단수	אַתָּה	דַּבֵּר
여성단수	אַתְּ	דַּבְּרִי
남성복수	אַתֶּם	דַּבְּרוּ
여성복수	אַתֶּן	-

① 피엘 명령형은 피엘 접두동사 2인칭 형태에서 접두사(모음포함) 'תְּ'를 제거하면 된다.
תְּדַבֵּר → דַּבֵּר, תְּדַבְּרִי → דַּבְּרִי , תְּדַבְּרוּ → דַּבְּרוּ

② 성경 전체에서 피엘 명령형 여성복수 형태는 단 한차례만 출현하므로 따로 기억할 필요는 없다. 예) לַמֵּדְנָה (렘9:19) 너희들은(여성) 가르쳐라!

피엘 부정사형

	연계형	절대형
דבר	דַּבֵּר	דַּבֵּר
בקשׁ	בַּקֵּשׁ	-

① 피엘 부정사 연계형은 피엘 명령형 남성단수 형태와 동일하다.

② 피엘 부정사 절대형은 연계형에 비해 출현 빈도가 매우 낮으며 연계형과 형태가 동일하다.

6.2 푸알(Pual) 동사

푸알은 피엘의 수동태로서 피엘, 히트파엘과 더불어 중첩형에 속하므로 제2자음에 이중점이 붙는 것이 중요한 특징이다. 성경 히브리어에서 푸알의 빈도수는 총417회(0.6%)로 호팔과 더불어 매우 빈약하게 나타난다.

(1) 푸알 접미동사 – 규칙동사

수	인칭, 성		דבר 말하다	סגר 닫혀지다	גנב 도난당하다	접미사
단수	1	אֲנִי	דֻּבַּרְתִּי	-	גֻּנַּבְתִּי	---תִּי
	2남	אַתָּה	דֻּבַּרְתָּ	-	-	---תָּ
	2여	אַתְּ	דֻּבַּרְתְּ	-	-	---תְּ
	3남	הוּא	דֻּבַּר	סֻגַּר	גֻּנַּב	---
	3여	הִיא	דֻּבְּרָה	-	-	---ָה
복수	1	אֲנַחְנוּ	דֻּבַּרְנוּ	-	-	---נוּ
	2남	אַתֶּם	דֻּבַּרְתֶּם	-	-	---תֶּם
	2여	אַתֶּן	דֻּבַּרְתֶּן	-	-	---תֶּן
	3남	הֵמָּה	דֻּבְּרוּ	סֻגְּרוּ	-	---וּ
	3여	הֵנָּה				

① 피엘에서 빈도수 1위를 차지하는 **דבר** 동사는 성경에서 푸알 접미동사로는 전혀 나타나지 않으므로 위의 표 중 **דבר** 동사의 변화형은 가상으로 만들어진 것이다.

② 표에서 보는 바와 같이 푸알 접미동사 규칙변화는 빈도수가 매우 적으므로 몇 가지만 잘 기억하면 된다.

③ 푸알 접미동사의 형태는 제1자음에 모음 '우'(ֻ)가 붙는다는 것 외에는 모두 피엘과

동일하다.

(2) 푸알 접미동사 – 불규칙동사

수	인칭, 성		제2중복	제3요드	제2레쉬
			שׁדד 황폐되다	צוה 명령받다	קרא 불려지다
단수	1 인칭	אֲנִי	-	צֻוֵּיתִי	-
	2인칭남성	אַתָּה	-	צֻוֵּיתָה	-
	2인칭여성	אַתְּ	-	-	-
	3인칭남성	הוּא	שֻׁדַּד	צֻוָּה	קֹרָא
	3인칭여성	הִיא	שֻׁדְּדָה	-	-
복수	1 인칭	אֲנַחְנוּ	שֻׁדַּדְנוּ	-	-
	2인칭남성	אַתֶּם	-	-	-
	2인칭여성	אַתֶּן	-	-	-
	3인칭남성	הֵמָּה	שֻׁדְּדוּ	-	-
	3인칭여성	הֵנָּה			

① 푸알 접미동사에서 제2중복동사는 규칙동사와 같이 변화한다.

② 제3요드동사에서의 변화는 제1자음의 모음이 '우'(ֻ)이다. 또한 3인칭 남성단수에서 제2자음의 모음이 '에'가 아닌 '아'이며 1, 2인칭에서는 '에' 모음을 갖는다.

צֻוֵּיתִי, צֻוָּה

③ 피엘에서 제2자음에 레쉬(ר)가 올 경우에 제2알레프동사와 같이 제2자음에 점(다게쉬)이 오지 않고 제1자음의 모음이 '이'(ִ) 대신에 '에'(ֵ)로 바뀌었는데 푸알에서는 제1자

음의 모음이 '우'(ֻ)에서 '오'(ֹ)로 바뀐다.

(3) 푸알 접두동사 - 규칙동사

수	인칭, 성		דבר 말하다	כפר 덮혀지다	בקש 찾아지다	접두사 (접미사)
단수	1	אֲנִי	אֲדֻבַּר	-	-	א---
	2남	אַתָּה	תְּדֻבַּר	תְּכֻפַּר	-	תְּ---
	2여	אַתְּ	תְּדֻבְּרִי	-	תְּבֻקְשִׁי	תְּ---ִי
	3남	הוּא	יְדֻבַּר	יְכֻפַּר	יְבֻקַּשׁ	יְ---
	3여	הִיא	תְּדֻבַּר	תְּכֻפַּר	-	תְּ---
복수	1	אֲנַחְנוּ	נְדֻבַּר	-	-	נְ---
	2남	אַתֶּם	תְּדֻבְּרוּ	-	-	תְּ---וּ
	2여	אַתֶּן	תְּדֻבַּרְנָה	-	-	תְּ---נָה
	3남	הֵמָּה	יְדֻבְּרוּ	-	-	יְ---וּ
	3여	הֵנָּה	תְּדֻבַּרְנָה	-	-	תְּ---נָה

① 피엘에서 빈도수 1위를 차지하는 **דבר** 동사는 푸알 접두동사에서는 단 한 차례만 나타나므로 위의 표 역시 가상으로 만들어진 것이다.

② 푸알 접두동사의 형태는 접미동사와 마찬가지로 제1자음에 모음 '우'(ֻ)가 붙는다는 것 외에는 모두 피엘과 동일하다.

(4) 푸알 접두동사 – 불규칙동사

수	인칭, 성		제3요드	제2레쉬
			צוה 명령받다	ברך 복을 받다
단수	1인칭	אֲנִי	-	-
	2인칭남성	אַתָּה	-	תְּבֹרַךְ
	2인칭여성	אַתְּ	-	-
	3인칭남성	הוּא	יְצֻוֶּה	יְבֹרַךְ
	3인칭여성	הִיא	-	תְּבֹרַךְ
복수	1인칭	אֲנַחְנוּ	-	-
	2인칭남성	אַתֶּם	-	-
	2인칭여성	אַתֵּן	-	-
	3인칭남성	הֵמָּה	-	-
	3인칭여성	הֵנָּה	-	-

① 푸알 자체의 빈도수도 적으며 푸알 접두동사 불규칙 역시 빈도수가 매우 낮으므로 몇 가지 형태만 기억하면 된다.

② 제3요드 동사의 경우 푸알에서 제1자음에 모음 '우'(ֻ)가 붙으며 나머지 모음은 피엘과 동일하다.

③ 푸알 접두동사에서 제2자음에 레쉬(ר)가 오는 경우 접미동사에서와 같이 제2자음에 짐(다게쉬)이 오지 않고 제1자음의 모음이 '우'(ֻ)에서 '오'(ֹ)로 바뀐다.

(5) 푸알 분사, 명령, 부정사

푸알 분사형

	남성	여성
단수	מְדֻבָּר	מְדֻבֶּרֶת
복수	מְדֻבָּרִים	מְדֻבָּרוֹת

① **דבר** 동사는 푸알 분사형에서도 남성단수 형태로만 한 차례 나타나므로 위의 표는 가상으로 만들어진 것이다.

② 언급한 바와 같이 동사의 7유형 중 '칼'과 '니팔'을 제외한 나머지 5개 유형의 분사형은 모두 자음 멤(**מ**)으로 시작되므로 푸알의 분사형 역시 자음 멤(**מ**)으로 시작된다.

③ 푸알 분사형에서는 제1자음에 모음 '우'(ֻ)가 붙는 것과 복수형태에서 제2자음에 모음 '아'(ָ)가 붙는 것이 피엘과 다른 점이다.

④ 푸알 분사형 중 여성복수 형태에서 '**וֹת**' 대신에 '바브' 없이 '**ת**'의 형태로 오는 것들이 있다. 예) **מְשֻׁלֶּבֶת** 결합된

푸알 명령형, 부정사형

① 푸알 명령형은 성경에 나타나지 않는다.

② 푸알 부정사 연계형과 절대형은 성경 전체에서 단 한차례씩만 출현한다. 부정사 연계형은 불규칙 변화에서 인칭대명사 접미사와 함께 출현한다.

푸알 부정사 연계형 - **עֻנּוֹתוֹ** (시 132:1)

푸알 부정사 절대형 - **גֻּנֹּב** (창 40:15)

6.3 히트파엘(Hithpael) 동사

히트파엘은 피엘, 푸알과 함께 중첩형에 속하므로 가운데 자음인 제2자음에 점(다게쉬)이 붙는다. 히트파엘은 주로 재귀적, 상호적 의미를 갖는다. 히트파 엘 역시 전체 동사에서 차지하는 비율이 낮은데 총 835개로 성경 히브리어 동사 전체의 1.1%를 차지한다.

(1) 히트파엘 접미동사

수	인칭, 성		פלל 기도하다	נדב 자원하다	קדשׁ 스스로 거룩하게하다	접미사
단수	1	אֲנִי	הִתְפַּלַּלְתִּי	הִתְנַדַּבְתִּי	הִתְקַדַּשְׁתִּי	---תִּי
	2남	אַתָּה	הִתְפַּלַּלְתָּ	-	-	---תָּ
	2여	אַתְּ	הִתְפַּלַּלְתְּ	-	-	---תְּ
	3남	הוּא	הִתְפַּלֵּל	-	-	---
	3여	הִיא	-	-	-	---ָה
복수	1	אֲנַחְנוּ	הִתְפַּלַּלְנוּ	-	-	---נוּ
	2남	אַתֶּם	הִתְפַּלַּלְתֶּם	-	הִתְקַדִּשְׁתֶּם	---תֶּם
	2여	אַתֶּן	-	-	-	---תֶּן
	3남	הֵמָּה	הִתְפַּלְלוּ	הִתְנַדְּבוּ	הִתְקַדְּשׁוּ	---וּ
	3여	הֵנָּה				

① 히트파엘에서 빈도수 1위인 **פלל** 동사는 모든 인칭, 성, 수에 있는 것이 아니므로 위의 표는 가상의 형태이다. 또한 이 동사는 제2중복동사로 불규칙에 해당하지만 히트파엘 접미동사에서는 규칙적으로 변한다.

② 히트파엘 접미동사의 경우 3인칭 여성단수와 2인칭 여성복수는 성경에 출현하지 않는다.

③ 히트파엘 접미동사 형태에서는 기본형 앞 부분에 '-הִתְ'가 붙으므로 다른 유형에 비

해 파악하기가 비교적 수월하다.

④ 1인칭과 2인칭에서 제2자음에 '아'(ַ) 모음 대신 '이'(ִ) 모음이 붙는 경우가 있다.

예) הִתְקַדִּשְׁתֶּם 너희는 스스로 거룩하게 했다, הִתְגַּדִּלְתִּי 나는 위대함을 나타냈다.

⑤ 3인칭 복수 형태에서 제2자음이 모음 '슈바'(ְ)를 가질 때 이중점이 붙는 경우도 있고 그렇지 않는 경우도 있다.

예) הִתְהַלְּכוּ 그들이 걸어갔다, הִתְפָּקְדוּ 그들이 계수했다.

(2) 히트파엘 접두동사

수	인칭, 성		פלל 기도하다	נדב 자원하다	קדשׁ 거룩하다	접두사 (접미사)
단수	1	אֲנִי	אֶתְפַּלֵּל	-	-	א---
	2남	אַתָּה	תִּתְפַּלֵּל	-	-	ת---
	2여	אַתְּ	תִּתְפַּלְלִי	-	-	ת---ִי
	3남	הוּא	יִתְפַּלֵּל	-	-	י---
	3여	הִיא	תִּתְפַּלֵּל	-	-	ת---
복수	1	אֲנַחְנוּ	נִתְפַּלֵּל	-	-	נ---
	2남	אַתֶּם	תִּתְפַּלְלוּ	-	-	ת---וּ
	2여	אַתֵּן	תִּתְפַּלֵּלְנָה	-	-	ת---נָה
	3남	הֵמָּה	יִתְפַּלְלוּ	יִתְנַדְּבוּ	יִתְקַדְּשׁוּ	י---וּ
	3여	הֵנָּה	תִּתְפַּלֵּלְנָה	-	-	ת---נָה

① 히트파엘 접미동사 형태에서는 기본형 앞 부분에 '-הִתְ'가 붙었으나 히트파엘 접두동사에서는 '-אֶתְ', '-תִּתְ', '-יִתְ'와 같이 첫 자음 '헤이'(ה) 대신에 접두사의 자음이 붙는다.

② 표에서 보는 바와 같이 히트파엘 접두동사 형태는 규칙변화의 경우 빈도수가 매우

낮아 일부분만 나타날 뿐이다.

③ 히트파엘은 동사의 다른 유형에 비해 유형구분이 쉽기 때문에 불규칙 동사 변화를 따로 익힐 필요가 없다.

(3) 히트파엘 동사의 자음 치환 및 동화

1) 자음 치환

① 제1자음이 마찰음 중 שׂ, שׁ, ס일 경우 원활한 발음을 위해 이 자음들 바로 앞의 접두어 'הִתְ' 중 'ת'와 치환이 된다.

예) מִתְסַתֵּר → מִסְתַּתֵּר (숨다, 분사형으로만 5회 출현)

יִתְשַׁמֵּר → יִשְׁתַּמֵּר (스스로 지키다, 접두동사 형태로만 3회 출현)

② 제1자음이 צ일 경우 자음의 치환과 함께 'ת'가 'ט'로 바뀐다. 그러나 이런 경우의 동사는 무시해도 좋을 만큼 성경에서 매우 드물다.

예) הִתְצַדֵּק → הִצְתַּדֵּק → הִצְטַדֵּק (의롭다, 접두동사 형태로 1회만 출현)

2) 자음 동화

① 제1자음이 ד, ט, ז, ת인 경우 접두사의 'ת'가 제1자음 속으로 동화되면서 점만을 남긴다. 제1자음이 ד, ז, ת인 경우는 성경에 극히 드물고 ט인 경우는 상대적으로 비교적 많이 출현한다.

예) הִתְטַהֵר → הִטַּהֵר 자신을 정결케하다.

② 제1자음이 נ인 경우 대개는 접두어 'הִתְ'를 그대로 가지나 드물게 ת가 다음 자음으로 동화되는 경우가 있다. 예를 들어 기본형 'נבא'(예언하다)의 경우 'הִתְנַבֵּא'가 26회, 'הִנַּבֵּא'와 같이 동화되는 경우가 2회 출현한다.

(4) 히트파엘 분사, 명령, 부정사

히트파엘 분사형

	남성	여성
단수	מִתְפַּלֵּל	מִתְפַּלֶּלֶת
복수	מִתְפַּלְלִים	מִתְפַּלְלֹת

① 동사의 7유형 중 '칼'과 '니팔'을 제외한 나머지 5개 유형의 분사형은 모두 자음 '멤'(מ)으로 시작되는데 히트파엘 분사형 역시 '멤'으로 시작된다.

② 히트파엘 분사형은 기본형 앞 부분에 '-הִתְ' 대신에 '-מִתְ'가 붙는다.

③ 히트파엘의 빈도수 1위인 **פלל** 동사의 경우 분사에서 남성단수와 남성복수만 나타나며 여성에서는 출현하지 않으므로 위의 표에서 여성은 가상의 형태이다.

④ 복수형태에서 제2자음이 모음 '슈바'(ְ)를 가질 때 그 자음이 후음이 아닌 경우 점(다게쉬)이 붙으나 '**ל**'인 경우에는 점이 붙지 않는다.

예) מִתְנַדְּבִים, מִתְקַדְּשִׁים, מִתְהַלְלִים

히트파엘 명령형

		פלל 기도하다
남성단수	אַתָּה	הִתְפַּלֵּל
여성단수	אַתְּ	-
남성복수	אַתֶּם	הִתְפַּלְלוּ
여성복수	אַתֵּן	-

① 히트파엘 명령형은 남성단수의 경우 히트파엘 접미동사 3인칭 남성단수와 동일하며 남성복수의 경우 히트파엘 접미동사 3인칭복수 형태와 동일하다.

② 히트파엘 명령형에서 여성복수의 경우는 성경에 나타나지 않으며 여성단수의 경우는 성경에 총6회 출현하는데 '**הִתְפַּלְּשִׁי**'(렘 6:26, 구르라) 와 같이 나타난다.

히트파엘 부정사형

	연계형	절대형
פלל	הִתְפַּלֵּל	-
נדב	הִתְנַדֵּב	-

① 히트파엘 부정사 연계형은 **פלל** 동사의 경우 성경에 모두 10회 출현하는데 항상 전치사와 함께 나타나며 **ב**와 **כ**가 각각 1회씩 나타나고 나머지는 모두 전치사 **ל**와 함께 나타난다.

② 히트파엘 부정사 연계형은 남성단수 명령형 및 3인칭 남성단수 접미동사 형태와 동일하다.

6.4 히트파엘 관련 유형

히트파엘과 관련된 동사의 유형 중 성경에 비교적 많이 나오는 유형은 '히트폴렐'과 '히슈타펠'이다.

(1) 히트폴렐 (הִתְפּוֹלֵל)

히트폴렐 동사 유형은 성경에서 총114회 출현하는데 제2요드/바브 동사나 제2중복 동사에서만 나타난다.

	규칙동사	제2요드/바브	제2중복
기본형	פלל 기도하다	בין 깨닫다	שׁמם 놀라다
접미동사	הִתְפַּלֵּל	הִתְבּוֹנֵן	הִשְׁתּוֹמֵם
접두동사	יִתְפַּלֵּל	יִתְבּוֹנֵן	יִשְׁתּוֹמֵם

(2) 동사 הִשְׁתַּחֲוָה

이 특별한 동사는 성경에 173회 발견되는데 이 형태의 유형과 기본형을 두고 학자들은 두 견해로 뚜렷하게 나뉜다.

1) 히슈타펠(הִשְׁתַּפְעֵל) 유형이며 기본형은 'חוה'이다.

1929년 우가릿 문서들이 발견되기 전에는 전통적으로 기본형이 'שׁחה'인 히트파엘 형으로 보았으나 우가릿 문서에서 '히슈타펠' 형이 발견되므로 기본형은 'שׁחה'가 아닌 'חוה'이며 유형도 히슈타펠로 보아야 한다는 주장이다.[13]

2) 히트팔렐(הִתְפַּעֲלֵל) 유형이며 기본형은 'שׁחה'이다.

이 동사의 기본형을 'שׁחה'로 보고 히슈타펠 형이 아닌 히트팔렐 유형이라고 보는 견해

---

13 이러한 주장을 하는 이들은 Keohler-Baumgartner 사전과 Holladay 사전, Lambdin, Merwe 등이다.

이다. 전통적인 견해를 가진 학자들 뿐만 아니라 우가릿 문서가 발견된 이 후의 현대 여러 학자들도 이 견해를 지지한다. 왜냐하면 우가릿어 보다 더 오래된 아카드어에 이 어원은 '경배하다'라는 뜻으로 존재하기 때문이다.[14]

이 동사의 접미동사, 접두동사 형태를 규칙동사와 비교해 보면 다음과 같다.

<table>
<tr><th rowspan="2">수</th><th rowspan="2" colspan="2">인칭, 성</th><th colspan="2">접미동사</th><th colspan="2">접두동사</th></tr>
<tr><th>פלל
기도하다</th><th>שחה
경배하다</th><th>פלל
기도하다</th><th>שחה
경배하다</th></tr>
<tr><td rowspan="5">단수</td><td>1</td><td>אֲנִי</td><td>הִתְפַּלַּלְתִּי</td><td>הִשְׁתַּחֲוֵיתִי</td><td>אֶתְפַּלֵּל</td><td>אֶשְׁתַּחֲוֶה</td></tr>
<tr><td>2남</td><td>אַתָּה</td><td>הִתְפַּלַּלְתָּ</td><td>הִשְׁתַּחֲוִיתָ</td><td>תִּתְפַּלֵּל</td><td>תִּשְׁתַּחֲוֶה</td></tr>
<tr><td>2여</td><td>אַתְּ</td><td>הִתְפַּלַּלְתְּ</td><td>-</td><td>תִּתְפַּלְלִי</td><td>-</td></tr>
<tr><td>3남</td><td>הוּא</td><td>הִתְפַּלֵּל</td><td>-</td><td>יִתְפַּלֵּל</td><td>יִשְׁתַּחֲוֶה</td></tr>
<tr><td>3여</td><td>הִיא</td><td>-</td><td>-</td><td>תִּתְפַּלֵּל</td><td>תִּשְׁתַּחֲוֶה</td></tr>
<tr><td rowspan="5">복수</td><td>1</td><td>אֲנַחְנוּ</td><td>הִתְפַּלַּלְנוּ</td><td>-</td><td>נִתְפַּלֵּל</td><td>נִשְׁתַּחֲוֶה</td></tr>
<tr><td>2남</td><td>אַתֶּם</td><td>הִתְפַּלַּלְתֶּם</td><td>הִשְׁתַּחֲוִיתֶם</td><td>תִּתְפַּלְלוּ</td><td>תִּשְׁתַּחֲווּ</td></tr>
<tr><td>2여</td><td>אַתֶּן</td><td>-</td><td>-</td><td>תִּתְפַּלֵּלְנָה</td><td>תִּשְׁתַּחֲוֶין</td></tr>
<tr><td>3남</td><td>הֵמָּה</td><td rowspan="2">הִתְפַּלְלוּ</td><td rowspan="2">הִשְׁתַּחֲווּ</td><td>יִתְפַּלְלוּ</td><td>יִשְׁתַּחווּ</td></tr>
<tr><td>3여</td><td>הֵנָּה</td><td>תִּתְפַּלֵּלְנָה</td><td>תִּשְׁתַּחֲוֶין</td></tr>
</table>

접미동사와 접두동사 복수형태에서 '바브'에 점(다게쉬)이 있는 형태도 종종 발견된다.

예) יִשְׁתַּחֲוּוּ, הִשְׁתַּחֲוּוּ

14 이 견해를 지지하는 이들은 BDB 사전, TWOT 사전, 게세니우스 사전, 어원학 사전, 바르일란대학 사전, 에벤쇼샨 사전, Blau 등이다. 필자는 이 견해를 따른다.

6과 단어

אָבַד	멸망시키다(pi.)	שָׁרַת	섬기다(pi.)	בְּעַד	위하여
בָקַשׁ	찾다(pi.)	גָּדַל	키우다(pi.)	גָּלָה	드러나다
הָלַל	찬양하다(pi.)	בָּרַח	도망하다	שָׂכָר	삯
מָאַן	거절하다(pi.)	פָּלַל	기도하다(hith.)	בָּרַךְ	복을주다(pi.)
קָדַשׁ	거룩하게하다(pi.)	הָלַךְ	거닐다, 동행하다(hith.)	מִפְּנֵי	때문에, 앞에서

1. 다음 문장을 읽으라. (창 1:14-23)

יד וַיֹּאמֶר אֱלֹהִים יְהִי מְאֹרֹת בִּרְקִיעַ הַשָּׁמַיִם לְהַבְדִּיל בֵּין הַיּוֹם וּבֵין הַלָּיְלָה וְהָיוּ
לְאֹתֹת וּלְמוֹעֲדִים וּלְיָמִים וְשָׁנִים **טו** וְהָיוּ לִמְאוֹרֹת בִּרְקִיעַ הַשָּׁמַיִם לְהָאִיר עַל-הָאָרֶץ
וַיְהִי-כֵן **טז** וַיַּעַשׂ אֱלֹהִים אֶת-שְׁנֵי הַמְּאֹרֹת הַגְּדֹלִים אֶת-הַמָּאוֹר הַגָּדֹל לְמֶמְשֶׁלֶת
הַיּוֹם וְאֶת-הַמָּאוֹר הַקָּטֹן לְמֶמְשֶׁלֶת הַלַּיְלָה וְאֵת הַכּוֹכָבִים **יז** וַיִּתֵּן אֹתָם אֱלֹהִים
בִּרְקִיעַ הַשָּׁמָיִם לְהָאִיר עַל-הָאָרֶץ **יח** וְלִמְשֹׁל בַּיּוֹם וּבַלַּיְלָה וּלְהַבְדִּיל בֵּין הָאוֹר וּבֵין
הַחֹשֶׁךְ וַיַּרְא אֱלֹהִים כִּי-טוֹב **יט** וַיְהִי-עֶרֶב וַיְהִי-בֹקֶר יוֹם רְבִיעִי **כ** וַיֹּאמֶר אֱלֹהִים
יִשְׁרְצוּ הַמַּיִם שֶׁרֶץ נֶפֶשׁ חַיָּה וְעוֹף יְעוֹפֵף עַל-הָאָרֶץ עַל-פְּנֵי רְקִיעַ הַשָּׁמָיִם **כא** וַיִּבְרָא
אֱלֹהִים אֶת-הַתַּנִּינִם הַגְּדֹלִים וְאֵת כָּל-נֶפֶשׁ הַחַיָּה הָרֹמֶשֶׂת אֲשֶׁר שָׁרְצוּ הַמַּיִם לְמִינֵהֶם
וְאֵת כָּל-עוֹף כָּנָף לְמִינֵהוּ וַיַּרְא אֱלֹהִים כִּי-טוֹב **כב** וַיְבָרֶךְ אֹתָם אֱלֹהִים לֵאמֹר פְּרוּ
וּרְבוּ וּמִלְאוּ אֶת-הַמַּיִם בַּיַּמִּים וְהָעוֹף יִרֶב בָּאָרֶץ **כג** וַיְהִי-עֶרֶב וַיְהִי-בֹקֶר יוֹם חֲמִישִׁי

2. 다음 동사들의 기본형 형태를 보기에서 찾고 분석해 보라.[15]

〈보기〉 אבד, הלל, שרת, גדל, מלא, חזק, מהר, נחם, קבץ
모으다, 위로하다, 서두르다, 강하게하다, 채우다, 키우다, 섬기다, 찬양하다, 멸망시키다

예) הִתְפַּלַּלְתְּ - 접미동사 2인칭 여성단수, 기본형 פלל, 히트파엘

(1) אִבַּדְתֶּם

(2) יְשָׁרֵת

15 보기에 나오는 단어의 뜻은 피엘일 때의 의미이다.

(3) מְהֻלָּל

(4) יְמַלְאוּ

(5) חִזַּקְתִּי

(6) מְגֻדַּלִים

(7) יְנַחֲמוּ

(8) מַהֵר

(9) תְּאַבֵּד

(10) תְּמַלֶּאנָה

(11) מְשָׁרֵת

(12) אֲהַלֵּל

(13) הִתְחַזַּקְתֶּם

(14) גִּדַּלְתִּי

(15) מְקֻבֶּצֶת

(16) מִלֵּאתָ

(17) הַלְלוּ

(18) יְמַהֲרוּ

(19) מְאַבְּדִים

(20) יִתְגַּדֵּל

3. 다음 문장을 읽고 해석하라.

(1) יְהוָה בֵּרֵךְ אֶת-עַמּוֹ (대하 31:10)

(2) הֲלוֹא אֲבַקֵּשׁ אֶת-דָּמוֹ מִיֶּדְכֶם (삼하 4:11)

(3) עָנָה יְהוֹשֻׁעַ בִּן-נוּן מְשָׁרֵת מֹשֶׁה (민 11:28)

(4) הוּא הַדָּבָר אֲשֶׁר דִּבַּרְתִּי אֶל-פַּרְעֹה (창 41:28)

(5) דַּבְּרוּ אֶל-בְּנֵי יִשְׂרָאֵל (레 11:2)

(6) רָאָה בִּלְעָם כִּי טוֹב בְּעֵינֵי יְהוָה לְבָרֵךְ אֶת-יִשְׂרָאֵל (민 24:1)

(7) תְּבֹרַךְ מִנָּשִׁים יָעֵל אֵשֶׁת חֶבֶר הַקֵּינִי (삿 5:24)

(8) קִדַּשְׁתִּי אֶת-שְׁמִי הַגָּדוֹל (겔 36:23)

(9) הֵם שָׁמְעוּ אֶת-קוֹל יְהוָה אֱלֹהִים מִתְהַלֵּךְ בַּגָּן (창 3:8)

(10) אָמְרוּ כָל-הָעָם אֶל-שְׁמוּאֵל הִתְפַּלֵּל בְּעַד-עֲבָדֶיךָ אֶל-יְהוָה אֱלֹהֶיךָ (삼상 12:19)

(11) הַנַּעַר שְׁמוּאֵל מְשָׁרֵת אֶת-יְהוָה לִפְנֵי עֵלִי (삼상3:1)

(12) אַתָּה אַל-תִּתְפַּלֵּל בְּעַד-הָעָם הַזֶּה (렘 7:16)

Chapter 7

나를 바다로 던지세요

(הֲטִילוּנִי אֶל הַיָּם)

מָה נַעֲשֶׂה לְךָ?
הֲטִילוּנִי אֶל הַיָּם
אֲנִי יָרֵא אֶת הַשֵּׁם אֵל חַנּוּן
יִסְלַח לָכֶם
כַּאֲשֶׁר אָמַרְתָּ נַשְׁלִיךְ אוֹתְךָ
הוֹשִׁיעֵנִי אֲדֹנָי אֲנִי לֹא שׁוֹמֵעַ
אֲנִי נִמְצָא בָּחוֹשֶׁךְ

우리가 네게 무엇을 해야하나?
나를 바다로 던지세요.
나는 하나님을 경외합니다. 은혜로우신 하나님께서
여러분을 용서하실 겁니다.
네가 말한대로 우리는 너를 던지겠다.
여호와여 저를 구원하소서 저는 듣지를 못합니다.
저는 어둠속에 있나이다.

나를 바다로 던지세요
(הֲטִילוּנִי אֶל הַיָּם)

7.1 히필(Hiphil) 동사

히필은 동사의 7개 유형 중 호팔과 함께 대개 사역의 의미를 갖는데 히필은 능동, 호팔은 수동이다. 예) 보다 → 보게하다 혹은 보여주다, 오다 → 오게하다 혹은 데려오다, 나가다 → 나가게하다 혹은 꺼내다 등.

히필은 성경에 총9,417회(약13%) 출현하는데 동사의 7유형 중 칼 다음으로 많이 출현한다. 우선순위도 칼과는 많은 차이를 보이며 히필에 나타난 동사가 모두 칼에서 나타나는 것은 아니다. 모든 유형에서와 같이 히필에서도 규칙동사 보다는 불규칙동사가 훨씬 많은데 1-20위 내에 규칙동사는 'שׁלךְ'(17위-112회) 뿐이다. 다음은 히필 규칙동사 중 접미동사의 형태이다.

(1) 히필 접미동사 – 규칙동사

수	인칭, 성		שׁלך 던지다	קטר 제물을태우다	שׁמד 파괴하다	접미사
단수	1	אֲנִי	הִשְׁלַכְתִּי	-	הִשְׁמַדְתִּי	---תִּי
	2남	אַתָּה	הִשְׁלַכְתָּ	הִקְטַרְתָּ	-	---תָּ
	2여	אַתְּ	-	-	-	---תְּ
	3남	הוּא	הִשְׁלִיךְ	הִקְטִיר	הִשְׁמִיד	---
	3여	הִיא	הִשְׁלִיכָה	-	-	---ָה
복수	1	אֲנַחְנוּ	-	-	-	---נוּ
	2남	אַתֶּם	-	-	-	---תֶּם
	2여	אַתֶּן	-	-	-	---תֶּן
	3남	הֵמָּה	הִשְׁלִיכוּ	הִקְטִירוּ	הִשְׁמִידוּ	---וּ
	3여	הֵנָּה				

① 히필 접미동사의 특징은 제1자음 앞에 접미어 '-הִ'가 붙는다는 것이다. 언급한 바와 같이 모든 접미동사의 접미사는 표에서 보는 바와 같이 동일하다.

② 제2자음에 붙는 모음을 살펴보면 1인칭과 2인칭에서는 '아'(ַ)이고 3인칭에서는 '이'(ִי) 모음이 온다.

(2) 히필 접미동사 – 불규칙동사

불규칙			제3요드	제2바브	제1후음	제1눈	제1바브
기본형			רבה 많게하다	שׁוב 돌아오게하다	עמד 세우다	נגד 말하다	ירד 내려가게하다
단수	1	אֲנִי	הִרְבֵּיתִי	הֲשִׁבֹתִי	הֶעֱמַדְתִּי	הִגַּדְתִּי	הוֹרַדְתִּי
	2남	אַתָּה	הִרְבִּיתָ	הֲשֵׁבֹתָ	הֶעֱמַדְתָּ	הִגַּדְתָּ	הוֹרַדְתָּ
	2여	אַתְּ	הִרְבֵּית	-	-	-	-

	3남	הוּא	הִרְבָּה	הֵשִׁיב	הֶעֱמִיד	הִגִּיד	הוֹרִיד
	3여	הִיא	הִרְבְּתָה	-	-	הִגִּידָה	-
복수	1	אֲנַחְנוּ	הִרְבִּינוּ	-	הֶעֱמַדְנוּ	-	הוֹרַדְנוּ
	2남	אַתֶּם	הִרְבֵּיתֶם	הֲשֵׁבֹתֶם	-	הִגַּדְתֶּם	הוֹרַדְתֶּם
	2여	אַתֶּן	-	-	-	-	-
	3남	הֵמָּה	הִרְבּוּ	הֵשִׁיבוּ	-	הִגִּידוּ	הוֹרִידוּ
	3여	הֵנָּה					

(1) 제3요드동사

① 히필 제3요드 접미동사는 다른 제3요드 동사와 같이 3인칭 남성단수에서 제2자음이 '아'(ַ) 모음을 취하고 3인칭 여성단수에서는 'ה'가 'ת'로 변하며 3인칭복수에서는 'ה'가 탈락한다.

② 1인칭과 2인칭에서는 'ה'가 'י'로 변하며 제2자음의 모음은 '이'(ִ) 혹은 '에'(ֵ)이다.

(2) 제2바브동사

① 제2자음인 바브는 모든 인칭에서 탈락한다.

② 3인칭에서 히필 접두어 'ה'가 '에'(ֵ) 모음을 취한다.

③ 1,2인칭에서 히필 접두어 'ה'가 '아'(ֲ) 모음을 취하며 제1자음은 '이'(ִ) 혹은 '에'(ֵ)를 취하고 제3자음은 '오'(ֹ) 모음을 취한다.

(3) 제1후음동사

① 제1후음동사는 제1자음이 슈바(ְ) 모음 대신에 합성슈바인 '에'(ֱ) 모음을 취하며 그 앞의 모음이 붙는 히필 접두어 'ה'에는 동일한 종류인 '에'(ֶ) 모음을 취한다.

(4) 제1눈동사

① 제1눈동사에서는 제1자음인 'נ'이 모든 인칭에서 탈락되며 제2자음에 점(다게쉬)이 붙는다. 그 외에는 규칙동사와 동일하다. 그러나 제1자음 'נ'이 탈락하지 않는 동사도 있다.

예) הִנִּיחַ 그가 쉬게 했다.

(5) 제1바브동사

① 제1자음인 요드가 원래의 어근인 'ו'로 변한다. 그 외에는 규칙동사와 동일하다. 그러나 원래의 어근이 요드인 제1요드동사의 경우에는 요드가 그대로 남는다.

예) הֵיטִיב 그가 선대했다.

(3) 히필 접미동사 – 이중 불규칙동사

동사의 기본 세자음 중 두자음이 불규칙에 해당하는 이중 불규칙 동사 중 많이 출현하는 다섯 동사의 변화를 살펴보면 다음과 같다.

불규칙			이중 불규칙 동사				
기본형			בוא 가져오다	נכה 치다, 죽이다	יצא 꺼내다	עלה 올리다	ידה 감사하다
단수	1인칭	אֲנִי	הֵבֵאתִי	הִכֵּיתִי	הוֹצֵאתִי	הֶעֱלֵיתִי	-
	2인칭남성	אַתָּה	הֵבֵאתָ	הִכִּיתָ	הוֹצֵאתָ	הֶעֱלִיתָ	-
	2인칭여성	אַתְּ	-	-	הוֹצֵאתְ	הֶעֱלִית	-
	3인칭남성	הוּא	הֵבִיא	הִכָּה	הוֹצִיא	הֶעֱלָה	-
	3인칭여성	הִיא	הֵבִיאָה	-	-	הַעַלְתָה	-
복수	1인칭	אֲנַחְנוּ	-	-	-	-	הוֹדִינוּ
	2인칭남성	אַתֶּם	הֲבֵאתֶם	הִכִּיתֶם	הוֹצֵאתֶם	הַעֲלִיתֶם	-
	2인칭여성	אַתֶּן	-	-	-	-	-
	3인칭남성	הֵמָּה	הֵבִיאוּ	הִכּוּ	הוֹצִיאוּ	הֶעֱלוּ	הוֹדוּ
	3인칭여성	הֵנָּה					

(4) 히필 접두동사 – 규칙동사

수	인칭, 성		שׁלך 던지다	קטר 제물을태우다	שׁמד 파괴하다	접두사 (접미사)
단수	1	אֲנִי	אַשְׁלִיךְ	-	אַשְׁמִיד	א---
	2남	אַתָּה	תַּשְׁלִיךְ	תַּקְטִיר	תַּשְׁמִיד	תּ---
	2여	אַתְּ	-	-	-	תּ---ִי
	3남	הוּא	יַשְׁלִיךְ	יַקְטִיר	יַשְׁמִיד	י---
	3여	הִיא	תַּשְׁלִיךְ	תַּקְטִיר	תַּשְׁמִיד	תּ---
복수	1	אֲנַחְנוּ	נַשְׁלִיךְ	-	נַשְׁמִיד	נ---
	2남	אַתֶּם	תַּשְׁלִיכוּ	תַּקְטִירוּ	תַּשְׁמִידוּ	תּ---וּ
	2여	אַתֵּן	-	-	-	תּ---נָה
	3남	הֵמָּה	יַשְׁלִיכוּ	יַקְטִירוּ	יַשְׁמִידוּ	י---וּ
	3여	הֵנָּה	-	-	-	תּ---נָה

① 제1자음 앞의 접미어 ‘-הִ’가 탈락되고 그 자리에 접두사가 붙으면서 모음 ‘아’()를 취한다. 모든 접두동사의 접두사는 표에 있는 것과 같이 항상 동일하다.

② 제2자음에는 ‘이’(ִי) 모음을 취한다. 그러나 매우 드물게 요드 없는 ‘이’() 모음을 취하기도 한다.

예) יַשְׁלִכוּ

③ 2인칭과 3인칭 복수에서 끝에 눈(ן)이 붙는 경우가 있다.

예) יַקְטִירוּן, תַּשְׁלִכוּן

(5) 히필 접두동사 - 불규칙동사

불규칙			제3요드	제2바브	제1후음	제1눈	제1바브
기본형			רבה 많게하다	שׁוב 돌아오게하다	עמד 세우다	נגד 말하다	ירד 내려가게하다
단수	1 인칭	אֲנִי	אַרְבֶּה	אָשִׁיב	אַעֲמִיד	אַגִּיד	אוֹרִיד
	2인칭남성	אַתָּה	תַּרְבֶּה	תָּשִׁיב	תַּעֲמִיד	תַּגִּיד	תּוֹרִיד
	2인칭여성	אַתְּ	תַּרְבִּי	תָּשִׁיבִי	-	תַּגִּידִי	-
	3인칭남성	הוּא	יַרְבֶּה	יָשִׁיב	יַעֲמִיד	יַגִּיד	-
	3인칭여성	הִיא	תַּרְבֶּה	תָּשִׁיב	תַּעֲמִיד	תַּגִּיד	תּוֹרִיד
복수	1 인칭	אֲנַחְנוּ	-	נָשִׁיב	נַעֲמִיד	נַגִּיד	-
	2인칭남성	אַתֶּם	תַּרְבּוּ	תָּשִׁיבוּ	-	תַּגִּידוּ	-
	2인칭여성	אַתֶּן	-	תָּשֵׁבְנָה	-	-	-
	3인칭남성	הֵמָּה	-	יָשִׁיבוּ	יַעֲמִידוּ	יַגִּידוּ	יוֹרִידוּ
	3인칭여성	הֵנָּה	-	תָּשֵׁבְנָה	-	-	

(1) 제3요드동사

히필 제3요드 접두동사는 다른 제3요드 동사와 같이 2인칭 여성단수와 2, 3인칭 남성복수에서 'ה'가 탈락하며 그 외에는 제2자음에서 '에'(ֶ) 모음을 취한다.

(2) 제2바브동사

제2자음인 바브는 모든 인칭에서 탈락하며 접두사에는 '아'(ַ) 대신 '아'(ָ) 모음을 취한다.

(3) 제1후음동사

제1후음동사는 제1자음이 슈바(ְ) 모음 대신에 합성슈바인 '아'(ֲ) 모음을 취하며 그 앞의 모음이 붙는 히필 접두어 'ה'에는 동일한 종류인 '아'(ַ) 모음을 취한다.

(4) 제1눈동사

제1눈동사에서는 제1자음인 'נ'이 모든 인칭에서 탈락되며 제2자음에 점(다게쉬)이 붙는다. 그 외에는 규칙동사와 동일하다. 그러나 제1자음 'נ'이 탈락하지 않는 동사도 있다.

예) יַנְחִיל 그가 상속할 것이다.

(5) 제1바브동사

제1자음인 요드가 원래의 어근인 'ו'로 변한다. 그 외에는 규칙동사와 동일하다. 그러나 원래의 어근이 요드인 제1요드동사의 경우에는 요드가 그대로 남는다.

예) יֵיטִיב 그가 선대할 것이다.

(6) 히필 접두동사 – 이중 불규칙동사

불규칙			제2바브	제1눈	제1바브	제1후음	제1바브
기본형			בוא 가져오다	נכה 치다, 죽이다	יצא 꺼내다	עלה 올리다	ידה 감사하다
단수	1 인칭	אֲנִי	אָבִיא	אַכֶּה	אוֹצִיא	אַעֲלֶה	אוֹדֶה
	2인칭남성	אַתָּה	תָּבִיא	תַּכֶּה	תּוֹצִיא	תַּעֲלֶה	תּוֹדֶה
	2인칭여성	אַתְּ	-	-	-	תַּעֲלִי	-
	3인칭남성	הוּא	יָבִיא	יַכֶּה	יוֹצִיא	יַעֲלֶה	יוֹדֶה
	3인칭여성	הִיא	תָּבִיא	תַּכֶּה	תּוֹצִיא	תַּעֲלֶה	תּוֹדֶה
복수	1 인칭	אֲנַחְנוּ	נָבִיא	נַכֶּה	נוֹצִיא	נַעֲלֶה	נוֹדֶה
	2인칭남성	אַתֶּם	תָּבִיאוּ	-	תּוֹצִיאוּ	תַּעֲלוּ	-
	2인칭여성	אַתֶּן	תְּבִיאֶינָה	-	-	תַּעֲלֶנָה	-
	3인칭남성	הֵמָּה	יְבִיאוּ	יַכּוּ	יוֹצִיאוּ	יַעֲלוּ	יוֹדוּ
	3인칭여성	הֵנָּה	תְּבִיאֶינָה	-	-	תַּעֲלֶנָה	

(7) 히필 분사, 명령, 부정사

히필 분사형

	남성	여성
단수	מַשְׁלִיךְ	מַשְׁלִיכָה
복수	מַשְׁלִיכִים	מַשְׁלִיכוֹת

① 언급한 바와 같이 칼과 니팔을 제외한 5개 유형의 분사는 자음 멤(מ)으로 시작되는데 히필 분사형도 자음 멤(מ)으로 시작된다.

② 제1자음 앞의 접미어 '-הִ'가 탈락되고 그 자리에 자음 멤(מ)이 붙으며 '아'(ַ) 모음을 취한다.

③ 제2자음에는 '이'(ִי) 모음을 취한다.

히필 명령형

		שׁלך 던지다
남성단수	אַתָּה	הַשְׁלֵךְ
여성단수	אַתְּ	הַשְׁלִיכִי
남성복수	אַתֶּם	הַשְׁלִיכוּ
여성복수	אַתֶּן	-

① 히필 명령형은 히필 접두동사 2인칭 남성단수형태에서 접두사 'ת' 대신 그 자리에 'ה'를 붙이고 모음은 그대로 '아'(ַ)를 취한다.

② 제2자음에 붙는 모음은 남성단수의 경우만 '에'(ֵ)이고 여성단수와 남성복수는 '이'(ִ) 모음을 취한다.

히필 부정사형

	연계형	절대형
שׁלך	הַשְׁלִיךְ	הַשְׁלֵךְ
קטר	הַקְטִיר	הַקְטֵיר

① 부정사 절대형은 명령형 남성단수와 거의 동일하다.

② 부정사 연계형은 제2자음에 '이'(ִ) 모음을 취한다.

7.2 호팔(Hophal) 동사

호팔은 대개 사역의 의미를 가지며 히필의 수동이다. 호팔은 성경에 총390회 출현(0.5%)하는데 동사의 7유형 중 가장 적은 빈도수를 가지므로 변화형이 매우 빈약하다. 호팔 규칙동사 중 가장 빈도수가 높은 단어는 기본형 שׁזר이며 성경에 총21회 출현하는데 모두 분사 남성단수에서만 출현한다.

예) מָשְׁזָר 꼬여진

규칙변화 중 빈도수 2위인 기본형 שׁלך도 변화형이 매우 빈약하므로 표에 나오는 형태들은 대부분 가상의 형태들이다. 다음은 호팔 접미동사 형태이다.

(1) 호팔 접미동사 – 규칙동사

수	인칭, 성		שׁלךְ 던져지다	פקד 맡겨지다	שׁכב 눕혀지다	접미사
단수	1	אֲנִי	הָשְׁלַכְתִּי	-	-	---תִּי
	2남	אַתָּה	הָשְׁלַכְתָּ	-	-	---תָּ
	2여	אַתְּ	-	-	-	---תְּ
	3남	הוּא	הֻשְׁלַךְ	הָפְקַד	הֻשְׁכַּב	---
	3여	הִיא	הֻשְׁלְכָה	-	הָשְׁכְּבָה	---ָה
복수	1	אֲנַחְנוּ	-	-	-	---נוּ
	2남	אַתֶּם	-	-	-	---תֶּם
	2여	אַתֶּן	-	-	-	---תֶּן
	3남	הֵמָּה	הֻשְׁלְכוּ	-	-	---וּ
	3여	הֵנָּה				

호팔 접미동사의 특징은 제1자음 앞에 접미어 'ה'가 붙는다는 것과 그 접미어에 붙는 모음이 '우(ֻ)' 혹은 '오(ָ)' 라는 것이다. 모든 접미동사의 접미사는 표에서 보는 바와 같이 동일하다.

(2) 호팔 접미동사 – 불규칙동사

불규칙			제3요드	제2바브	제1후음	제1눈
기본형			גלה 유배되다	מות 죽임을당하다	עלה 올려지다	נגד 들리다
단수	1인칭	אֲנִי	-	-	-	-
	2인칭남성	אַתָּה	-	-	-	-
	2인칭여성	אַתְּ	-	-	-	-
	3인칭남성	הוּא	הָגְלָה	הוּמַת	הָעֳלָה	הֻגַּד
	3인칭여성	הִיא	הָגְלְתָה	-	הָעָלְתָה	-

복수	1인칭	אֲנַחְנוּ	-	-	-	-
	2인칭남성	אַתֶּם	-	-	-	-
	2인칭여성	אַתֶּן	-	-	-	-
	3인칭남성	הֵמָּה	הָגְלוּ	הֵמְתוּ	-	-
	3인칭여성	הֵנָּה				

(1) 제3요드동사

① 호팔 제3요드 접미동사 역시 다른 제3요드 동사와 같이 3인칭 남성단수에서 제2자음이 '아'(ָ) 모음을 취하고 3인칭 여성단수에서는 'ה'가 'ת'로 변하며 3인칭 복수에서는 'ה'가 탈락한다.

(2) 제2바브동사

① 제2자음인 바브는 모든 인칭에서 탈락한다.

② 3인칭에서 호팔 접두어 'ה'가 '우'(ֻ) 혹은 '우'(וּ) 모음을 취한다.

③ 제1바브/요드 동사 역시 동일한 변화를 한다.

예) הוּרַדְתָּ 네가 내려가게 되었다, הוּצָאָה 그녀가 꺼내어졌다.

(3) 제1후음동사

① 제1자음이 후음일 때 호팔 접두어 'ה'가 '오'() 혹은 '오'(ָ) 모음을 취하고 제1자음인 후음은 합성슈바인 '오'(ֳ)나 '아'(ֲ) 모음을 취한다.

예) הָחָרְבָה 그것이(여성) 황폐되었다, הָעֲלָה 그가 올려졌다.

(4) 제1눈동사

① 제1자음인 'נ'이 모든 인칭에서 탈락되며 제2자음에 점(다게쉬)이 붙는다. 호팔 접두어 'ה'는 '우'(ֻ) 혹은 '우'(וּ) 모음을 취한다. 그러나 제1자음 'נ'이 탈락하지 않는 동사도 있다. 예) הֻכָּה 그가 맞았다, הוּנַח 그가 쉬게 되었다.

(3) 호팔 접두동사 - 규칙동사

호팔 접두동사의 형태는 규칙동사의 경우 빈도수가 매우 낮다. 호팔 접두동사 형태가 총 약161회 출현하는데 그 중 5회 정도가 규칙동사이고 나머지는 불규칙동사이다. 기본형 'שָׁלַךְ'의 호팔 변화형은 תֻּשְׁלְכִי (2인칭 여성단수), יֻשְׁלָכוּ (3인칭 남성복수) 두 개만 나타난다.

(4) 호팔 접두동사 - 불규칙동사

규칙/불규칙			제3요드	제2바브	제1후음	제1눈
기본형			נכה 맞다, 죽다	מות 죽임을당하다	עמד 세워지다	נגד 들리다
단수	1 인칭	אֲנִי	-	-	-	-
	2인칭남성	אַתָּה	-	תּוּמַת	-	-
	2인칭여성	אַתְּ	-	-	-	-
	3인칭남성	הוּא	-	יוּמַת	יָעֳמַד	יֻגַּד
	3인칭여성	הִיא	-	תּוּמַת	-	-
복수	1 인칭	אֲנַחְנוּ	-	-	-	-
	2인칭남성	אַתֶּם	תֻּכּוּ	-	-	-
	2인칭여성	אַתֶּן	-	-	-	-
	3인칭남성	הֵמָּה	יֻכּוּ	יוּמְתוּ	-	-
	3인칭여성	הֵנָּה	-	-	-	-

(1) 제1눈동사

① 제1눈동사에서는 제1자음인 'נ' 이 모든 인칭에서 탈락되며 제2자음에 점(다게쉬)이 붙는다.

(2) 제3요드동사

① 호팔 제3요드 접두동사는 제1눈동사이면서 제3요드 동사, 즉 2중 불규칙동사인 'נכה'만이 출현한다. 성경 전체에서 표에 나타난 두가지 형태가 전부이다. 즉 2,3인칭남성 복수에서 제3자음 'ה'가 탈락한다.

(3) 제2바브동사 - 다음과 같이 접미동사와 동일한 규칙을 갖는다.

① 제2자음인 바브는 모든 인칭에서 탈락한다.

② 3인칭에서 호팔 접두어 'ה'가 '우'(ֻ) 혹은 '우'(וּ) 모음을 취한다.

③ 제1바브/요드 동사 역시 동일한 변화를 한다.

예) יוּבָל 그가 인도될 것이다, תּוּקַד 그것이(여성) 불탈 것이다.

(4) 제1후음동사

① 제1자음이 후음일 때 호팔 접두어 'ה'가 '오'(ָ) 모음을 취하고 제1자음인 후음은 합성슈바인 '오'(ֳ) 모음을 취한다.

예) יָחֳרַם 그것이 바쳐질 것이다, יָעֳמַד 그것이 세워질 것이다.

(5) 호팔 분사

호팔 분사형

	남성	여성
단수	מֻשְׁלָךְ	מֻשְׁלֶכֶת
복수	מֻשְׁלָכִים	-

① 언급한 바와 같이 칼과 니팔을 제외한 5개 유형의 분사는 자음 멤(מ)으로 시작되는데 호팔 분사형도 제1자음 앞에 접미이 'ה'가 탈락되고 그 자리에 자음 멤(מ)이 붙는다.

② 처음에 붙는 자음 멤(מ)에는 '우(ֻ)' 혹은 '오(ָ)' 모음이 붙는다.

예) מָשְׁזָר 꼬여진, מֻכְשָׁלִים 넘어진

③ 호팔 명령형과 부정사 연계형은 성경에 전혀 출현하지 않는다.

7.3 목적격 대명사 접미사

대명사 접미사는 이미 3과에서 배운 바 있다. 3과에 나온 대명사 접미사는 명사에 붙는 대명사 접미사로 소유격으로 해석하여 '나의 말', '너의 말' 등으로 해석된다. 그러나 이곳의 대명사 접미사는 동사 뒤에 붙는 것으로 '목적격'으로 해석이 되어 '나를', '너를', 혹은 '나에게', '너에게' 등으로 해석된다. 동사 뒤에 붙는 목적격 대명사 접미사는 다음과 같다.

수	인칭		접미사	שָׁמַר
단수	1인칭	אֲנִי	---נִי	שְׁמָרַנִי
	2인칭남성	אַתָּה	---ךָ	שְׁמָרְךָ
	2인칭여성	אַתְּ	---ךְ	שְׁמָרֵךְ
	3인칭남성	הוּא	--- הוּ / וֹ	שְׁמָרוֹ
	3인칭여성	הִיא	--ָה / -ָהּ / -הָ	שְׁמָרָהּ
복수	1인칭	אֲנַחְנוּ	---נוּ	שְׁמָרָנוּ
	2인칭남성	אַתֶּם	---כֶם	שְׁמָרְכֶם
	2인칭여성	אַתֶּן	---כֶן	שְׁמָרְכֶן
	3인칭남성	הֵמָּה	---ם / הֶם	שְׁמָרָם
	3인칭여성	הֵנָּה	---ן / הֶן	שְׁמָרָן

동사에 붙는 목적격 대명사 접미사와 명사에 붙는 소유격 대명사 접미사를 비교 하여 보라.

수	인칭		목적격 접미사	소유격 접미사
단수	1 인칭	אֲנִי	---נִי	---ִי
	2 인칭남성	אַתָּה	---ךָ	---ךָ
	2 인칭여성	אַתְּ	---ךְ	---ךְ
	3 인칭남성	הוּא	---הוּ / וֹ	---וֹ
	3 인칭여성	הִיא	--ָה / -ָהּ / -הָ	--הָ / -ָהּ
복수	1 인칭	אֲנַחְנוּ	---נוּ	---נוּ
	2 인칭남성	אַתֶּם	---כֶם	---כֶם
	2 인칭여성	אַתֶּן	---כֶן	---כֶן
	3 인칭남성	הֵמָּה	---ם / הֶם	---ם / הֶם
	3 인칭여성	הֵנָּה	---ן / הֶן	---ן / הֶן

① 위의 표에서 보는 바와 같이 동사에 붙는 목적격 대명사 접미사와 명사에 붙는 소유격 대명사 접미사는 거의 비슷한 것을 알 수 있다. 그러므로 1인칭 단수와 3인칭 남성 단수만 조심하면 된다. 1인칭 단수에서 동사에 붙는 목적격 대명사 접미사는 'נִי' 이지만 명사에 붙는 대명사 접미사는 '눈'이 빠진 'ִי'이다. 또한 3인칭 남성단수에서 '바브'(וֹ)는 동사에 붙는 목적격 접미사와 명사에 붙는 소유격 접미사 모두에 사용되지만 'הוּ' 형태는 동사에 붙는 목적격 대명사 접미사에만 사용된다.

② 동사에 인칭대명사 목적격을 사용하는 방법은 두 가지가 있다. 즉 동사 뒤에 분리하여 쓰는 것과 동사 바로 뒤에 동사에 붙여서 사용하는 것이다. 동사 뒤에 분리하여 쓸 때는 목적격 불변사인 'אֵת'에 인칭대명사 접미사를 붙여서 'אֹתִי', 'אֹתְךָ' 등을 동사 뒤에 쓴다. 가령 '내가 너에게(너를) 주었다'는 다음 두가지 표현이 가능하다.

예) נְתַתִּיךָ (출 7:1), נָתַתִּי אֹתְךָ (창 41:41)

③ 칼 접미동사의 규칙동사 변화형에서 2인칭 남성/여성 복수의 경우 강세가 뒤로 이동하면서 제1자음의 모음이 '슈바'(ְ)로 짧아진 것과 같이 목적격 대명사 접미사가 붙는 경우 역시 제1자음의 모음이 '슈바'로 짧아진다.

예) שָׁמַרְתֶּם → שְׁמַרְתֻּם 너희들이 지켰다, שָׁמַרְנִי → שְׁמָרַ֫נִי 그가 나를 지켰다.

④ 제3자음에 강세가 올 때는 접미동사의 경우 '아'(ָ 혹은 ַ) 모음이 오고 접두 동사의 경우 '에'(ֶ 혹은 ֵ) 모음이 온다. 명령형, 부정사 연계형, 분사형의 경우도 제3자음에 강세가 올 경우에는 '에' 모음이 온다.

예) תִּשְׁמְרֵ֫נִי 너가(그녀가) 나를 지킬 것이다, שֹׁמְרֶ֫ךָ 너를 지키는 자,

שָׁמְרֵ֫נִי 나를 지켜라

⑤ 접미동사 형태에 목적격 대명사 접미사가 올 때 접미동사에 붙는 접미사의 자음 과 모음이 다음과 같이 변한다.

수	인칭		일반 접미동사	목적격 접미사 앞에 붙는 접미동사
단수	1 인칭	אֲנִי	שָׁמַרְתִּי	שְׁמַרְתִּי-
	2인칭남성	אַתָּה	שָׁמַרְתָּ	שְׁמַרְתַּ- / שְׁמַרְתָּ-
	2인칭여성	אַתְּ	שָׁמַרְתְּ	שְׁמַרְתִּי-
	3인칭남성	הוּא	שָׁמַר	שְׁמַר-
	3인칭여성	הִיא	שָׁמְרָה	שְׁמָרַת-
복수	1 인칭	אֲנַחְנוּ	שָׁמַרְנוּ	שְׁמַרְנוּ-
	2인칭남성	אַתֶּם	שְׁמַרְתֶּם	שְׁמַרְתּוּ-
	2인칭여성	אַתֶּן	שְׁמַרְתֶּן	שְׁמַרְתּוּ-
	3인칭남성	הֵמָּה	שָׁמְרוּ	שְׁמָרוּ-
	3인칭여성	הֵנָּה		

표에서 보는 바와 같이 2인칭 여성단수와 1인칭 단수처럼 형태가 동일한 경우에는 전후 문맥에서 결정한다.

예) שְׁמַרְתִּיךָ 내가 너를 지켰다, נְתַתִּיהוּ 네가(여성) 그것을 주었다.

⑥ 제3후음 동사 중 제3헤이(ה) 동사의 경우 목적격 대명사 접미사가 붙을 때 마지막 자음인 헤이가 탈락된다.

예) יִרְאַנִי 혹은 יִרְאֵנִי 그가 나를 볼 것이다, עָשָׂנִי 그가 나를 만들었다.

⑦ 접두동사 형태에서 접두동사와 목적격 접미사 사이에 자음 '눈'(נ)이 추가되는 경우 자음 '눈'이 다음 목적격 접미사에 동화되는 경우가 있다.

예) יִשְׁמְרֶנּוּ (חוּ + נ + יִשְׁמֹר) 그가 그것을 지킬 것이다,

יְבָרֲכֶךָּ (ךָ + נ + יְבָרֵךְ) 그가 네게 복을 줄 것이다.

⑧ 칼 유형 이외의 동사에도 목적격 대명사 접미사가 올 수 있으며 지금까지의 규칙 내에서 움직이므로 동사의 유형이나 동사 뒤에 붙는 대명사 접미사를 파악하는데 큰 어려움이 없다.

예) צִוִּיתִיךָ 내가 네게(남성) 명령했다, יְשַׁלְּחֶהָ 그가 그녀를 보낼 것이다,

הִכִּירוֹ 그가 그를 알았다.

7.4 단축형과 연장형

단축형과 연장형은 모두 저자나 화자의 의시, 바람, 소원 등을 표현하는 개념이다. 단축형은 동사의 형태를 짧게 축소하는 것이며 연장형은 동사의 형태를 길게 연장해주기 때문에 붙여신 명칭이다. 따라서 단축형과 연장형이란 용어는 그 기능과는 관계없는 용어이다.

단축형

단축형은 대개 3인칭에 대한 저자나 화자의 마음을 표현하는 것이므로 간접명령이라고도 부르며 영어로는 'jussive'라 한다. 2인칭에 대한 단축형 사용은 대개 부정어 '**אַל**'과 함께 온다. 단축형을 만드는 방법은 접두동사 형태에서 짧은 형태로 축소시키는 것인데 규칙동사의 경우 일반형과 단축형이 동일하다. 불규칙동사의 경우 자음과 모음에서 약간씩 차이가 있는 경우가 있고 일반형과 동일한 경우가 있다. 다음은 일반형과 차이가 있는 불규칙동사의 단축형 형태이다.

그룹유형	기본형	접두동사	단축형
규칙동사	שׁמר	יִשְׁמֹר	יִשְׁמֹר
제3요드동사	היה	יִהְיֶה	יְהִי
	עשׂה	יַעֲשֶׂה	יַעַשׂ
	ראה	יִרְאֶה	יֵרֶא
제1바브동사	יצא	יֵצֵא	יֵצֵא
	הלך	יֵלֵךְ	יֵלֵךְ
제2바브(요드)동사	קום	יָקוּם	יָקֹם
	שׂים	יָשִׂים	יָשֵׂם

① 규칙동사의 경우 접두동사와 단축형은 형태적으로 구분할 수 없다. 따라서 전후 문맥에 따라 파악해야만 한다.

예) **יֹאמַר־נָא אֲדֹנֵנוּ עֲבָדֶיךָ לְפָנֶיךָ** (삼상 16:16) 우리 주는 당신 앞에 있는 당신의 종들에게 말씀하시기를 원합니다.

② 단축형과 일반 접두동사 형태의 차이가 가장 두드러진 유형은 '헤이'(**ה**)로 끝나는 제3요드동사이다. 그 유형 중 3인칭(2인칭) 남성단수와 여성단수에서 단축형은 끝의 '헤이'가 탈락된다. יִהְיֶה → יְהִי , יִרְאֶה → יֵרֶא

예) יְהִי אוֹר (창 1:3) 빛이 있기를 원하노라 יֵרֶא יְהוָה עֲלֵיכֶם (출 5:21) 여호와께서 당신들을 보시기를 원합니다.

③ 제3요드동사라도 3인칭(2인칭) 단수가 아닌 복수에서는 단축형과 일반 접두동사 형태가 동일하므로 문맥에서 파악해야만 한다.

예) יִרְאוּ שֹׂנְאַי (시 86:17) 나를 미워하는 자들이 보기를 원합니다.

④ 제2바브동사에서 단축형은 완전서법이 아닌 불완전서법으로 나타나므로 '바브'나 '요드'가 생략되며 모음은 '우'에서 '오'로, '이'에서 '에'로의 변화가 발생한다.

예) יָקָם לָךְ (욥 22:28) 그것이 네게 일어나기를 원한다.

⑤ 제1바브(요드)동사의 경우 자음과 모음상으로는 구분이 안되나 액센트부호로 구분이 되기도 한다. 1음절에 액센트 부호가 있으면 항상 단축형이고 2음절에 액센트 부호가 있으면 대개 접두동사이다.

> 액센트 부호가 있는 곳에 대개 강세(stress)가 있다. 모음이 아닌 부호는 대개 액센트 부호이며 한 단어에 하나씩의 부호가 있다. 마켑(-)으로 연결된 것은 한 단어로 취급한다. 액센트 부호에 대한 보다 자세한 설명은 8과에서 다루었다.
>
> 예) בְּרֵאשִׁית בָּרָא אֱלֹהִים אֵת הַשָּׁמַיִם וְאֵת הָאָרֶץ׃

예) 일반접두동사: יֵצֵא לִפְנֵיהֶם (민 27:17) 그는 그들 앞에서 나갈 것이다.

단축형: יֵצֵא־נָא אָבִי וְאִמִּי אִתְּכֶם (삼상 22:3) 나의 아버지와 어머니가 당신들과(남성 복수) 함께 나가기를 원합니다.

⑥ 단축형의 부정은 부정어 'אַל'을 사용한다

예) אַל־תַּעֲשׂוּ דָבָר (창 19:8) 아무것도 하지말기를 원합니다.

연장형

연장형(cohortative)은 '청유형'이라고도 부르는데 1인칭에 대한 저자의 바램을 나타내어 영어로 'let me, let us' 등의 감각을 갖는다. 연장형을 만드는 방법은 1인칭 단수나 복수 접두동사 형태 끝에 ָה-를 붙인다. 좀더 간곡한 표현을 위해 נָּא(제발)를 붙이기도 한다.

예) נִשְׁמְעָה מַה-בְּפִיו (삼하 17:5)

입에 무엇이 있는지 우리가 듣기를 원한다. = 그가 무슨 말을 하는지 들어보자.

נֵלֲכָה נָּא דֶּרֶךְ שְׁלֹשֶׁת יָמִים בַּמִּדְבָּר(출 5:3)

제발 우리가 3일 길을 광야로 가기를 원합니다.

7.5 방향접미사

방향을 나타내는 접미사는 연장형과 모양이 같다. 그러나 연장형에 붙이는 ָה-는 동사 끝에 오지만 방향접미사는 명사 뒤에 온다. 해석은 "-(으)로"로 하면 된다. 이 방향접미사는 고대 셈어에 격체계가 있었음을 암시해 주는 흔적이라 할 수 있다.

예) הַבַּיְתָה (창 19:10)그 집으로, יְרוּשָׁלָֽמָה (왕상 10:2) 예루살렘으로,

הָעִירָה (수 6:20) 그 도시로

7.6 바브전환법

바브전환법이란 '바브'(ו) 바로 다음에 동사가 올 때 접미동사와 접두동사를 서로 전환하여 저나나 화자가 특별한 표현을 하기위해 사용하는 용법이다.

'바브'(ו) + 접미동사 → 접두동사

'바브'(ו) + 접두동사 → 접미동사

'바브전환법'을 많은 이들이 '와우연속법', '와우연계형', '와우계속법' 등으로 부른다. 그러나 그러한 용어사용은 완료/미완료나 시제에 대한 용어처럼 정확한 것이 아니며 기능을 중심으로 한 용어이다. '접미동사', '접두동사', '바브전환법' 등의 용어는 '기능'이 아닌 '형태'를 기준으로 한 용어이므로 보다 객관적이라 할 수 있다.

성경 히브리어에 '바브전환법'의 표현이 21,000번 이상 출현하므로 이 용법은 성경 히브리어를 이해하는데 절대적 위치를 차지하는 매우 중요한 용법이다. 대략적인 기능은 이전 문장이나 단락 등과 일련의 연관성을 갖고 계속적으로 표현하기 위한 것이다. 여기서 '대략적'이라는 표현을 한 것은 '연속', '연계', '계속' 등의 표현이 어울리지 않는 문장들이 출현하기 때문이다. 이 용법의 정체와 기능은 성경 히브리어 동사체계와 더불어 아직까지 학자들 사이에 명확하고 선명하게 밝혀진 것이 아니므로 계속적인 연구가 필요하다.

> 필자가 조사한 통계에 따르면 '바브전환법' 형태 중 약90% 정도가 '연속'의 범주에 들어간다. 또한 그러한 용어를 사용하는 이들은 '연속'의 정의를 분명히 해야 한다. '먹고 마시다' (וַיֹּאכַל וַיֵּשְׁתְּ)나 '소리높여 울다' (וַיִּשָּׂא...וַיֵּבְךְּ)는 연속인가 아닌가? '논리적연속'과 '시간적연속'은 어떻게 구문할 것인가? '시간적연속'이란 정확하게 무엇을 말하는가? 많은 토론이 필요한 부분이다.

어쨌든 90%라면 통계적으로 꽤 높은 수치인데 '바브전환법'은 연결의 개념과 밀접한 관련을 맺고 있음을 부인할 수는 없다. 이 용법은 20세기 말에 와서야 많은 토의가 되는 '담

화분석’이나 ‘텍스트언어학’적인 개념과 밀접한 관련을 맺고 있다고 볼 수 있다.

‘바브전환법’은 연결의 개념과 밀접한 관련을 맺고 있으므로 대개 텍스트의 처음부터 등장하지 않는다. 텍스트의 첫 문장은 일반 ‘접미동사’나 ‘접두동사’, 혹은 ‘명령형’으로 출발한 후 그 다음부터 ‘바브전환법’의 형태가 사용된다. 즉 아래와 같은 세가지가 가능하다.

① ‘접미동사’ - ‘바브전환법 접두동사’ - ‘바브전환법 접두동사’ ......

② ‘접두동사’ - ‘바브전환법 접미동사’ - ‘바브전환법 접미동사’ ......

③ ‘명령형’ - ‘바브전환법 접미동사’ - ‘바브전환법 접미동사’ ......

칼 바브전환법 형태

바브전환법은 동사의 7유형(칼, 니팔, 피엘, 푸알, 히트파엘, 히필, 호팔)에서 모두 만들 수 있다. 이러한 용법이 성경에 매우 자주 출현할 뿐 아니라 전체 바브전환법 중 단순 능동형인 ‘칼’ 형태에서 74%(15,635회)가 등장한다.

칼 바브전환법 형태를 만드는 방법은 다음과 같다.

① 규칙변화의 경우 ‘וַ’+접두동사, ‘וְ’+접미동사 형태로 만들면 된다. 전자의 경우 접두동사의 첫 자음에 점(다게쉬)을 붙인다.[16]

예) וַיִּשְׁמֹר, וְשָׁמַר

따라서 ‘וַ’+접두동사는 ‘접미동사’로 ‘וְ’+접미동사는 접두동사로 해석을 하되 연결의 개념을 포함하여 해석해야 할 것이다.

여기서 조심해야 할 것은 먼저 자음 바브 ‘ו’에 붙는 모음의 형태이다. 먼저 ‘바브+접두동사’의 경우 바브 밑의 모음이 ‘아’(ַ)가 되어야 한다. 만일 ‘아’가 아닌 ‘וְ’와 같이 모음이 ‘에’라면 바브전환법이 아니다. 즉, ‘וְיִשְׁמֹר’는 바브전환법이 아니므로 접두동사로 해석해

16 וַ대신에 וָ가 오기도 하며, וְ대신에 וּ, וִ, וַ(합성슈바 ֲ 앞에서)가 오기도 한다.

야 한다. 두 번째로 조심해야 할 것은 '바브+접미동사'인데 이 형태의 3인칭 남성단수는 '바브전환법'과 바브전환법이 아닌 표현 사이에 구분이 안된다는 것이다. 즉 'וְשָׁמַר'의 경우 '바브전환법'일 수도 있고 그렇지 않을 수도 있다. 만일 '바브전환법'이라면 연결의 감각을 가진 '접두동사'로 해석을 해야하지만 일반 표현이라면 '접미동사'로 해석을 해야 한다. 그 둘 사이의 구분은 문맥으로만 가능하다. 그러나 3인칭 남성단수가 아닌 경우는 강세를 통해 '바브전환법'의 여부를 파악할 수 있다. 즉 강세가 마지막 음절에 올 경우 '바브전환법'이며 그렇지 않을 경우 '바브전환법'이 아니다.

예) וְאָמַרְתִּי (호 2:25) - 바브전환법, וְאָמַ֫רְתִּי (신 32:40) - 바브전환법이 아님.

② 불규칙변화의 경우 '바브전환법+접두동사'에서 접두동사 형태는 대개 '단축형'을 따른다.

예) וַיְהִי-אוֹר (창 1:3) →빛이 있었다, וַיַּעַשׂ אַבְשָׁלוֹם כַּדָּבָר הַזֶּה לְכָל-יִשְׂרָאֵל (삼하 15:6) →압살롬이 모든 이스라엘에게 이와같이 행했다, וַיָּקָם יְהוֹשֻׁעַ וְכָל-עַם (수 8:3) → 여호수아와 모든 백성이 일어났다.

성경 히브리어에 빈번히 출현하는 '바브전환법'을 번역에 반영하는 일은 중요한 일이다. 한글성경은 물론 전 세계의 여러 언어의 성경 중 이 '바브전환법'을 어떤 형태로든 번역에 반영한 성경은 찾아보기 힘들다. 저자나 화자가 분명한 의도를 가지고 '바브전환법'과 일반동사를 구별하여 표현했다면 어떤 모양이든 그 둘을 구분하여 번역하는 것은 바람직한 일일 것이다.

③ 불규칙변화의 경우 '바브전환법+접두동사'에서 '단축형'이 아닌 다른 형태를 사용하는 동사가 가끔 있다.

예) וַיַּרְא שָׁאוּל (삼상 18:28) →사울이 보았다, וַיֹּאמֶר יְהוָה אֶל-מֹשֶׁה בְּמִדְיָן (출 4:19) →여호와께서 미디안에서 모세에게 말씀하셨다.

특히 빈도수 1위 동사인 'אמר'의 바브전환법 형태(3인칭 남성단수)인 'וַיֹּאמֶר'는(약 2,000회 출현) 반드시 익혀야 할 것이다.

④ 명령형 다음에 '바브전환법+접두동사'가 오는 경우 명령의 감각으로 해석해야 한다.
예) בֹּא אֶל־פַּרְעֹה וְאָמַרְתָּ אֵלָיו (출 7:26) 바로에게 가서 그에게 말하라.

바브전환법 접두동사의 다른 유형들

니팔	피엘	푸알	히트파엘	히필	호팔
וַיִּקָּטֵל	וַיְקַטֵּל	וַיְקֻטַּל	וַיִּתְקַטֵּל	וַיַּקְטֵל	וַיָּקְטַל

① 바브전환법 접두동사의 경우 '바브' 다음의 동사 형태가 '단축형'을 취하는 특징이 있다. 그러나 바브전환법에서 단축형을 취하였다고하여 단축형의 역할과 의미까지 영향을 미치는 것은 아니다.

따라서 규칙동사의 경우 니팔에서 호팔까지의 바브전환법 형태는 히필만 제외하고 모두 접두동사 3인칭 남성단수 형태와 동일하다. 히필의 경우 'וַיַּקְטִיל'에서 'וַיַּקְטֵל'로 변화됨을 주의하자.

② 호팔의 경우 바브전환법 접두동사가 규칙동사에서는 발견되지 않고 불규칙동사에서만 발견된다. 예) וַיֻּגַּד 그것이 말해졌다(들렸다).

7.7 수사

기수

기수	남성		여성	
	절대형	연계형	절대형	연계형
1	אֶחָד	אַחַד	אַחַת	אַחַת
2	שְׁנַיִם	שְׁנֵי	שְׁתַּיִם	שְׁתֵּי
3	שְׁלֹשָׁה	שְׁלֹשֶׁת	שָׁלוֹשׁ	שְׁלֹשׁ
4	אַרְבָּעָה	אַרְבַּעַת	אַרְבַּע	אַרְבַּע
5	חֲמִשָּׁה	חֲמֵשֶׁת	חָמֵשׁ	חֲמֵשׁ
6	שִׁשָּׁה	שֵׁשֶׁת	שֵׁשׁ	שֵׁשׁ
7	שִׁבְעָה	שִׁבְעַת	שֶׁבַע	שְׁבַע
8	שְׁמֹנָה	שְׁמֹנַת	שְׁמֹנֶה	שְׁמֹנֶה
9	תִּשְׁעָה	תִּשְׁעַת	תֵּשַׁע	תְּשַׁע
10	עֲשָׂרָה	עֲשֶׂרֶת	עֶשֶׂר	עֶשֶׂר

기수	남성	여성
11	אַחַד עָשָׂר / עַשְׁתֵּי עָשָׂר	אַחַת עֶשְׂרֵה / עַשְׁתֵּי עֶשְׂרֵה
12	שְׁנֵים עָשָׂר / שְׁנֵי עָשָׂר	שְׁתֵּים עֶשְׂרֵה / שְׁתֵּי עֶשְׂרֵה
13	שְׁלֹשָׁה עָשָׂר	שְׁלֹשׁ עֶשְׂרֵה
14	אַרְבָּעָה עָשָׂר	אַרְבַּע עֶשְׂרֵה
15	חֲמִשָּׁה עָשָׂר	חֲמֵשׁ עֶשְׂרֵה
16	שִׁשָּׁה עָשָׂר	שֵׁשׁ עֶשְׂרֵה
17	שִׁבְעָה עָשָׂר	שְׁבַע עֶשְׂרֵה
18	שְׁמֹנָה עָשָׂר	שְׁמֹנֶה עֶשְׂרֵה
19	תִּשְׁעָה עָשָׂר	תְּשַׁע עֶשְׂרֵה

20	עֶשְׂרִים	60	שִׁשִּׁים
30	שְׁלֹשִׁים	70	שִׁבְעִים
40	אַרְבָּעִים	80	שְׁמֹנִים
50	חֲמִשִּׁים	90	תִּשְׁעִים

		절대형	연계형
100		מֵאָה	מְאַת
200	쌍수	מָאתַיִם	
	복수	מֵאוֹת	מְאוֹת
1,000		אֶלֶף	אֶלֶף
2,000	쌍수	אַלְפַּיִם	
	복수	אֲלָפִים	אַלְפֵי
10,000		רִבּוֹ, רִבּוֹא, רְבָבָה	
20,000	쌍수	רִבּוֹתַיִם	
	복수	רִבּוֹת, רִבּוֹאֹת	

① אֶחָד와 אַחַת는 형용사와 같이 서술적, 한정적으로 모두 사용된다. 한정적용법으로 사용될 때는 형용사처럼 명사 뒤에 온다.

예) חֲלוֹם פַּרְעֹה אֶחָד הוּא (창 41:25)

정녕 바로의 꿈은 하나이다.

תּוֹרָה אַחַת וּמִשְׁפָּט אֶחָד יִהְיֶה לָכֶם (민 15:16)

한 율법과 한 법도가 너희에게 있을 것이다.

② 숫자 2부터는 절대형은 명사 앞이나 뒤에 붙지만 연계형은 항상 명사 앞에 붙는다.

예) אֵילִם שְׁנַיִם (출 29:1) 두 마리의 사슴 שְׁנַיִם חֳדָשִׁים (삿 11:39) 두 달

שְׁנֵי בָנִים (삼하 14:6) 두 아들 שְׁלֹשֶׁת יָמִים (창 30:36) 삼 일

③ 큰 수부터 작은 수로 기록하기도 하고 반대로 작은 수부터 큰 수로 기록하기도 한다. 후자는 전자보다 고대의 표기법이다. 현대 히브리어는 전자의 방법을 쓰나 현대 아랍어는 아직도 후자의 방법을 쓴다.

예) **שָׁלֹשׁ וּשְׁלֹשִׁים וּמְאַת שָׁנָה** (출 6:18) 133 세

עֶשְׂרִים וּשְׁנַיִם אֶלֶף וּשְׁלֹשִׁים וְאַרְבָּעָה (대상 7:7) 22,034

서수

서수	남성	여성
첫째	רִאשׁוֹן	רִאשׁוֹנָה
둘째	שֵׁנִי	שֵׁנִית
세째	שְׁלִישִׁי	שְׁלִישִׁית
네째	רְבִיעִי	רְבִיעִית
다섯째	חֲמִישִׁי	חֲמִישִׁית
여섯째	שִׁשִּׁי	שִׁשִּׁית
일곱째	שְׁבִיעִי	שְׁבִיעִית
여덟째	שְׁמִינִי	שְׁמִינִית
아홉째	תְּשִׁיעִי	תְּשִׁיעִית
열째	עֲשִׂירִי	עֲשִׂירִית

7과 단어

טוּל 던지다(hi.)	**אָמַן** 믿다(hi.)	**מִצְרַיִם** 애굽
יָרֵא 경외하다	**שָׁמַע** 들려주다(hi.)	**עָבַר** 지나가다
חָנּוּן 은혜로운	**שָׁלַךְ** 던지다(hi.)	**מַחֲנֶה** 진영
סָלַח 용서하다	**יָצָא** 끌어내다(hi.)	**רֶכֶב** 병거, 전차
חוֹשֶׁךְ 어둠	**מוּת** 죽이다(hi.)	**שָׁכַם** 일찍일어나다(hi.)
שָׁמַד 멸망시키다(hi.)	**יָרַד** 내려가게하다(hi.)	**הִנֵּה** 자, 보라

[히브리어로 기도하기]

אָבִינוּ שֶׁבַּשָּׁמַיִם	하늘에 계신 우리 아버지!
תּוֹדָה לְךָ הַיּוֹם	저는 오늘 당신께 감사합니다.
נָתַתָּ לִי אֵת יֵשׁוּעַ בִּנְךָ	당신은 당신의 아들 예수님을 제게 주셨습니다.
אֲנִי מַאֲמִין/מַאֲמִינָה לְיֵשׁוּעַ	저는 예수님을 믿습니다.
הוּא הוֹשִׁיעַ אֹתִי	그는 저를 구원해 주셨습니다.
הוּא סָלַח אֵת חֶטְאִי	그는 저의 죄를 용서해 주셨습니다.
אַתָּה רֹעִי וּמַלְכִּי	당신은 저의 목자이시며, 저의 왕이십니다.
אַתָּה תִּשְׁמֹר אֹתִי	당신은 저를 지켜주십시오.
תִּהְיֶה אִתִּי וְעִם מִשְׁפַּחְתִּי	당신은 저와 저의 가족과 함께 해 주십시오.
אֲדֹנַי, אֲנִי עַבְדְּךָ	나의 주님, 저는 당신의 종입니다.
אֲנִי תָּמִיד מְשָׁרֵת/מְשָׁרֶתֶת אֹתְךָ	저는 항상 당신을 섬깁니다.
אֲנִי מְהַלֵּל/מְהַלֶּלֶת אֹתְךָ	저는 당신을 찬양합니다.
בְּשֵׁם יֵשׁוּעַ הַמָּשִׁיחַ אֲנִי מִתְפַּלֵּל/מִתְפַּלֶּלֶת, אָמֵן	예수님의 이름으로 기도합니다. 아멘!

1. 다음 문장을 읽으라. (창 1:24-31)

כד וַיֹּאמֶר אֱלֹהִים תּוֹצֵא הָאָרֶץ נֶפֶשׁ חַיָּה לְמִינָהּ בְּהֵמָה וָרֶמֶשׂ וְחַיְתוֹ-אֶרֶץ לְמִינָהּ
וַיְהִי-כֵן **כה** וַיַּעַשׂ אֱלֹהִים אֶת-חַיַּת הָאָרֶץ לְמִינָהּ וְאֶת-הַבְּהֵמָה לְמִינָהּ וְאֵת כָּל-רֶמֶשׂ
הָאֲדָמָה לְמִינֵהוּ וַיַּרְא אֱלֹהִים כִּי-טוֹב **כו** וַיֹּאמֶר אֱלֹהִים נַעֲשֶׂה אָדָם בְּצַלְמֵנוּ
כִּדְמוּתֵנוּ וְיִרְדּוּ בִדְגַת הַיָּם וּבְעוֹף הַשָּׁמַיִם וּבַבְּהֵמָה וּבְכָל-הָאָרֶץ וּבְכָל-הָרֶמֶשׂ הָרֹמֵשׂ
עַל-הָאָרֶץ **כז** וַיִּבְרָא אֱלֹהִים אֶת-הָאָדָם בְּצַלְמוֹ בְּצֶלֶם אֱלֹהִים בָּרָא אֹתוֹ זָכָר וּנְקֵבָה
בָּרָא אֹתָם **כח** וַיְבָרֶךְ אֹתָם אֱלֹהִים וַיֹּאמֶר לָהֶם אֱלֹהִים פְּרוּ וּרְבוּ וּמִלְאוּ אֶת-הָאָרֶץ
וְכִבְשֻׁהָ וּרְדוּ בִּדְגַת הַיָּם וּבְעוֹף הַשָּׁמַיִם וּבְכָל-חַיָּה הָרֹמֶשֶׂת עַל-הָאָרֶץ **כט** וַיֹּאמֶר
אֱלֹהִים הִנֵּה נָתַתִּי לָכֶם אֶת-כָּל-עֵשֶׂב זֹרֵעַ זֶרַע אֲשֶׁר עַל-פְּנֵי כָל-הָאָרֶץ וְאֶת-כָּל-הָעֵץ
אֲשֶׁר-בּוֹ פְרִי-עֵץ זֹרֵעַ זָרַע לָכֶם יִהְיֶה לְאָכְלָה **ל** וּלְכָל-חַיַּת הָאָרֶץ וּלְכָל-עוֹף הַשָּׁמַיִם
וּלְכֹל רוֹמֵשׂ עַל-הָאָרֶץ אֲשֶׁר-בּוֹ נֶפֶשׁ חַיָּה אֶת-כָּל-יֶרֶק עֵשֶׂב לְאָכְלָה וַיְהִי-כֵן **לא** וַיַּרְא
אֱלֹהִים אֶת-כָּל-אֲשֶׁר עָשָׂה וְהִנֵּה-טוֹב מְאֹד וַיְהִי-עֶרֶב וַיְהִי-בֹקֶר יוֹם הַשִּׁשִּׁי

2. 다음 동사형태를 분석하라.

שָׁרַת, הָלַל, אָמַן, יָדַע, יָצָא, שָׁמַע, רָאָה, הָלַךְ, יָלַד, שִׂים, אָכַל,

먹다, 두다, 낳다, 가다, 보다, 듣다, 나가다, 알다, 확고하다, 찬양하다, 섬기다

עָמַד, קוּם, קָרָא, עָלָה, מָצָא, שָׁמַר, בָּנָה

짓다, 지키다, 발견하다, 올라가다, 읽다, 일어나다, 서다

1. שָׁמַרְתָּ		23. יִשְׁמְעוּ	
2. תִּמְצָא		24. נִרְאֶה	
3. עָמְדָה		25. מְשָׁרֵת	
4. יִקְרְאוּ		26. יֵלֵד	
5. אָכַלְנוּ		27. הֶאֱמִין	
6. עֹלֶה		28. שָׁמַעְתָּ	
7. קוּמוּ		29. תֹּאמֵר	
8. שַׂמְתְּ		30. לָלֶכֶת	
9. הֶעֱמִיד		31. הִלֵּל	
10. יִתְהַלֵּךְ		32. יֵצֵא	
11. הוֹלִיד		33. נֵדַע	
12. לִמְצֹא		34. תִּשְׁמֹר	
13. שִׂים		35. הִתְהַלְלוּ	
14. יִשְׁמְרוּ		36. לִשְׁמֹעַ	
15. רָאִיתִי		37. נִשְׁמְרָה	
16. עֹמֵד		38. יַאֲמִינוּ	
17. נַעֲלֶה		39. עִמְדוּ	
18. קָמוּ		40. הִשְׁמִיעַ	
19. יֹאכַל		41. אֹכֶלֶת	
20. נִקְרָא		42. אֲמַרְתֶּן	
21. יְדַעְתֶּן		43. עָלְתָה	
22. יִמָּצֵא		44. לְהָקִים	

45. הוֹצִיא		59. מְהֻלָּל	
46. תִּקְרֶאנָה		60. יֹלֶדֶת	
47. אֱמֹר		61. רָאֲתָה	
48. שַׂמְתֶּם		62. יְשָׁרְתוּ	
49. נוֹלַד		63. נֶאֱמָנִים	
50. שְׁמַע		64. שְׁמַעְתִּיךָ	
51. אַאֲמִין		65. הַלְלוּ-יָהּ	
52. וַיַּעַל		66. שָׁמְרֵנִי	
53. וַיִּקְרָא		67. יִמְצָאֻם	
54. וַתָּקָם		68. הֶעֱמַדְתִּיךָ	
55. וַיַּעַמְדוּ		69. וַיֵּלְכוּ	
56. וַתֹּאכַלְנָה		70. וַתֵּרָא	
57. יַשְׁמִיעוּ		71. יִשְׁמָעֵנִי	
58. תֵּלֵךְ		72. הֶעֱלִיתָנוּ	

3. 다음 구절(창 5:15-24) 중 숫자와 해(**שָׁנָה**)만 읽고 한글로 해석하라.

טו וַיְחִי מַהֲלַלְאֵל חָמֵשׁ שָׁנִים וְשִׁשִּׁים שָׁנָה וַיּוֹלֶד אֶת-יָרֶד **טז** וַיְחִי מַהֲלַלְאֵל אַחֲרֵי
הוֹלִידוֹ אֶת-יֶרֶד שְׁלֹשִׁים שָׁנָה וּשְׁמֹנֶה מֵאוֹת שָׁנָה וַיּוֹלֶד בָּנִים וּבָנוֹת **יז** וַיִּהְיוּ כָּל-יְמֵי
מַהֲלַלְאֵל חָמֵשׁ וְתִשְׁעִים שָׁנָה וּשְׁמֹנֶה מֵאוֹת שָׁנָה וַיָּמֹת **יח** וַיְחִי-יֶרֶד שְׁתַּיִם וְשִׁשִּׁים
שָׁנָה וּמְאַת שָׁנָה וַיּוֹלֶד אֶת-חֲנוֹךְ **יט** וַיְחִי-יֶרֶד אַחֲרֵי הוֹלִידוֹ אֶת-חֲנוֹךְ שְׁמֹנֶה מֵאוֹת
שָׁנָה וַיּוֹלֶד בָּנִים וּבָנוֹת **כ** וַיִּהְיוּ כָּל-יְמֵי-יֶרֶד שְׁתַּיִם וְשִׁשִּׁים שָׁנָה וּתְשַׁע מֵאוֹת שָׁנָה
וַיָּמֹת **כא** וַיְחִי חֲנוֹךְ חָמֵשׁ וְשִׁשִּׁים שָׁנָה וַיּוֹלֶד אֶת-מְתוּשָׁלַח **כב** וַיִּתְהַלֵּךְ חֲנוֹךְ אֶת-
הָאֱלֹהִים אַחֲרֵי הוֹלִידוֹ אֶת-מְתוּשֶׁלַח שְׁלֹשׁ מֵאוֹת שָׁנָה וַיּוֹלֶד בָּנִים וּבָנוֹת **כג** וַיְהִי כָּל-
יְמֵי חֲנוֹךְ חָמֵשׁ וְשִׁשִּׁים שָׁנָה וּשְׁלֹשׁ מֵאוֹת שָׁנָה **כד** וַיִּתְהַלֵּךְ חֲנוֹךְ אֶת-הָאֱלֹהִים וְאֵינֶנּוּ
כִּי-לָקַח אֹתוֹ אֱלֹהִים

4. 다음 문장을 읽고 해석하라.

(1) לֹא-הֶאֱמִין סִיחוֹן אֶת-יִשְׂרָאֵל (삿 11:20)

(2) בָּרוּךְ יְהוָה אֲשֶׁר הִצִּיל אֶתְכֶם מִיַּד מִצְרַיִם (출 18:10)

(3) יְהוָה הִשְׁלִיךְ עֲלֵיהֶם אֲבָנִים גְּדֹלוֹת מִן-הַשָּׁמַיִם עַד-עֲזֵקָה (수 10:11)

(4) וַיִּשְׁמַע שְׁמוּאֵל אֵת כָּל-דִּבְרֵי הָעָם וַיְדַבְּרֵם בְּאָזְנֵי יְהוָה (삼상 8:21)

(5) אֲדֹנָי הִשְׁמִיעַ אֶת-מַחֲנֵה אֲרָם קוֹל רֶכֶב קוֹל סוּס (왕하 7:6)

(6) וַיֵּצֵא מֹשֶׁה וַיְדַבֵּר אֶל-הָעָם אֵת דִּבְרֵי יְהוָה (민 11:24)

(7) וַיַּשְׁכֵּם אֲבִימֶלֶךְ בַּבֹּקֶר וַיִּקְרָא לְכָל-עֲבָדָיו וַיְדַבֵּר אֶת-כָּל-הַדְּבָרִים הָאֵלֶּה
(창 20:8)

(8) וַיֹּאמְרוּ נַעֲרֵי-הַמֶּלֶךְ מְשָׁרְתָיו יְבַקְשׁוּ לַמֶּלֶךְ נְעָרוֹת בְּתוּלוֹת (에 2:2)

(9) וַיְהִי דְּבַר-יְהוָה אֶל-יוֹנָה בֶן-אֲמִתַּי לֵאמֹר קוּם לֵךְ אֶל-נִינְוֵה הָעִיר הַגְּדוֹלָה
(욘 1:1-2)

(10) וַיֹּאמֶר יְהוָה יְהוּדָה יַעֲלֶה הִנֵּה נָתַתִּי אֶת-הָאָרֶץ בְּיָדוֹ (삿 1:2)

Chapter 8

성경 히브리어 액센트

성경 히브리어 액센트

서론

성경 히브리어 액센트란 히브리어로 '타암'(טַעַם, 맛, 감각, 강세)이라 부르며 단어 속에서 억양을 나타내는 강세(stress)와는 구분되는 용어이다. 주후 5-10세기경 히브리어 성경의 전수와 보존을 위해 특별한 노력을 기울였던 유대인들을 '맛소라' 학자들이라고 하는데 그들의 대표적인 두가지 업적은 모음 부호와 액센트 부호를 기호화시킨 것이다. 맛소라 학자들의 활동은 대부분 그동안 전수되어오던 성경 본문을 새로운 각도로 편집하거나 창작한 것이 아니라 가장 믿을만한 본문을 더욱 더 신뢰성 있는 본문으로 만들기 위한 노력이었다. 모음 부호와 액센트 부호 역시 그들의 창작된 작품이 아니라 오래동안 전수되어져 오던 내용을 기호화시킨 것에 불과하다. 성경 히브리어 본문을 해석함에 있어서 모음 부호가 매우 중요한 역할을 하는 것처럼 액센트 부호 역시 성경 히브리어 문장을 이해하는데 매우 중요한 역할을 한다. 특히 성경 히브리어와 같이 문장의 단어순서가 고정적이지 않은 언어에 있어서 액센트 부호는 매우 중요한 역할을 한다.

성경 히브리어 액센트의 기능

성경 히브리어 액센트의 기능은 다음 세가지이다.

(1) 음악적 기능

성경 히브리어 액센트의 첫 번째 기능은 음악적 기능이다. 히브리어 액센트는 26종류가 있는데 이 26종류의 액센트는 26개의 악보와 같다. 각각의 액센트 부호는 하나가 아닌 몇 개의 음군(音羣)으로 구성되어 있으며 하나의 액센트 부호는 악보로 말하자면 대개 몇 개의 음을 가진 한 마디 정도의 길이를 갖고 있다. 성경 히브리어 액센트는 한 단어에 하나의 액센트만을 가진다. 따라서 26종류의 액센트 부호는 서로 무관한 것이 아니라 각 부호가 갖고 있는 음의 길이와 특징에 따라 서로 자연스럽게 연결되는 것들이 있고 또 연결이 부자연스러운 것들이 있다. 이러한 음악적 기능을 살려 히브리어 본문을 읽게 되면 노래를 부르는 것과 같은 효과를 가져온다. 현재 이스라엘은 물론 전 세계에 흩어져 있는 유대인 회당에서는 액센트의 음악적 기능을 살려 히브리어 본문을 읽는 이들이 있는데 이들을 '영창자(chanter)'라 부른다.

유대인들은 본인이 직접 영창을 인도하지 않더라도 회당에서 영창자들이 본문 낭독하는 것을 늘 접하며 살기 때문에 히브리어 본문에 대한 기억이 매우 뛰어나다고 할 수 있다. 심지어 유대교의 한 종파에서는 성인식의 통과과정에 필수요건으로 히브리어 액센트에 따른 성경 낭독을 포함시키고 그것을 테스트하기도 한다. 그러나 각 액센트가 갖는 멜로디의 종류는 동일하지 않고 유대교의 종파나 출신지역에 따라 다양하게 나타난다.

(2) 음성적 기능

성경 히브리어 액센트의 두 번째 기능은 음성적 기능이다. 대개 액센트 부호가 있는 곳에 강세가 온다. 이 기능은 히브리어 성경의 낭독을 정확하게 하는데만 필요한 것이 아니라 때로는 히브리어 본문의 번역과 해석에 영향을 미치기도 한다.

창세기 29:6 וְהִנֵּה֙ רָחֵ֣ל בִּתּ֔וֹ בָּאָ֖ה עִם־הַצֹּֽאן׃

창세기 29:9 וְרָחֵ֣ל ׀ בָּ֗אָה עִם־הַצֹּאן֙

만일 위 두 구절에서 히브리어 액센트 부호가 없다면 בָּאָה는 완료형 동사인지 분사인지가 구분되지 않는다. 그러나 액센트 부호로 인해 강세의 여부를 파악할 수 있다. 전자는 강세가 뒷 부분에 있으므로 '칼 능동분사 여성단수'이며 후자는 강세가 앞 부분에 있으므로 '칼 완료형 3인칭 여성단수'임을 알 수 있게 된다.

(3) 통사적 기능

성경 히브리어 액센트의 세 번째 기능인 통사적 기능은 문장 번역 및 해석과 관련하여 가장 중요한 기능이다. 이 세 번째 기능으로 인해 문장에 대한 해석이 달라질 수도 있으므로 문장의 해석을 정확하게 하기 위해 성경 히브리어 액센트는 필수적으로 익혀야만 한다. 이 통사적 기능은 문장 안에서 각 단어들 간의 분리 및 연결을 가리킬 뿐만 아니라 한 단어가 어떤 구나 절에 속해야 하는지, 또는 문장에서 차지하는 중요도가 어느 정도인지를 가늠할 수 있기 때문에 매우 중요한 기능이라 할 수 있다.

성경 히브리어 액센트 체계

성경 히브리어 액센트 체계는 두 유형으로 나뉘어 지는데 21권 액센트와 3권 액센트이다. 3권 액센트는 히브리어로 에메트(אמ״ת) 액센트로 불려지는데 이는 욥(איוב), 잠언(משלי), 시편(תהלים)에 대한 첫 글자를 딴 말이다. 다시 말하면 히브리어 성경 24권 중 욥, 잠언, 시편의 액센트 체계와 그 나머지 책들(21권)의 액센트 체계가 다르다는 말이다.[17] 성경 히브리어 액센트 체계가 두 유형으로 나뉘어진 이유나 과정에 대해서는 확실하게 설명해 주는 학자가 없으므로 파악하기 어렵다. 단지 우리는 성경 히브리어 액센트 체계가 두 유형으로 되어 있다는 사실만 확인할 수 있을 뿐이다.

---

17 정확하게는 욥 1:1-3:1과 42:7-17은 3권 액센트 체계가 아닌 21권 액센트로 분류되어야 한다.

21권 액센트 체계와 3권(에메트) 액센트 체계는 액센트 부호들이 이름과 모양에 있어서 공통점과 약간의 차이점을 가지고 있지만 액센트 체계의 원리와 방법은 동일하다. 따라서 21권 액센트 체계를 잘 익히면 3권(에메트) 액센트 체계를 자연스럽게 익힐 수 있게 된다. 이곳에서는 21권 액센트 체계만 소개하고자 한다. 21권 액센트 체계는 크게 분리액센트와 연결액센트로 나누는데 분리액센트는 18개, 연결액센트는 8개 총 26개로 구성되어 있다.

(1) 분리액센트

분리액센트는 단어와 단어 사이를 서로 분리해 주는 역할을 한다. 그러나 단순히 분리만 해 주는 것이 아니라 특정한 계급을 소유하고 그 계급에 따라 통치 영역과 그에 따른 힘이 주어진다. 다음은 4계급으로 구성된 분리액센트이다.

〈표1〉 21권 액센트 체계 중 분리액센트[18]

<table>
<tr><th>계급</th><th colspan="5">분리액센트의 명칭과 부호</th></tr>
<tr><td>황제급</td><td colspan="2">סִלּוּק (סוֹף פָּסוּק :) 씰룩
:○ֽ○○</td><td colspan="3">אֶתְנַחְתָּא 에트나흐타
○֑○○</td></tr>
<tr><td>왕급</td><td>זָקֵף קָטֹן
자켑 카톤
○֔○○</td><td>זָקֵף גָּדוֹל
자켑 가돌
○֕○○</td><td>שַׁלְשֶׁלֶת
샬쉘레트
○֓○○</td><td>טִפְּחָא
티프하
○֖○○</td><td>סֶגוֹל
쎄골
○֒○○</td></tr>
</table>

18 액센트 부호 중 위치를 조심해야 할 것이 5개 있는데 쎄골과 파쉬타와 자르카는 반드시 단어 끝에 위치하며 예티브와 틀리샤 그돌라는 단어 앞에 위치한다. 이 다섯 개의 액센트는 강세가 오는 곳이 액센트의 위치와 다를 경우 강세가 오는 곳에 동일한 모양의 부호를 하나 더 추가한다. 예를들어 פַּשְׁטָא֙ 는 강세가 마지막에 마지막 음절에 있으므로 액센트를 추가하지 않으나 מִצְרַ֙יְמָה֙ 같은 경우는 레쉬(ר)에 강세가 있으므로 하나를 더 추가시킨다. 다른 액센트 부호들은 모두 강세가 있는 곳에 표시된다.

<table>
<tr><td rowspan="1">장교급</td><td>יְתִיב
예티브
○○○</td><td>פַּשְׁטָא
파쉬타
○○○</td><td>תְּבִיר
트비르
○○○</td><td>זַרְקָא
자르카
○○○</td><td>רְבִיעַ
르비아
○○○</td></tr>
<tr><td rowspan="2">신하급</td><td colspan="2">תְּלִישָׁא גְדוֹלָה
틀리샤 그돌라
○○○</td><td colspan="2">קַרְנֵי פָרָה
카르네이 파라
○○○</td><td>פָּזֵר
파제르
○○○</td></tr>
<tr><td colspan="2">גֵּרֵשׁ
게레쉬
○○○</td><td colspan="2">גֵּרְשַׁיִם
게르샤임
○○○</td><td>מֻנַּח לְגַרְמֵיהּ ׀
무나흐 레가르메
׀○○○</td></tr>
</table>

각 액센트 부호들이 어떤 곳에 언제, 어떤 순서로 오는가 하는 것은 매우 복잡한 법칙에 따라 움직인다. 뿐만 아니라 각 액센트들이 계급이 낮은 액센트라해서 무조건 임명할 수 있는 것이 아니고 직속상관과 직속부하들이 있어서 그러한 체계에 따라 부하들을 임명한다. 그러나 이러한 복잡한 규칙들은 성경 히브리어 본문을 번역하고 해석하는데 특별한 영향을 미치지는 못한다. 중요한 것은 액센트 부호가 어떤 계급에 속하는가 하는 것과 한 문장에서 액센트 부호들이 어떤 규칙으로 나눠어지는가를 파악하는 것이다. 다음은 문장에서 각 액센트의 계급이 갖고 있는 규칙이다.

① 황제급 액센트는 비슷한 힘을 가지고 있으며 대개 에트나흐타가 절을 이등분하여 에트나흐타가 붙어 있는 단어를 포함하여 앞쪽에 있는(즉, 오른쪽에 있는) 단어들이 그의 통치영역에 속해 있으며 절의 끝에서부터 에트나흐타 뒤에 있는 단어까지는 씰룩이 통치한다.[19]

---

19 그러나 절의 길이가 짧아 또 다른 황제가 둘이 있을 필요가 없을 때에는 씰룩이 전체 절을 지배한다.

씰룩의 통치영역	에트나흐타의 통치영역
황제(씰룩)	황제(에트나흐타)

② 황제급 액센트들은 그 밑에 적어도 한 명 이상의 왕들을 둘 수 있다. 가장 먼저 임명받는 왕(왕1)이 가장 오른쪽에 위치하며 황제의 통치구역을 이등분한다. 그 다음에 임명받는 왕(왕2)은 왕1의 왼쪽에 위치하며 황제의 통치구역의 1/4의 힘을 가지며 그 다음에 임명받는 왕(왕3)은 왕2의 왼쪽에 위치하며 1/8의 힘을 가진다.

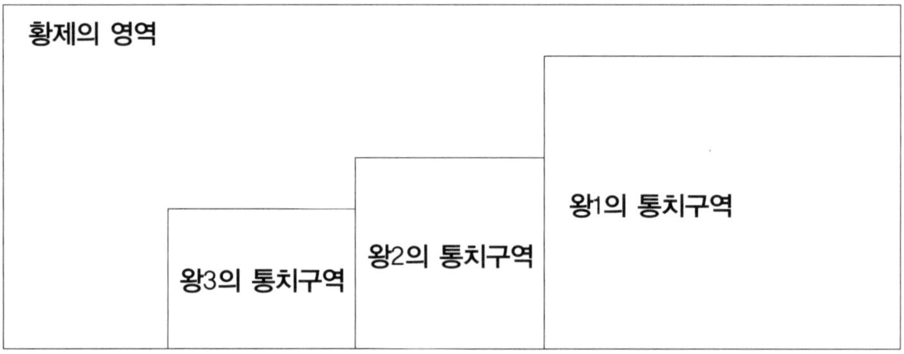

황제　　왕3　　왕2　　왕1

　　　　1/8　　1/4　　1/2

③ 동일한 방법으로 왕들도 밑에 장교들을 임명할 수 있으며 장교들도 밑에 신하들을 임명할 수 있다.

왕의 영역
장교1의 통치구역
장교2의 통치구역
장교3의 통치구역
왕
장교3
장교2
장교1
1/8
1/4
1/2

장교의 영역
신하1의 통치구역
신하2의 통치구역
신하3의 통치구역
장교
신하3
신하2
신하1
1/8
1/4
1/2

④ 위의 모든 규칙을 종합하면 다음과 같은 그림이 나올 수 있다.

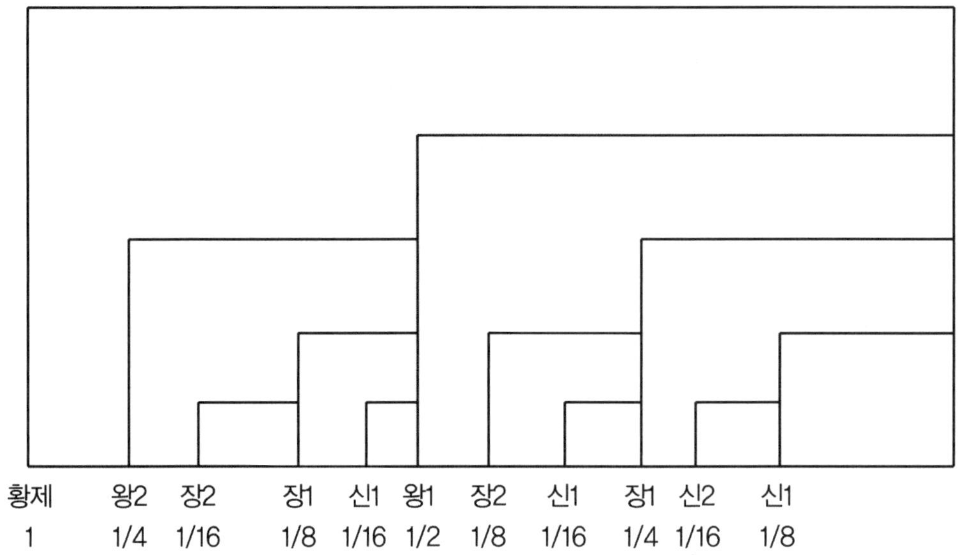

황제의 통치영역의 힘을 1로 보았을 때 황제 바로 아래급인 왕들 중 가장 먼저 임명받은 왕1은 그 힘이 1/2이며 왕2는 1/4이다. 왕1 바로 아래급에 해당하는 두명의 장교중 장교1의 힘은 1/4이며 장교2는 1/8의 힘을 갖는다. 그러나 왕2의 장교1은 왕2의 힘인 1/4의 절반이므로 1/8이며 왕2의 장교2는 1/16의 힘을 갖는다. 왕1의 장교1의 신하1은 그 힘이 1/8이며 신하2는 1/16이다. 왕2의 장교1의 신하1은 그 힘이 1/16이다.

따라서 모든 왕이 동일한 통치영역과 힘을 갖는 것이 아니며 마찬가지로 모든 장교가 다 동일한 힘을 소유하는 것은 아니다. 어떤 상급자에게 속했는가하는 것이 통치영역과 힘을 결정하는데 중요하다. 예를 들어 위의 그림에서 신하1이 3명 등장하는데 각각은 모두 다른 상급자를 가지고 있으므로 동일한 신하들이 아니다. 단지 상급자로부터 가장 먼저 임명을 받았으므로 신하1이란 칭호를 갖는다.

(2) 연결액센트

연결액센트는 총8개로 분리액센트와는 달리 계급이 없으며 그 다음에 오는 단어와 연결하여 한 묶음으로 만들어 동일한 통치영역에 들어가게 된다. 따라서 문장에서 단어의 분리작업을 할 때 연결액센트는 분리액센트보다 상대적으로 중요성이 떨어진다고 볼 수 있다. 다음은 연결액센트의 부호와 명칭이다.

〈표2〉 21권 액센트 체계 중 연결액센트

מֵרְכָא 메르하 ○○֥○	מֻנַּח 무나흐 ○○֣○	מַהְפַּךְ 마흐파흐 ○○֤○	קַדְמָא 카드마 ○○○֨
דַּרְגָּא 다르가 ○○֧○	יָרֵחַ בֶּן יוֹמוֹ 야레아흐 벤 요모 ○○֪○	מֵרְכָא כְפוּלָה 메르하 흐풀라 ○○֦○	תְּלִישָׁא קְטַנָּה 틀리샤 크타나 ○○○֩

위의 표에서 분리액센트와 혼동하기 쉬운 연결액센트 부호들은 다음과 같다:

(1) 모양은 같으나 위치가 다른 것 - ①'카드마'와 '파쉬타', ②'마흐파흐'와 '예티브', ③'무나흐'와 '무나흐 레가르메'.[20]

(2) 방향이 다른 것 - ①'메르하'와 '티프하', ②'틀리샤-크타나'와 '틀리샤-그돌라'[21]

20 카드마와 마흐파흐는 연결액센트로 액센트 부호가 단어 중 강세가 있는 곳에만 오나 파쉬타와 예티브는 분리액센트 중 장교급에 속하는데 파쉬타는 단어 끝에 오며 예티브는 단어 처음에 온다. 또한 연결액센트인 무나흐와 분리액센트 중 신하급인 무나흐 레가르메는 기호의 모양이 같으나 무나흐 레가르메는 단어 다음에 세로로 된 줄이 하나 더 추가되어 있으므로 조심해야 한다.

21 연결액센트인 메르하와 분리액센트 중 왕급인 티프하는 모양의 방향만 다르나 틀리샤-크타나(연결액센트)와 틀리샤-그돌라(분리액센트 중 신하급)는 모양의 방향도 다르고 위치도 다르다. 즉 틀리샤-크타나는 단어

21권 액센트의 예

다음은 출애굽기 1:1에서 21권 액센트의 분할에 대한 예이다.

וְאֵ֗לֶּה שְׁמוֹת֙ בְּנֵ֣י יִשְׂרָאֵ֔ל הַבָּאִ֖ים מִצְרָ֑יְמָה אֵ֣ת יַעֲקֹ֔ב אִ֥ישׁ וּבֵית֖וֹ בָּֽאוּ׃

황제	왕2	왕1	황제	왕2	왕1	장교2	장교1
	1/8	1/4	1/2	1/8	1/4	1/16	1/8

우선 이 절은 '미쯔라이마(מִצְרָ֑יְמָה)'까지 에트나흐타(황제)로 둘로 나뉘어 진다.

전반: 이것들은 이집트로 간 이스라엘 자손들의 이름들이다.

후반: 각인과 그 가족은 야곱과 함께 갔다.

황제 전반부

전반부는 다시 왕1인 '이쓰라엘(יִשְׂרָאֵ֔ל)'에서 1/4로 나뉘어 진다.

전반 1/4: 이것들은 이스라엘 자손들의 이름들이다.

후반 1/4: 이집트로 간

따라서 전반 1/4과 후반 1/4인 이 둘은 동등한 힘을 소유한다.[22]

왕1의 통치역역을 살펴보면 장교1인 '엘레(אֵ֗לֶּה)'에서 1/8로 나뉘어 지므로 '이것들'과 '이스라엘 자손들의 이름들'이 동등한 힘을 갖는다. 또한 장교2인 '슈모트(שְׁמוֹת֙)'에서

끝에 위치하나 틀리샤-그돌라는 단어의 처음에 위치한다. 연결액센트 역시 일정한 법칙을 가지고 분리액센트와 연결되어 있다. 그러나 히브리어 본문의 번역과 해석에 영향을 미치지 않으므로 여기서는 생략하도록 한다.

22 여기서 '동등한 힘'이란 통사론적으로 볼 때 동등한 비중과 가치를 가짐을 의미한다.

1/16로 나뉘어 지므로 '이름들'과 '이스 라엘 자손들'은 동등한 힘을 소유한다. 왕2는 '하바임(הַבָּאִ֣ים)'이므로 1/8'이집트로'와 '간'은 동등한 힘을 갖는다.

황제 후반부

황제 후반부를 살펴 보면 왕1이 '야아코브'이므로(1/4) '야곱과 함께'와 '각인과 그 가족은 갔다'가 동등한 힘을 갖는다. 왕2는 '베이토'에 있으므로 '각인과 그 가족'과 '갔다'가 동등한 힘을 소유한다.

연습문제

1. 다음 문장들을 액센트 체계에 따라 분석하고 해석하라.

(1) 창세기 10장 21절

וּלְשֵׁ֥ם יֻלַּ֖ד גַּם־ה֑וּא אֲבִי֙ כָּל־בְּנֵי־עֵ֔בֶר אֲחִ֖י יֶ֥פֶת הַגָּדֽוֹל׃

(2) 사무엘상 3장 3절

וְנֵ֤ר אֱלֹהִים֙ טֶ֣רֶם יִכְבֶּ֔ה וּשְׁמוּאֵ֖ל שֹׁכֵ֑ב בְּהֵיכַ֣ל יְהוָ֔ה אֲשֶׁר־שָׁ֖ם אֲר֥וֹן אֱלֹהִֽים׃

(3) 이사야 40장 3절 (전반부)

ק֣וֹל קוֹרֵ֔א בַּמִּדְבָּ֖ר פַּנּ֣וּ דֶּ֣רֶךְ יְהוָ֑ה

(4) 민수기 14장 8절 (후반부)

אֶ֕רֶץ אֲשֶׁר־הִ֛וא זָבַ֥ת חָלָ֖ב וּדְבָֽשׁ׃

(5) 신명기 25장 18절 (전반부)

אֲשֶׁ֨ר קָֽרְךָ֜ בַּדֶּ֗רֶךְ וַיְזַנֵּ֤ב בְּךָ֙ כָּל־הַנֶּחֱשָׁלִ֣ים אַֽחֲרֶ֔יךָ וְאַתָּ֖ה עָיֵ֣ף וְיָגֵ֑עַ

연습문제 단어

נֵר 등불, טֶרֶם 아직-않다, זוּב 흐르다, חָלָב 우유, דְּבַשׁ 꿀, קָרָה 만나다, זָנַב 꼬리를 치다(자르다), חָשַׁל 약화하다, עָיֵף 피곤한, יָגֵעַ 지친

Hebrew Bible

Reading with Womments

성경 히브리어 강독

1. 룻기 1장 1-17절

2. 요나 1장 1-16절

3. 창세기 22장 1-14절

4. 에스더 6장 1-14절

5. 신명기 6장 1-9절

6. 여호수아 6장 1-21절

7. 창세기 39장 1-23절

8. 시편 2편 1-12절

9. 사무엘상 17장 1-25절

10. 사무엘상 31장 1-10절 //
역대상 10장 1-10절

히브리어 성경의 원어 분석 가이드

원어분석은 다음과 같이 네 단계로 진행하는 것이 바람직하다.

1. 음역

2. 형태론적 분석 – 모든 단어의 형태분석 및 뜻

3. 통사론적 분석

3.1 액센트 분석

3.2 통사요소 분석

1차 – 주어, 술어, 목적어, 부사어, 독립어(호격, 감탄사)

2차 – 핵심/수식어 (구 혹은 절), 동격 & 단어순서

4. 텍스트 언어학적 분석

1. 음역

성경 히브리어의 발음은 '정답'이 없다. 전 세계에서 성경 히브리어를 발음하는 이들을 살펴보면 통일된 발음이 없이 모두 제각각이다. 같은 미주권이나 유럽권에 있는 이들조차 발음이 통일되어 있지 않다. 그러면 어떤 발음이 맞는 발음인가? 성경 히브리어 시대와 동일하게 발음하는 것이다. 그렇다면 성경 히브리어 시대 때의 발음은 어떤 발음이었는가? 알 수 없다. 그 당시에는 녹음기가 없었고 우리 손에 '음성'이 남아 있지 않기 때문이다. 남아 있는 여러 자료에 의존하여 추정할 뿐이다.

현재 우렁찬 목소리로 히브리어 성경 전체를 낭독해 주는 웹사이트가 있다. 그곳에서 낭독하는 분은 '아브라함 슈무엘로프'(1913-1994) 신부이다. 그는 이란에서 이스라엘로 이

민가셨던 분이다. 그 신부님이 돌아가시기 몇 해 전에 히브리어 성경 전체를 녹음하셨다. 필자가 이스라엘에서 유학할 때 그분의 음성으로 녹음된 테이프들이 300-400달러에 판매되고 있었다. 그런데 현재 인터넷에서 무료로 제공하고 있으니, 얼마나 편리하고 좋은 세상이 되었는가! 그것도 구약의 모든 책을 장별로 나누어 제공해 주고 있다.

http://www.mechon-mamre.org/p/pt/ptmp3prq.htm#mp

슈무엘로프나 서구권 학자들의 발음은 성경 히브리어 시대의 발음이라기 보다는 현대 히브리어 발음에 가깝다. 필자가 보기에는 약90% 정도가 현대 히브리어식 발음이다. 우선 모음을 장모음, 단모음, 반모음으로 구별하여 장단에 맞춰 발음하지 않으며, 이는 현대 히브리어식 발음이다. 자음도 'ט'와 'תּ', 그리고 'כּ'와 'ק'를 구분하지 않고 동일하게 발음하는데, 이 또한 현대 히브리어식 발음이다. 후음도 네 개(א, ע, ה, ח)인데 대개 'ח'만 후음으로 발음하고 나머지는 후음으로 발음하지 않는다. 슈무엘로프의 경우 'ע'을 목 깊은 곳에서 내기는 하지만 'א'와 'ה'는 여전히 후음 처리를 하지 않는다. 'א'는 아랍어의 '알리프'(ا)처럼 목에서 나오는 소리였을 것이며 'ה' 역시 유리나 안경을 닦을 때 입김을 내는 소리와 비슷한 소리였을 것이나 그렇게 발음하는 이는 지금까지 들어본 적이 없다.

성경 히브리어 시대의 발음을 되살려서 사용하면 가장 좋겠으나 그렇게 발음하는 이는 전 세계에 찾아보기 어렵다. 그 시대의 발음을 추적하는 것도 어려운 일이지만 추적한다고 하더라도 그대로 발음하는 것이 현대인의 발음에 어울리지 않고 그 시대의 발음이 매우 까다롭기 때문이다. 영어의 'K'와 'Q'도 현재는 발음이 동일하지만 이전에는 발음에 차이가 있었을 것이기 때문에 알파벳이 다르다. 영어의 'Q' 소리는 원래 아랍어의 '꼬프'(ق), 히브리어의 'ק'처럼 'ㄲ'을 목 깊은 곳에서 내는 소리였을 것이나 영어를 모국어로 사용하는 사람들 중 그렇게 발음하는 이를 들어본 적이 없다.

그러므로 필자는 성경 히브리어 발음을 현대 히브리어식 발음으로 하는 것이 현실적으로 바람직하다고 본다. 어차피 서구식 발음이라는 것도 90% 이상은 현대 히브리어식 발음을 따라가고 있기 때문이다.

현대 히브리어식 발음으로 성경 히브리어를 읽어 주는 웹사이트가 있다. 텍사스 대학에서 제공해 주는 것으로 주소는 다음과 같다: http://www.laits.utexas.edu/hebrew/

이 웹사이트에서는 성경 전체를 제공해 주지는 않고 일부분(창세기, 시편, 출애굽기, 사무엘상, 이사야, 잠언 중 일부분)만을 제공해 준다. 바이블웍스 10에서는 등장인물을 바꿔가며 드라마와 같이 극적으로 성경 전체를 현대 히브리어식 발음으로 낭독해 주는데 많은 도움이 된다. 특히 필자가 섬겼던 유대인 교회의 목사님이신 '메노 칼리셔'를 비롯하여 이스라엘의 유대 기독교 지도자들이 직접 작업한 것이어서 특별한 의미가 있다.

슈무엘로프의 목소리로 낭독하는 사이트에서는 다음 5가지만 조심하여 발음하면 100% 현대 히브리어식 발음으로 읽을 수 있게 된다.

(1) 슈바

단어 처음에 오는 슈바를 항상 'e'로 발음하나 공명도 계층에 따라 'e' 또는 묵음으로 발음해야 한다.

단어 중간에 오는 슈바도 'e'로 발음하는 경우가 많으나 묵음으로 처리해야 한다.

예) הַגְּדֹלִים '하게돌림'이 아닌 '하그돌림'으로 발음할 것.

(2) 알레프(א)와 아인(ע)을 구분하지만 구분하지 말고 '아인'도 '알레프'처럼(우리말의 'ㅇ'처럼) 묵음으로 처리할 것.

(3) 'ה'를 입김내는 소리로 발음하지만 묵음으로 처리할 것.

(4) 다게쉬(점)가 있는 것은 모두 발음하려고 시도하지만 ב, כ, פ세 개만 제외하고 구분시키지 말 것.

예) הַמֶּלֶךְ '함멜레흐'가 아닌 '하멜레흐'로 발음할 것.

(5) 이중 모음 '에이'를 '에'로 발음하나 '에이'로 발음할 것.

예) בֵּית '베트'가 아닌 '베이트'로 발음할 것.

2. 형태론적 부석 – 모든 단어의 형태분석 및 뜻

문법을 확실히 익히기 전인 초기 단계에서는 바이블웍스나 어코던스와 같은 성경 원어 관련 소프트웨어의 도움을 받아 모든 단어의 형태를 분석하고 뜻을 파악하는 연습을 한다.

(1) 명사 – 성(남성, 여성) 수(단수/복수/쌍수)를 표시. 연계형이 형태적으로 분명히 드러나는 경우(주로 여성단수와 남성복수에서)만 연계형으로 표시한다. 명사의 '성'(남성, 여성)은 해석에 전혀 영향을 미치지 않으나 다른 단어와의 관계나 문장의 구조를 파악하는데 있어 도움이 되므로 표시하는 것이 바람직하다.

(2) 동사 – 기본형, 유형(칼, 니팔 등), 접미동사/접두동사/바브전환법 접두동사/바브전환법 접미동사/명령/분사/부정사 등, 인칭, 성, 수 등을 표시한다.

(3) 불변사(particle) – 바이블웍스나 어코던스는 관사, 접속사, 부사, 의문사, 감탄사, 부정어, 직접목적어표지, 전치사, 관계사 등을 모두 불변사에 분류하여 처리하고 있으나 불변사를 표시하지 않고 바로 품사를 표시하도록 한다.

(4) (대명사)접미사의 경우 먼저 +표시를 하고 인칭, 성, 수를 표시한다.

예) בֵּיתוֹ(베이토) 명사+접미사 3인칭 남성 단수, '그의 집'.

(5) 형용사의 경우 – 성(남성, 여성)과 수(단수, 복수)를 표시한다.

(6) 수사의 경우 – 연계형이 분명히 드러나는 경우만 연계형으로 표시한다.

- '어절'과 '단어'를 구분할 필요가 있다. '어절'이란 문장에서 띄어쓰기를 하는 최소한의 단위이며, '단어'란 분리하여 자립적으로 쓸 수 있는 말로 품사와 거의 동일한 개념으로 이해하면 된다.

예를 들어 'וְהָאָרֶץ'는 한 어절이지만 세 단어로 구성되어 있다. 그런 경우 +로 표시하여 '접속사+(정)관사+명사, 여성단수'(그리고/그런데 그 땅)와 같이 표시한다.

3. 통사론적 분석

3.1 액센트 분석

- 모든 절을 A-1, A-2, B-1, B-2와 같이 네 등분으로만 나누어 분석을 하기만 해도 문장과 절의 구조를 이해하는데 매우 큰 도움이 된다. 네 등분으로만 구분하기 위해서는 절 중간

에 오는 황제를 먼저 파악하여 두 부분(A와 B)로 나누고, 다음으로 각 부분에서 가장 오른쪽에 위치한 왕급 액센트를 중심으로 다시 A-1, A-2, B-1, B-2로 나누면 된다. 네 부분으로 나눈 후 특별히 긴 부분이 있어서 한 번 더 나눌 필요가 있을 때만 세부적으로 나누는 작업을 한다. 예를 들어 A-2 부분을 한 번 더 나누고 싶을 경우 A-2.1, A-2.2 등으로 세부분할을 한다.

액센트에 맞춰서 절을 분할한 다음 우리말 번역 등 여러 번역본들을 비교하여 액센트에 맞게 번역이 되었는지를 살펴본다.

3.2 통사요소 분석

(1) 1차 분석

- 1차 분석의 단계에서는 모든 종속절을 제외하고 '주절'(독립절)만을 중심으로 분석하되 어절의 개수와는 상관 없이 동사요소를 중심으로 파악하면 된다. 필자의 경험상 히브리어에서는 주어, 술어, 목적어(직접목적어), 부사어 네 개의 통사요소만을 파악하면 충분하다. 호격이나 감탄사의 경우 '독립어'로 분류하여 따로 취급한다. 히브리어에서 문장의 개수는 술어의 개수와 동일하다. 따라서 술어는 절대로 생략될 수 없다.

동사를 포함하는 동사문장의 경우 그 동사는 술어로 분류하면 되지만, 동사가 없는 명사문장의 경우 주어와 술어를 파악하는 것이 쉽지 않다. 명사문장에서 주어는 '무엇에 대해 얘기하고 있는가'이며, 술어는 '그것에 대해 무엇이라 얘기하고 있는가'에 해당하는 것이다. 이러한 일반적인 주어, 술어 정의에 따라서 파악하기 힘든 경우 '정보이론'에 따라 분류하면 되는데, 대개 '알려진 정보'가 주어이며 '새로운 정보'가 술어이다.

(2) 2차 분석

- 주어나 목적어 등이 2개 이상 존재하는 경우, 종속절 등을 포함하는 경우에는 2차 분석을 통해 세부적인 구조를 파악할 수 있다. 예를 들어 주어가 둘 이상 있는 경우 그 둘이 동격 관계인지 아니면 한 요소가 다른 요소를 수식해 주는 관계인지를 파악하여 2차 분석

을 해야 한다. 예를 들어 '그 왕', '솔로몬'의 경우는 2개의 주어가 동격관계이다. '하나님께서 말씀하신 솔로몬'의 경우는 수식/피수식의 관계이다. 그 경우 '솔로몬'이 핵심주어이며 '하나님께서 말씀하신'이 수식어이다. 또한 '하나님께서 말씀하신'이라는 종속절 안에서 주어(하나님), 술어(말씀하신)의 분석을 할 수 있다. '나를 선택하신 하나님께서 말씀하신 솔로몬'과 같이 2개 이상의 종속절이 있는 경우 3차 분석까지 할 수 있다.

통사요소 분석을 하는 이유는 문장의 어순 때문인데, 정상적인 어순인지 특별한 어순인지를 구분하고 특별한 어순이라면 그 이유가 무엇인지를 파악하기 위해서이다.

우선 성경 히브리어 동사문장에서는 동사가 문장의 처음에 위치하는 것이 가장 일반적인 어순이다. 만일 동사가 아닌 다른 요소가 문장의 처음에 배치되었다면 특별한 어순으로서 특별한 어순을 갖는 이유는 매우 다양하므로 잘 파악해야 한다. 우선 '목적어'가 가장 먼저 배치되었다면 그 목적어를 '강조'하기 위한 것으로 보면 된다. 그러나 주어나 부사어가 문장의 처음에 배치되었다면 매우 복잡해진다. 이 경우는 네 번째 분석인 텍스트언어학적 분석과 연결이 되는데 '강조' 뿐 아니라 대조, 동시동작, 단락의 시작이나 종결, 교차대칭구조, 화제전환, 상황, 해설, 묘사 등 여러 가지 가능성을 가질 수 있기 때문에 전후 문맥을 잘 살펴보고 결정해야 한다.

명사문장의 어순은 매우 복잡하다. 대략적으로 언급하자면 먼저 동질문장과 비동질문장을 구분한 후 동질문장에서는 '주어-술어'의 어순을 갖고 비동질문장에서는 '주어-술어' 혹은 '술어-주어'의 어순을 갖는다.[23]

분사가 동사로 사용된 분사문장의 경우 '주어-술어(분사)'가 정상적인 어순이다.

---

23 성경 히브리어 명사문장의 어순에 관한 보다 깊은 연구를 위해서는 다음을 참조하라: "성서히브리어 명사문장에서의 한정성에 관한 연구", 성경원문연구 제29호, 2011; "성서 히브리어 명사문장의 어순에 관한 연구", 성경원문연구 제35호, 2014; "성서히브리어 세구성소 명사문장에 관한 연구", 성경원문연구 제33호, 2013.

4. 텍스트 언어학적 분석

텍스트 언어학이란 한마디로 '문장과 문장 사이의 관계를 연구하는 학문'이다. 문법적으로 문제가 없는 문장이라고 하더라도 문장들간의 관계를 무시하고 문장들을 무작위로 나열하기만 한다면 그것은 '텍스트'라 할 수 없다. 텍스트란 그 안에 있는 문장들이 서로 긴밀한 관계를 유지하고 있다는 전제가 있을 때만 존재가치를 가진다. 그것을 '텍스트성'(textuality)이라 부른다. 텍스트 언어학에서 일반적으로 언급하는 텍스트성은 다음 7가지이다: 응집성(결속구조), 응결성(결속성), 의도성, 용인성, 상황성, 상호텍스트성, 정보성. 이 7가지 중 응집성과 응결성 두 가지가 가장 중요한 요소인데, 응집성이란 주로 형식적인 것이고 응결성이란 내용적인 것으로 각 문장들에서 사용된 단어나 표현들을 중심으로 분석하는 것이다. 여기서는 형식적인 부분을 취급하는 '응집성'을 중심으로 분석하는 연습을 해보고자 한다.

4.1 문장의 개수를 파악하라.

- 텍스트 언어학이란 문장과 문장 사이의 관계를 연구하는 학문이므로 문장이 최소 단위이다. 그러므로 문장의 개수를 파악하는 것이 가장 기본적인 단계이다. 이 단계에서는 액센트의 분할을 개입시켜서는 안 된다. 액센트에 의한 절의 구분과 문장의 개수와는 무관하기 때문이다. 술어의 개수와 문장의 개수가 동일하므로 술어를 중심으로 파악하면 된다.

4.2 산문과 운문을 구분하라.

제임스 쿠걸(James Kugel)과 같은 학자는 성경 히브리어에서 산문과 운문을 구분하는 것에 문제가 있다고 보고 구분 자체를 반대하지만, 대부분의 학자들은 그 둘을 구분할 수 있다고 본다. 필자는 산문과 운문을 구분하는 것에 동의할 뿐 아니라 성경 히브리어에서 산문과 운문은 분석 방법에 매우 큰 차이가 있기 때문에 문장을 분석함에 있어서 가장 기본적인 단계가 이 둘을 구분하는 것이라 본다. 성경 히브리어에서 평행법과 산설함(운율)

이 두 가지가 매우 강하게 나타나면 운문이며, 그렇지 않으면 산문이다. 물론 이 두 가지 외에도 여러 가지 시적 요소들이 나타나기는 하지만 히브리어 운문에서 가장 특징적인 것은 평행법(반복법 포함)이며 운문체는 그것을 중심으로 분석해야 한다.[24]

4.3 산문이면 서술체와 대화체를 구분하라.[25]

서술체와 대화체는 전후문맥을 잘 살펴보면 쉽게 구분할 수 있다. 개역개정성경에는 문장부호가 없지만 대부분의 번역 성경은 문장부호를 표시하고 있고 대화체는 큰따옴표로 표시하기 때문에 그 둘의 구분은 어렵지 않다.

1) 서술체를 이끌어가는 주된 동사형태는 '바브전환법(바브연속법) 접두동사'이다.

서술체에서는 '바브전환법(바브연속법) 접두동사'를 파악하는 것이 가장 중요하다. 이 형태가 서술체를 이끌어가는 주된 형태이기 때문이다. 이 형태는 '주흐름'/'전경'이면서 동시에 '연속'적인 개념을 표현하는 것이다. 주흐름이란 텍스트를 이끌어가는 주된 문장으로 이 문장을 삭제해 버리면 텍스트의 흐름에 큰 손상을 입게 된다. 서술체에서의 연속은 주로 '시간'의 연속이며 대부분 '과거'로 해석된다. 시간의 연속이란 몇 시간, 며칠, 몇 년의 간격과는 관계 없이 시간적으로 이전에 일어나는 동작과 다음에 일어나는 동작이라는 말이다.

서술체 문장에서 '바브전환법(바브연속법) 접두동사'가 아닌 다른 형태인 경우

가) 명사문장, 분사문장, '이다'의 뜻을 갖는 '하야문장'은[26] 텍스트 언어학적 분석에서

---

24 성경 히브리어의 평행법에 관한 보다 깊은 연구를 위해서는 다음을 보라: 성경 평행법의 역동성, 이희성 역, 그리심, 2012; 유윤종, 구약성서 히브리시 평행대구 연구의 최근동향, 한국기독교신학논총 40권 (2005); 김정우, 히브리 시의 평행법과 성경 번역의 문제, 성경원문연구 19호 (2006), 20호 (2007).

25 서술체와 대화체 외에도 법, 목록(list) 텍스트가 있기는 하지만 여기서는 제외하기로 한다. 대화체 내에서도 기도문, 설명적대화, 예언, 의문적대화, 독백, 서술적대화 등 다양한 양상으로 나눌 수 있지만 성경 히브리어 대화체에 관한 연구는 아직 충분히 이루어지지 않고 있다.

거의 대부분 '해설'(부흐름)에 해당한다.

나) 동사문장에서 '바브전환법(바브연속법) 접두동사'가 아닌 다른 형태인 경우는 주흐름일 수도 있고 부흐름일 수도 있다. 이 경우 전후문맥을 잘 살펴보고 다음 중 어느 것에 해당하는 지를 결정해야 한다: 강조, 대조, 동시동작, 단락의 시작이나 종결, 교차대칭구조, 화제전환, 상황, 해설, 묘사. 이 중 강조, 대조, 동시동작, 단락의 시작이나 종결, 교차대칭구조, 화제전환는 대개 '주흐름'이고 상황, 해설, 묘사는 '부흐름'에 해당한다.

2) 대화체를 이끌어가는 주된 동사형태는 없다.

대화체를 이끌어가는 주된 동사형태가 '접두동사'라고 주장하는 학자가 있으나 이는 사실이 아니다. 대화체를 구성하는 문장의 종류는 동사문장, 명사문장, 분사문장, 하야문장 중 어느 한 종류의 문장으로 정해져 있지 않으며 동사의 형태도 매우 다양한 양상으로 나타난다.

또한 중요한 것은 대화체에서는 '부흐름'이 없이 모두 '주흐름'이라는 것이다. 다시 말하면 대화체에 사용된 모든 문장은 삭제할 수 없는 중요한 문장이라는 것이다. 따라서 대화체에서는 주흐름과 부흐름을 구분할 필요가 없고 연속인지 아닌지만 구분하면 된다. 대화체에서의 연속은 대개 '바브전환법(바브연속법) 접미동사'의 형태로 나타난다. 서술체에서의 연속은 주로 '시간'의 연속인 반면 대화체에서의 연속은 주로 '논리'의 연속이다. '바브전환법(바브연속법) 접미동사'는 그 전 문장과 논리의 연속을 표현하면서 '명령', 혹은 '접두동사'로 해석해야 한다.

---

26 '하야문장'이란 히브리어 기본형 'היה'를 포함하는 문장을 말하며 대개 '이다', '있다', '되다'의 뜻을 가지는데 텍스트 언어학적 분석에서는 '있다', '되다'의 뜻을 갖는 경우 동사문장에 포함하여 분석하면 되고 '이다'의 뜻을 갖는 경우 명사문장에 포함하여 분석하면 된다.

1. 룻기 1장 1-17절[27]

א וַיְהִי בִּימֵי שְׁפֹט הַשֹּׁפְטִים וַיְהִי רָעָב בָּאָרֶץ וַיֵּלֶךְ אִישׁ מִבֵּית לֶחֶם יְהוּדָה לָגוּר בִּשְׂדֵי
מוֹאָב הוּא וְאִשְׁתּוֹ וּשְׁנֵי בָנָיו׃ **ב** וְשֵׁם הָאִישׁ אֱלִימֶלֶךְ וְשֵׁם אִשְׁתּוֹ נָעֳמִי וְשֵׁם שְׁנֵי־בָנָיו ׀
מַחְלוֹן וְכִלְיוֹן אֶפְרָתִים מִבֵּית לֶחֶם יְהוּדָה וַיָּבֹאוּ שְׂדֵי־מוֹאָב וַיִּהְיוּ־שָׁם׃ **ג** וַיָּמָת אֱלִימֶלֶךְ
אִישׁ נָעֳמִי וַתִּשָּׁאֵר הִיא וּשְׁנֵי בָנֶיהָ׃ **ד** וַיִּשְׂאוּ לָהֶם נָשִׁים מֹאֲבִיּוֹת שֵׁם הָאַחַת עָרְפָּה וְשֵׁם
הַשֵּׁנִית רוּת וַיֵּשְׁבוּ שָׁם כְּעֶשֶׂר שָׁנִים׃ **ה** וַיָּמוּתוּ גַם־שְׁנֵיהֶם מַחְלוֹן וְכִלְיוֹן וַתִּשָּׁאֵר הָאִשָּׁה
מִשְּׁנֵי יְלָדֶיהָ וּמֵאִישָׁהּ׃ **ו** וַתָּקָם הִיא וְכַלֹּתֶיהָ וַתָּשָׁב מִשְּׂדֵי מוֹאָב כִּי שָׁמְעָה בִּשְׂדֵה מוֹאָב
כִּי־פָקַד יְהוָה אֶת־עַמּוֹ לָתֵת לָהֶם לָחֶם׃ **ז** וַתֵּצֵא מִן־הַמָּקוֹם אֲשֶׁר הָיְתָה־שָׁמָּה וּשְׁתֵּי
כַלֹּתֶיהָ עִמָּהּ וַתֵּלַכְנָה בַדֶּרֶךְ לָשׁוּב אֶל־אֶרֶץ יְהוּדָה׃ **ח** וַתֹּאמֶר נָעֳמִי לִשְׁתֵּי כַלֹּתֶיהָ
לֵכְנָה שֹּׁבְנָה אִשָּׁה לְבֵית אִמָּהּ יעשה (יַעַשׂ) יְהוָה עִמָּכֶם חֶסֶד כַּאֲשֶׁר עֲשִׂיתֶם עִם־הַמֵּתִים
וְעִמָּדִי׃ **ט** יִתֵּן יְהוָה לָכֶם וּמְצֶאןָ מְנוּחָה אִשָּׁה בֵּית אִישָׁהּ וַתִּשַּׁק לָהֶן וַתִּשֶּׂאנָה קוֹלָן
וַתִּבְכֶּינָה׃ **י** וַתֹּאמַרְנָה־לָּהּ כִּי־אִתָּךְ נָשׁוּב לְעַמֵּךְ׃ **יא** וַתֹּאמֶר נָעֳמִי שֹׁבְנָה בְנֹתַי לָמָּה
תֵלַכְנָה עִמִּי הַעוֹד־לִי בָנִים בְּמֵעַי וְהָיוּ לָכֶם לַאֲנָשִׁים׃ **יב** שֹׁבְנָה בְנֹתַי לֵכְןָ כִּי זָקַנְתִּי
מִהְיוֹת לְאִישׁ כִּי אָמַרְתִּי יֶשׁ־לִי תִקְוָה גַּם הָיִיתִי הַלַּיְלָה לְאִישׁ וְגַם יָלַדְתִּי בָנִים׃ **יג** הֲלָהֵן ׀
תְּשַׂבֵּרְנָה עַד אֲשֶׁר יִגְדָּלוּ הֲלָהֵן תֵּעָגֵנָה לְבִלְתִּי הֱיוֹת לְאִישׁ אַל בְּנֹתַי כִּי־מַר־לִי מְאֹד
מִכֶּם כִּי־יָצְאָה בִי יַד־יְהוָה׃ **יד** וַתִּשֶּׂנָה קוֹלָן וַתִּבְכֶּינָה עוֹד וַתִּשַּׁק עָרְפָּה לַחֲמוֹתָהּ וְרוּת
דָּבְקָה בָּהּ׃ **טו** וַתֹּאמֶר הִנֵּה שָׁבָה יְבִמְתֵּךְ אֶל־עַמָּהּ וְאֶל־אֱלֹהֶיהָ שׁוּבִי אַחֲרֵי יְבִמְתֵּךְ׃ **טז**
וַתֹּאמֶר רוּת אַל־תִּפְגְּעִי־בִי לְעָזְבֵךְ לָשׁוּב מֵאַחֲרָיִךְ כִּי אֶל־אֲשֶׁר תֵּלְכִי אֵלֵךְ וּבַאֲשֶׁר
תָּלִינִי אָלִין עַמֵּךְ עַמִּי וֵאלֹהַיִךְ אֱלֹהָי׃ **יז** בַּאֲשֶׁר תָּמוּתִי אָמוּת וְשָׁם אֶקָּבֵר כֹּה יַעֲשֶׂה יְהוָה
לִי וְכֹה יֹסִיף כִּי הַמָּוֶת יַפְרִיד בֵּינִי וּבֵינֵךְ׃

27 본문 중 '괄호'표시는 '크레'를 나타내며 오른쪽 옆에 모음 없이 자음표시만 되어 있는 것은 '크티브'이다. '크티브'와 '크레'에 대해서는 2.4항을 보라.

> א וַיְהִי בִּימֵי שְׁפֹט הַשֹּׁפְטִים וַיְהִי רָעָב בָּאָרֶץ וַיֵּלֶךְ אִישׁ מִבֵּית לֶחֶם יְהוּדָה לָגוּר
> בִּשְׂדֵי מוֹאָב הוּא וְאִשְׁתּוֹ וּשְׁנֵי בָנָיו׃

1. 음역

- 바예히 비메이 슈포트 하쇼프팀 바예히 라아브 바아레쯔. 바옐레흐 이쉬 미베이트 레헴 예후다 라구르 비쓰데이 모아브 후 베이슈토 우슈네이 바나브.

2. 형태론적 분석

וַיְהִי 바예히 – 동사, 칼, 바브전환 접두동사, 3인칭 남성단수, 기본형 '**היה**': 이곳의 '바예히'는 '이다', '있다', '되다'의 뜻 중 하나가 아닌 시간 표현에서 사용되는 특수용법으로 '-할 때'로 해석한다.

בִּימֵי 비메이 – 전치사+명사, 남성복수, 연계형: -의 날들에

שְׁפֹט 슈포트 – 동사, 칼, 부정사, 기본형 '**שׁפט**': 재판하는/다스리는

הַשֹּׁפְטִים 하쇼프팀 – 정관사+동사, 칼, 분사, 남성복수, 기본형 '**שׁפט**': 재판하는 자들/다스리는 자들

וַיְהִי 바예히 – 동사, 칼, 바브전환 접두동사, 3인칭 남성단수, 기본형 '**היה**': (그것이) 있었다.

רָעָב 라아브 – 명사, 남성단수: 기근

בָּאָרֶץ 바아레쯔 – 전치사+정관사+명사, 여성단수: 그 땅에(는)

וַיֵּלֶךְ 바옐레흐 – 동사, 칼, 바브전환 접두동사, 3인칭 남성단수, 기본형 '**הלך**': (그가) 갔다.

אִישׁ 이쉬 – 명사, 남성단수: 사람

מִבֵּית לֶחֶם 미베이트 레헴 – 전치사+고유명사: 베들레헴에서(부터)

יְהוּדָה 예후다 –고유명사: 유다

לָגוּר 라구르 – 전치사+동사, 칼, 부정사, 기본형 '**גור**': 살기위해

בִּשְׂדֵ֣י 비쓰데이 - 전치사+명사, 남성복수연계형: ~의 지역들에(서)

מוֹאָ֔ב 모아브 - 고유명사: 모압

ה֖וּא 후 – 인칭대명사, 3인칭 남성단수: 그

וְאִשְׁתּ֥וֹ 베이슈토 – 접속사+명사, 여성단수연계형+접미사 3인칭 남성단수: 그리고 그의 아내

וּשְׁנֵ֥י 우슈네이 – 접속사+수사남성연계형: 그리고 둘

בָנָֽיו 바나브 – 명사, 남성복수연계형+접미사 3인칭 남성단수: 그의 아들들

3. 통사론적 분석

3.1 액센트 분석

〈전반부〉

וַיְהִ֥י רָעָ֖ב בָּאָ֑רֶץ	וַיְהִ֗י בִּימֵי֙ שְׁפֹ֣ט הַשֹּׁפְטִ֔ים
A-2: 그 땅에 기근이 있었다.	A-1: 재판하는/다스리는 자들의 재판하는/다스리는날들에

〈후반부〉

ה֥וּא וְאִשְׁתּ֖וֹ וּשְׁנֵ֥י בָנָֽיו׃	וַיֵּ֨לֶךְ אִ֜ישׁ מִבֵּ֧ית לֶ֣חֶם יְהוּדָ֗ה לָגוּר֙ בִּשְׂדֵ֣י מוֹאָ֔ב
B-2: 그와 그의 아내와 그의 두 아들들이	B-1: (한) 사람이 모압 지역들에서 살기 위해 유다 베들레헴에서부터 갔다.

액센트 분석에서 B-1 부분이 가장 길고 "유다 베들레헴에서부터"가 "(한) 사람"을 수식하는지 혹은 "(그가) 갔다"를 수식하는지 불분명하므로 B-1 부분만 다시 세부적으로 나누어 보면 다음과 같다.

לָגוּר בִּשְׂדֵי מוֹאָב	מִבֵּית לֶחֶם יְהוּדָה	וַיֵּלֶךְ אִישׁ
B-1.2: 모압 지역들에서 살기위해	B-1.22: 유다 베들레헴에서부터	B-1.21: (한) 사람이 갔다

액센트 분석에 따르면 "유다 베들레헴에서부터의 (한) 사람", 즉 "유다 베들레헴 출신의 (한) 사람"이 아니라 (한) 사람이 유다 베들레헴에서부터 모압 지역들로 갔음을 가리키고 있다.

3.2 통사요소 분석

בָּאָרֶץ	רָעָב	וַיְהִי	הַשֹּׁפְטִים	שְׁפֹט	בִּימֵי	וַיְהִי
부사어 〈그 땅에〉	주어 〈기근이〉	술어 〈있었다〉	부사어 〈재판하는/다스리는 자들의 재판하는/다스리는 날들에〉			

첫 문장에서는 "다스리는 자들의 다스리는 날들에"라는 긴 부사어가 문장 앞에 위치하여 정상적인 문장에서 벗어나 있다. 히브리어 동사문장("있다", "되다"의 뜻을 가지는 "하야문장"을 포함)에서 가장 정상적인 문장은 술어가 문두에 위치하는 것이다. 술어가 문두에 오는 경우에는 정해진 어순이 없으나 술어 바로 뒤에 주어가 오는 경우가 가장 많다. 목적어와 부사어의 순서는 정해진 것이 없다. 부사어 내에서도 장소를 표현하는 부사어, 시간을 표현하는 부사어, 원인이나 목적을 나타내는 부사어 등의 성격도 어순에 영향을 미치지 않는다. 가장 중요한 것은 통사요소의 길이이다. 일반적으로 짧은 요소가 앞에 위치하고 긴 요소가 뒤에 위치한다. 두 개 이상의 주어가 올 경우도 마찬가지이다. 그러므로 "다스리는 자들의 다스리는 날들에"라는 긴 부사어가 문장 앞에 위치한 것은 히브리어에서 매우 부자연스러운 문장이라 할 수 있다. 특히 이 부사어가 룻기서 가장 초두에 위치한

것은 룻기서의 배경이 “사사시대”임을 부각시키려는 의도가 있음을 알 수 있다.

הוּא וְאִשְׁתּוֹ וּשְׁנֵי בָנָיו	לָגוּר בִּשְׂדֵי מוֹאָב	מִבֵּית לֶחֶם יְהוּדָה	אִישׁ	וַיֵּלֶךְ
주어 〈그와 그의 아내와 그의 두 아들들이〉	부사어 〈모압 지역들에서 살기위해〉	부사어 〈유다 베들레헴에서 부터〉	주어 〈(한) 사람이〉	술어 〈갔다〉

이 문장은 술어가 문두에 위치해 있으므로 정상적인 문장이라 할 수 있다. 그런데 주어가 둘로 쪼개져서 하나는 술어 바로 뒤에 위치하였지만 또 다른 주어는 문장의 끝으로 이동했다. 이것은 히브리어에서 통사요소의 길이가 문장의 위치에 큰 영향을 미친다는 것을 말해주는 것이다. 만일 길이가 큰 영향을 미치지 않는다면 “(한) 사람과 그의 아내와 그의 두 아들들이”라는 주어가 술어 바로 뒤에 배치되었을 것이다. 그러나 주어는 네 어절이고 장소를 나타내는 부사어와 목적을 나타내는 부사어가 각각 세 개의 어절로 구성되어 있기 때문에 가장 긴 어절을 소유한 주어를 문장이 어색해짐에도 불구하고 문장의 끝으로 이동시킨 것이다. 또한 “그와 그의 아내와 그의 두 아들들”을 B-2 그룹에 묶고 “(한) 사람이 모압 지역들에서 살기 위해 유다 베들레헴에서부터 갔다”를 B-1 그룹에 묶은 것을 보면 유다 베들레헴에서부터 모압 지역들로 간 사람들인 “그와 그의 아내와 그의 두 아들”에 어느 정도의 무게를 실어주기 위한 의도임을 알 수 있다.

4. 텍스트 언어학적 분석

본 절은 두 개의 문장으로 구성되어 있다.

(1) 첫 번째 문장

וַיְהִי בִּימֵי שְׁפֹט הַשֹּׁפְטִים וַיְהִי רָעָב בָּאָרֶץ

다스리는 자들의 다스리는 날들에 그 땅에 기근이 있었다.

- 이 문장은 산문체이며 서술체이며 하야문장이지만 "있다"의 뜻을 가진 하야문장이므로 동사문장과 성격을 같이 한다. 또한 서술체를 이끌어가는 주된 동사형태인 '바브전환법 접두동사'를 갖고 있다. 따라서 이 문장은 문장에서 삭제해서는 안되는 "주흐름"이며 "연속"이다. "다스리는 자들의 다스리는 날들" 즉, "사사시대"가 시대적인 배경이며, 룻기서는 완전히 새로운 스토리로 진행되는 것이 아닌 "사사기"와 어떤 연관성을 가진 연속선상에서의 스토리임을 보여주는 것이다. '바브전환법 접두동사'는 대개 주흐름으로 구성된 바로 앞 문장과만 "연속" 관계에 놓여 있지만 책의 처음에 나올 때는 그 이전 책과의 연속선상에서 보아야 한다.

(2) 두 번째 문장

וַיֵּלֶךְ אִישׁ מִבֵּית לֶחֶם יְהוּדָה לָגוּר בִּשְׂדֵי מוֹאָב הוּא וְאִשְׁתּוֹ וּשְׁנֵי בָנָיו׃

(한) 사람이 그의 아내와 그의 두 아들과 함께 모압 지역들에서 살기 위해 유다 베들레헴에서부터 갔다.

- 이 문장은 산문체, 서술체, 동사문장이다. 서술체를 이끌어 가는 주된 동사형태인 '바브전환법 접두동사'를 갖고 있다. 가장 전형적인 문장이라 할 수 있다. 따라서 "주흐름"이며 "연속"을 나타내는 문장이다. 이 문장은 바로 전 문장인 "기근이 있었다"의 연속적인 행동으로 "갔다"로 연결된다. 그러므로 한 사람이 가족과 함께 베들레헴에서 모압 지역으로 간 행동은 기근이 있었기 때문으로 이해할 수 있다.

ב וְשֵׁם הָאִישׁ אֱלִימֶלֶךְ וְשֵׁם אִשְׁתּוֹ נָעֳמִי וְשֵׁם שְׁנֵי־בָנָיו ׀ מַחְלוֹן וְכִלְיוֹן אֶפְרָתִים
מִבֵּית לֶחֶם יְהוּדָה וַיָּבֹאוּ שְׂדֵי־מוֹאָב וַיִּהְיוּ־שָׁם׃

וַיָּבֹאוּ 기본형 **בוא**(오다)의 Qal 접두동사 3인칭 남성복수 바브전환법

וַיִּהְיוּ 기본형 **היה**의 Qal 접두동사 3인칭 남성복수 비브전환법

ג וַיָּ֥מָת אֱלִימֶ֖לֶךְ אִ֣ישׁ נָעֳמִ֑י וַתִּשָּׁאֵ֥ר הִ֖יא וּשְׁנֵ֥י בָנֶֽיהָ׃

וַיָּמָת 기본형 **מות**(죽다)의 Qal 접두동사 3인칭 남성단수 바브전환법

וַתִּשָּׁאֵר 기본형 **שׁאר**(남다)의 Niphal 접두동사 3인칭 여성단수 바브전환법

בָנֶיהָ 그녀의 아들들

ד וַיִּשְׂא֣וּ לָהֶ֗ם נָשִׁים֙ מֹֽאֲבִיּ֔וֹת שֵׁ֤ם הָֽאַחַת֙ עָרְפָּ֔ה וְשֵׁ֥ם הַשֵּׁנִ֖ית ר֑וּת וַיֵּ֥שְׁבוּ שָׁ֖ם כְּעֶ֥שֶׂר שָׁנִֽים׃

וַיִּשְׂאוּ 기본형 **נשׂא**(들어올리다, 취하다)의 Qal 접두동사 3인칭 남성복수 바브전환법, **וַיֵּשְׁבוּ** 기본형 **ישׁב**(앉다, 거주하다)의 Qal 접두동사 3인칭 남성복수 바브전환법, **כְּ** 약

ה וַיָּמֻ֥תוּ גַם־שְׁנֵיהֶ֖ם מַחְל֣וֹן וְכִלְי֑וֹן וַתִּשָּׁאֵר֙ הָֽאִשָּׁ֔ה מִשְּׁנֵ֥י יְלָדֶ֖יהָ וּמֵאִישָֽׁהּ׃

וַיָּמֻתוּ 기본형 **מות**의 Qal 접두동사 3인칭 남성복수 바브전환법

ו וַתָּ֤קָם הִיא֙ וְכַלֹּתֶ֔יהָ וַתָּ֖שָׁב מִשְּׂדֵ֣י מוֹאָ֑ב כִּ֤י שָֽׁמְעָה֙ בִּשְׂדֵ֣ה מוֹאָ֔ב כִּֽי־פָקַ֤ד יְהוָה֙ אֶת־עַמּ֔וֹ לָתֵ֥ת לָהֶ֖ם לָֽחֶם׃

וַתָּקָם 기본형 **קום**(일어나다)의 Qal 접두동사 3인칭 여성단수 바브전환법, **כַּלָּה** 며느리, **וַתָּשָׁב** 기본형 **שׁוב**(돌아가다, 돌아오다)의 Qal 접두동사 3인칭 여성단수 바브전환법, **שָׁמְעָה** 기본형 **שׁמע**(듣다)의 Qal 접미동사 3인칭 여성단수, **פָּקַד** 감찰하다, **לָתֵת** 전치사(**ל**)+기본형 **נתן**(주다)의 Qal 부정사 연계형

ז וַתֵּצֵ֗א מִן־הַמָּקוֹם֙ אֲשֶׁ֣ר הָיְתָה־שָׁ֔מָּה וּשְׁתֵּ֥י כַלֹּתֶ֖יהָ עִמָּ֑הּ וַתֵּלַ֣כְנָה בַדֶּ֔רֶךְ לָשׁ֖וּב

אֶל־אֶ֥רֶץ יְהוּדָֽה׃

וַתֵּצֵא 기본형 **יצא**(나가다)의 Qal 접두동사 3인칭 여성단수 바브전환법

הָיְתָה 기본형 **היה**의 Qal 접미동사 3인칭 여성단수

וַתֵּלַכְנָה 기본형 **הלך**(가다)의 Qal 접두동사 3인칭 여성복수 바브전환법

לָשׁוּב 전치사(ל)+기본형 **שׁוב**의 Qal 부정사 연계형

ח וַתֹּ֤אמֶר נָעֳמִי֙ לִשְׁתֵּ֣י כַלֹּתֶ֔יהָ לֵ֣כְנָה שֹּׁ֔בְנָה אִשָּׁ֖ה לְבֵ֣ית אִמָּ֑הּ יעשה (יַ֣עַשׂ) יְהוָ֤ה עִמָּכֶם֙ חֶ֔סֶד כַּאֲשֶׁ֧ר עֲשִׂיתֶ֛ם עִם־הַמֵּתִ֖ים וְעִמָּדִֽי׃

וַתֹּאמֶר 기본형 **אמר**(말하다)의 Qal 접두동사 3인칭 여성단수 바브전환법

לֵכְנָה 기본형 **הלך**의 Qal 명령형 2인칭 여성복수, **שֹּׁבְנָה** 기본형 **שׁוב**의 Qal 명령형 2인칭 여성복수, **אִשָּׁה** 여기서는 '각각'의 뜻, **יַעֲשֶׂה** 기본형 **עשׂה**(행하다)의 Qal 접두동사 3인칭 남성단수, **עֲשִׂיתֶם** 기본형 **עשׂה**의 Qal 접미동사 2인칭 남성복수, **מֵתִים** 기본형 **מות**(죽다)의 Qal 분사 남성복수, **עִמָּד** –함께

ט יִתֵּ֤ן יְהוָה֙ לָכֶ֔ם וּמְצֶ֣אןָ מְנוּחָ֔ה אִשָּׁ֖ה בֵּ֣ית אִישָׁ֑הּ וַתִּשַּׁ֣ק לָהֶ֔ן וַתִּשֶּׂ֥אנָה קוֹלָ֖ן וַתִּבְכֶּֽינָה׃

יִתֵּן 기본형 **נתן**(주다)의 Qal 접두동사 3인칭 남성단수, **מְצֶאןָ** 기본형 **מצא**(발견하다)의 Qal 명령형 여성복수 단어 끝에 ה가 생략된 형태, **מְנוּחָה** 쉼,

וַתִּשַּׁק 기본형 **נשׁק**(입맞추다)의 Qal 접두동사 3인칭 여성단수 바브전환법

וַתִּשֶּׂאנָה 기본형 **נשׂא**의 Qal 접두동사 3인칭 여성복수 바브전환법

וַתִּבְכֶּינָה 기본형 **בכה**(울다)의 Qal 접두동사 3인칭 여성복수 바브전환법

י וַתֹּאמַרְנָה־לָּהּ כִּי־אִתָּךְ נָשׁוּב לְעַמֵּךְ׃

וַתֹּאמַרְנָה 기본형 **אמר**의 Qal 접두동사 3인칭 여성복수 바브전환법

נָשׁוּב 기본형 **שׁוב**의 Qal 접두동사 1인칭 복수

יא וַתֹּאמֶר נָעֳמִי שֹׁבְנָה בְנֹתַי לָמָּה תֵלַכְנָה עִמִּי הַעוֹד־לִי בָנִים בְּמֵעַי וְהָיוּ לָכֶם
לַאֲנָשִׁים׃

תֵלַכְנָה 기본형 **הלךְ**의 Qal 접두동사 2인칭 여성복수

עוֹד 여전히, 또한 **מֵעֶה** 배

וְהָיוּ 기본형 **היה**의 Qal 접미동사 3인칭 복수 바브전환법

יב שֹׁבְנָה בְנֹתַי לֵכְןָ כִּי זָקַנְתִּי מִהְיוֹת לְאִישׁ כִּי אָמַרְתִּי יֶשׁ־לִי תִקְוָה גַּם הָיִיתִי
הַלַּיְלָה לְאִישׁ וְגַם יָלַדְתִּי בָנִים׃

לֵכְןָ 기본형 **הלךְ**의 Qal 명령형 2인칭 여성복수 단어 끝에 **ה**가 생략된형태

זָקַנְתִּי 기본형 **זקן**(늙다)의 Qal 접미동사 1인칭 단수

מִהְיוֹת 전치사 **מ**+기본형 **היה**의 Qal 부정사 연계형

אָמַרְתִּי 기본형 **אמר**의 Qal 접미동사 1인칭 단수, **תִקְוָה** 소망

הָיִיתִי 기본형 **היה**의 Qal 접미동사 1인칭 단수

יָלַדְתִּי 기본형 **ילד**(낳다)의 Qal 접미동사 1인칭 단수

יג הֲלָהֵן ׀ תְּשַׂבֵּרְנָה עַד אֲשֶׁר יִגְדָּלוּ הֲלָהֵן תֵּעָגֵנָה לְבִלְתִּי הֱיוֹת לְאִישׁ אַל בְּנֹתַי
כִּי־מַר־לִי מְאֹד מִכֶּם כִּי־יָצְאָה בִי יַד־יְהוָה׃

תְּשַׁבֵּרְנָה 기본형 **שׁבר**(기다리다)의 Piel 접두동사 2인칭 여성복수
יִגְדָּלוּ 기본형 **גדל**(자라다)의 Qal 접두동사 3인칭 남성단수
תֵּעָגֵנָה 기본형 **עגן**(닫다)의 Niphal 접두동사 2인칭 여성복수, **בִּלְתִּי** -없이, 않고,
מַר 쓴, 괴로운, **יָצְאָה** 기본형 **יצא**의 Qal 접미동사 3인칭 여성단수

יד וַתִּשֶּׂנָה קוֹלָן וַתִּבְכֶּינָה עוֹד וַתִּשַּׁק עָרְפָּה לַחֲמוֹתָהּ וְרוּת דָּבְקָה בָּהּ׃

וַתִּשֶּׂנָה 기본형 **נשׂא**의 Qal 접두동사 3인칭 여성복수 바브전환법, **א**이 생략된 형태
חָמוֹת 시어머니, **דָּבְקָה** 기본형 **דבק**(붙다, 따라가다) Qal 접미동사 3인칭 여성단수

טו וַתֹּאמֶר הִנֵּה שָׁבָה יְבִמְתֵּךְ אֶל־עַמָּהּ וְאֶל־אֱלֹהֶיהָ שׁוּבִי אַחֲרֵי יְבִמְתֵּךְ׃

שָׁבָה 기본형 **שׁוב**의 Qal 접미동사 3인칭 여성단수
שׁוּבִי 기본형 **שׁוב**의 Qal 명령형 2인칭 여성단수, **יְבָמָה** 동서

טז וַתֹּאמֶר רוּת אַל־תִּפְגְּעִי־בִי לְעָזְבֵךְ לָשׁוּב מֵאַחֲרָיִךְ כִּי אֶל־אֲשֶׁר תֵּלְכִי אֵלֵךְ
וּבַאֲשֶׁר תָּלִינִי אָלִין עַמֵּךְ עַמִּי וֵאלֹהַיִךְ אֱלֹהָי׃

תִּפְגְּעִי 기본형 **פגע**(압박하다, 상처주다)의 Qal 접두동사 2인칭 여성단수
עָזַב 떠나다, **תֵּלְכִי** 기본형 **הלך**의 Qal 접두동사 2인칭 여성단수
אֵלֵךְ 기본형 **הלךְ**의 Qal 접두동사 1인칭 단수
תָּלִינִי 기본형 **לין**(투숙하다)의 Qal 접두동사 2인칭 여성단수
אָלִין 기본형 **לין**의 Qal 접두동사 1인칭 단수

יז בַּאֲשֶׁר תָּמוּתִי אָמוּת וְשָׁם אֶקָּבֵר כֹּה יַעֲשֶׂה יְהוָה לִי וְכֹה יוֹסִיף כִּי הַמָּוֶת יַפְרִיד

בֵּינִי וּבֵינֶךָ:

תָּמוּתִי 기본형 מוּת의 Qal 접두동사 2인칭 여성단수

אָמוּת 기본형 מוּת의 Qal 1인칭 단수

אֶקָּבֵר 기본형 קבר(묻다)의 Niphal 접두동사 1인칭 단수, כֹּה 이렇게

יֹסִיף 기본형 יסף(더하다)의 Hiphil 접두동사 3인칭 남성단수, מָוֶת 죽음

יַפְרִיד 기본형 פרד(나누다)의 Hiphil 접두동사 3인칭 남성단수

2. 요나 1장 1-16절

א וַיְהִי דְּבַר־יְהוָה אֶל־יוֹנָה בֶן־אֲמִתַּי לֵאמֹר׃ ב קוּם לֵךְ אֶל־נִינְוֵה הָעִיר הַגְּדוֹלָה
וּקְרָא עָלֶיהָ כִּי־עָלְתָה רָעָתָם לְפָנָי׃ ג וַיָּקָם יוֹנָה לִבְרֹחַ תַּרְשִׁישָׁה מִלִּפְנֵי יְהוָה וַיֵּרֶד יָפוֹ
וַיִּמְצָא אֳנִיָּה ׀ בָּאָה תַרְשִׁישׁ וַיִּתֵּן שְׂכָרָהּ וַיֵּרֶד בָּהּ לָבוֹא עִמָּהֶם תַּרְשִׁישָׁה מִלִּפְנֵי יְהוָה׃ ד
וַיהוָה הֵטִיל רוּחַ־גְּדוֹלָה אֶל־הַיָּם וַיְהִי סַעַר־גָּדוֹל בַּיָּם וְהָאֳנִיָּה חִשְּׁבָה לְהִשָּׁבֵר׃ ה
וַיִּירְאוּ הַמַּלָּחִים וַיִּזְעֲקוּ אִישׁ אֶל־אֱלֹהָיו וַיָּטִלוּ אֶת־הַכֵּלִים אֲשֶׁר בָּאֳנִיָּה אֶל־הַיָּם לְהָקֵל
מֵעֲלֵיהֶם וְיוֹנָה יָרַד אֶל־יַרְכְּתֵי הַסְּפִינָה וַיִּשְׁכַּב וַיֵּרָדַם׃ ו וַיִּקְרַב אֵלָיו רַב הַחֹבֵל וַיֹּאמֶר
לוֹ מַה־לְּךָ נִרְדָּם קוּם קְרָא אֶל־אֱלֹהֶיךָ אוּלַי יִתְעַשֵּׁת הָאֱלֹהִים לָנוּ וְלֹא נֹאבֵד׃ ז וַיֹּאמְרוּ
אִישׁ אֶל־רֵעֵהוּ לְכוּ וְנַפִּילָה גוֹרָלוֹת וְנֵדְעָה בְּשֶׁלְּמִי הָרָעָה הַזֹּאת לָנוּ וַיַּפִּלוּ גּוֹרָלוֹת וַיִּפֹּל
הַגּוֹרָל עַל־יוֹנָה׃ ח וַיֹּאמְרוּ אֵלָיו הַגִּידָה־נָּא לָנוּ בַּאֲשֶׁר לְמִי־הָרָעָה הַזֹּאת לָנוּ
מַה־מְּלַאכְתְּךָ וּמֵאַיִן תָּבוֹא מָה אַרְצֶךָ וְאֵי־מִזֶּה עַם אָתָּה׃ ט וַיֹּאמֶר אֲלֵיהֶם עִבְרִי אָנֹכִי
וְאֶת־יְהוָה אֱלֹהֵי הַשָּׁמַיִם אֲנִי יָרֵא אֲשֶׁר־עָשָׂה אֶת־הַיָּם וְאֶת־הַיַּבָּשָׁה׃ י וַיִּירְאוּ הָאֲנָשִׁים
יִרְאָה גְדוֹלָה וַיֹּאמְרוּ אֵלָיו מַה־זֹּאת עָשִׂיתָ כִּי־יָדְעוּ הָאֲנָשִׁים כִּי־מִלִּפְנֵי יְהוָה הוּא בֹרֵחַ
כִּי הִגִּיד לָהֶם׃ יא וַיֹּאמְרוּ אֵלָיו מַה־נַּעֲשֶׂה לָּךְ וְיִשְׁתֹּק הַיָּם מֵעָלֵינוּ כִּי הַיָּם הוֹלֵךְ וְסֹעֵר׃
יב וַיֹּאמֶר אֲלֵיהֶם שָׂאוּנִי וַהֲטִילֻנִי אֶל־הַיָּם וְיִשְׁתֹּק הַיָּם מֵעֲלֵיכֶם כִּי יוֹדֵעַ אָנִי כִּי בְשֶׁלִּי
הַסַּעַר הַגָּדוֹל הַזֶּה עֲלֵיכֶם׃ יג וַיַּחְתְּרוּ הָאֲנָשִׁים לְהָשִׁיב אֶל־הַיַּבָּשָׁה וְלֹא יָכֹלוּ כִּי הַיָּם
הוֹלֵךְ וְסֹעֵר עֲלֵיהֶם׃ יד וַיִּקְרְאוּ אֶל־יְהוָה וַיֹּאמְרוּ אָנָּה יְהוָה אַל־נָא נֹאבְדָה בְּנֶפֶשׁ הָאִישׁ
הַזֶּה וְאַל־תִּתֵּן עָלֵינוּ דָּם נָקִיא כִּי־אַתָּה יְהוָה כַּאֲשֶׁר חָפַצְתָּ עָשִׂיתָ׃ טו וַיִּשְׂאוּ אֶת־יוֹנָה
וַיְטִלֻהוּ אֶל־הַיָּם וַיַּעֲמֹד הַיָּם מִזַּעְפּוֹ׃ טז וַיִּירְאוּ הָאֲנָשִׁים יִרְאָה גְדוֹלָה אֶת־יְהוָה
וַיִּזְבְּחוּ־זֶבַח לַיהוָה וַיִּדְּרוּ נְדָרִים׃

1절 וַיְהִי הָיָה(이다, 있다)의 바브전환법, דָּבָר 말씀, אֶל -에게

2절 קוּם 일어나다, הָלַךְ 가다, עִיר 도시, גָּדוֹל 큰, קָרָא 읽다, 부르다, עַל -위에, 대하여, 대항하여, כִּי 왜냐하면, 관계대명사, 강조용법, עָלָה 올라가다, רָעָה 악, לִפְנֵי -앞에

3절 בָּרַח 도망가다, יָרַד 내려가다, מָצָא 발견하다, אֳנִיָּה 배, בּוֹא 오다, 가다, נָתַן 주다, שָׂכָר 삯, עִם -와 함께

4절 טוּל 던지다(hi.), רוּחַ 바람, 영, יָם 바다, סַעַר 폭풍, חָשַׁב 생각하다, 간주하다, שָׁבַר 깨뜨리다, 부수다

5절 יָרֵא 두려워하다, מַלָּח 선원, זָעַק 부르짖다, אִישׁ 남자, 각각, כְּלִי 기구, 용기, קָלַל 가볍다, 시시하다, יְרֵכָה 옆구리, 깊은 곳, סְפִינָה 선박, שָׁכַב 눕다, רָדַם 깊이 잠들다(ni.)

6절 קָרַב 가까이 가다, רַב 많은, 우두머리, חֹבֵל 선원, אוּלַי 혹시, עָשַׁת 생각하다, אָבַד 멸망하다, 죽다

7절 רֵעַ 친구, נָפַל 떨어지다, גּוֹרָל 제비, יָדַע 알다, בְּשֶׁלְּמִי 누구로인해

8절 נָגַד 말하다(hi.), מְלָאכָה 일, 직업, אַיִן 어디서, אֶרֶץ 땅, 나라, אֵי-מִזֶּה 어느, עַם 백성

9절 עִבְרִי 히브리인, שָׁמַיִם 하늘, עָשָׂה 만들다, 행하다, יַבָּשָׁה 마른 땅

10절 אֲנָשִׁים אִישׁ의 복수, יִרְאָה 두려움

11절 שָׁתַק 고요하다, 조용하다, סָעַר 폭풍이 불다, 격렬해지다

12절 נָשָׂה 들어올리다

13절 חָתַר 노를 젓다, שׁוּב 돌아가(오)다, יָכֹל 할 수 있다

14절 אָנָּא 제발, נֶפֶשׁ 생명, 목숨, דָּם 피, נָקִי 혹은 נָקִיא 깨끗한, 결백한, כַּאֲשֶׁר 처럼, 대로, חָפֵץ 기뻐하다

15절 עָמַד 서다, 머무르다, זַעַף 분노

16절 זָבַח 제물을 바치다, זֶבַח 제물, נָדַר 맹세하다, 서원하다, נֶדֶר 맹세, 서원

3. 창세기 22장 1-14절

א וַיְהִ֗י אַחַר֙ הַדְּבָרִ֣ים הָאֵ֔לֶּה וְהָ֣אֱלֹהִ֔ים נִסָּ֖ה אֶת־אַבְרָהָ֑ם וַיֹּ֣אמֶר אֵלָ֔יו אַבְרָהָ֖ם וַיֹּ֥אמֶר
הִנֵּֽנִי׃ ב וַיֹּ֡אמֶר קַח־נָ֠א אֶת־בִּנְךָ֨ אֶת־יְחִֽידְךָ֤ אֲשֶׁר־אָהַ֙בְתָּ֙ אֶת־יִצְחָ֔ק וְלֶךְ־לְךָ֔ אֶל־אֶ֖רֶץ
הַמֹּרִיָּ֑ה וְהַעֲלֵ֤הוּ שָׁם֙ לְעֹלָ֔ה עַ֚ל אַחַ֣ד הֶֽהָרִ֔ים אֲשֶׁ֖ר אֹמַ֥ר אֵלֶֽיךָ׃ ג וַיַּשְׁכֵּ֨ם אַבְרָהָ֜ם בַּבֹּ֗קֶר
וַֽיַּחֲבֹשׁ֙ אֶת־חֲמֹר֔וֹ וַיִּקַּ֞ח אֶת־שְׁנֵ֤י נְעָרָיו֙ אִתּ֔וֹ וְאֵ֖ת יִצְחָ֣ק בְּנ֑וֹ וַיְבַקַּע֙ עֲצֵ֣י עֹלָ֔ה וַיָּ֣קָם וַיֵּ֔לֶךְ
אֶל־הַמָּק֖וֹם אֲשֶׁר־אָֽמַר־ל֥וֹ הָאֱלֹהִֽים׃ ד בַּיּ֣וֹם הַשְּׁלִישִׁ֗י וַיִּשָּׂ֨א אַבְרָהָ֧ם אֶת־עֵינָ֛יו וַיַּ֥רְא
אֶת־הַמָּק֖וֹם מֵרָחֹֽק׃ ה וַיֹּ֨אמֶר אַבְרָהָ֜ם אֶל־נְעָרָ֗יו שְׁבוּ־לָכֶ֥ם פֹּה֙ עִֽם־הַחֲמ֔וֹר וַאֲנִ֣י וְהַנַּ֔עַר
נֵלְכָ֖ה עַד־כֹּ֑ה וְנִֽשְׁתַּחֲוֶ֖ה וְנָשׁ֥וּבָה אֲלֵיכֶֽם׃ ו וַיִּקַּ֨ח אַבְרָהָ֜ם אֶת־עֲצֵ֣י הָעֹלָ֗ה וַיָּ֙שֶׂם֙ עַל־יִצְחָ֣ק
בְּנ֔וֹ וַיִּקַּ֣ח בְּיָד֔וֹ אֶת־הָאֵ֖שׁ וְאֶת־הַֽמַּאֲכֶ֑לֶת וַיֵּלְכ֥וּ שְׁנֵיהֶ֖ם יַחְדָּֽו׃ ז וַיֹּ֨אמֶר יִצְחָ֜ק אֶל־אַבְרָהָ֤ם
אָבִיו֙ וַיֹּ֣אמֶר אָבִ֔י וַיֹּ֖אמֶר הִנֶּ֣נִּֽי בְנִ֑י וַיֹּ֗אמֶר הִנֵּ֤ה הָאֵשׁ֙ וְהָ֣עֵצִ֔ים וְאַיֵּ֥ה הַשֶּׂ֖ה לְעֹלָֽה׃ ח וַיֹּ֙אמֶר֙
אַבְרָהָ֔ם אֱלֹהִ֞ים יִרְאֶה־לּ֥וֹ הַשֶּׂ֛ה לְעֹלָ֖ה בְּנִ֑י וַיֵּלְכ֥וּ שְׁנֵיהֶ֖ם יַחְדָּֽו׃ ט וַיָּבֹ֗אוּ אֶֽל־הַמָּקוֹם֮
אֲשֶׁ֣ר אָֽמַר־ל֣וֹ הָאֱלֹהִים֒ וַיִּ֨בֶן שָׁ֤ם אַבְרָהָם֙ אֶת־הַמִּזְבֵּ֔חַ וַֽיַּעֲרֹ֖ךְ אֶת־הָעֵצִ֑ים וַֽיַּעֲקֹד֙
אֶת־יִצְחָ֣ק בְּנ֔וֹ וַיָּ֤שֶׂם אֹתוֹ֙ עַל־הַמִּזְבֵּ֔חַ מִמַּ֖עַל לָעֵצִֽים׃ י וַיִּשְׁלַ֤ח אַבְרָהָם֙ אֶת־יָד֔וֹ וַיִּקַּ֖ח
אֶת־הַֽמַּאֲכֶ֑לֶת לִשְׁחֹ֖ט אֶת־בְּנֽוֹ׃ יא וַיִּקְרָ֨א אֵלָ֜יו מַלְאַ֤ךְ יְהוָה֙ מִן־הַשָּׁמַ֔יִם וַיֹּ֖אמֶר אַבְרָהָ֣ם ׀
אַבְרָהָ֑ם וַיֹּ֖אמֶר הִנֵּֽנִי׃ יב וַיֹּ֗אמֶר אַל־תִּשְׁלַ֤ח יָֽדְךָ֙ אֶל־הַנַּ֔עַר וְאַל־תַּ֥עַשׂ ל֖וֹ מְא֑וּמָה כִּ֣י ׀
עַתָּ֣ה יָדַ֗עְתִּי כִּֽי־יְרֵ֤א אֱלֹהִים֙ אַ֔תָּה וְלֹ֥א חָשַׂ֛כְתָּ אֶת־בִּנְךָ֥ אֶת־יְחִידְךָ֖ מִמֶּֽנִּי׃ יג וַיִּשָּׂ֨א
אַבְרָהָ֜ם אֶת־עֵינָ֗יו וַיַּרְא֙ וְהִנֵּה־אַ֔יִל אַחַ֕ר נֶאֱחַ֥ז בַּסְּבַ֖ךְ בְּקַרְנָ֑יו וַיֵּ֤לֶךְ אַבְרָהָם֙ וַיִּקַּ֣ח
אֶת־הָאַ֔יִל וַיַּעֲלֵ֥הוּ לְעֹלָ֖ה תַּ֥חַת בְּנֽוֹ׃ יד וַיִּקְרָ֧א אַבְרָהָ֛ם שֵֽׁם־הַמָּק֥וֹם הַה֖וּא יְהוָ֣ה ׀ יִרְאֶ֑ה
אֲשֶׁר֙ יֵאָמֵ֣ר הַיּ֔וֹם בְּהַ֥ר יְהוָ֖ה יֵרָאֶֽה׃

1절 אַחַר 후에, 뒤에, נָסָה 시험하다, 시도하다(pi.), הֵן, הִנֵּה 자, 보라

2절 לָקַח 취하다, יָחִיד 유일한, אָהַב 사랑하다, עָלָה 올라가다, 바치다, עֹלָה 번제, אֶחָד 하나, הַר 산

3절 שָׁכַם 일찍일어나다(Hi.), חָבַשׁ 묶다, 안장을 지우다, חֲמוֹר 나귀, שְׁנֵי 둘의, נַעַר 소년, בָּקַע 쪼개다, עֵץ 나무, מָקוֹם 장소

4절 שְׁלִישִׁי 세 번째, נָשָׂא 들어올리다, עַיִן 눈, רָחוֹק 먼

5절 יָשַׁב 앉다, פֹּה 여기, כֹּה 이렇게, 그동안, שָׁחָה 절하다, 경배하다, שׁוּב 돌아오다

6절 שִׂים 두다, 놓다, אֵשׁ 불, מַאֲכֶלֶת 칼, יַחַד 함께

7절 אַיֵּה 어디에, שֶׂה 양, 어린양

9절 בָּנָה 짓다, 세우다, מִזְבֵּחַ 제단, עָרַךְ 정돈하다, 배열하다, עָקַד 묶다, 결박하다, מַעַל 위로, 위에

10절 שָׁלַח 보내다, שָׁחַט 도살하다, 죽이다

11절 קָרָא 부르다, 읽다, מַלְאָךְ 사자, 사신

12절 עָשָׂה 행하다, 만들다, מְאוּמָה 아무것도, עַתָּה 지금, 이제, יָדַע 알다, יָרֵא 두려워하다, חָשַׂךְ 막다, 억제하다

13절 אַיִל 수양, אָחַז 붙잡다, סְבָךְ 수풀, קֶרֶן 뿔, תַּחַת 아래, 대신에

14절 שֵׁם 이름

4. 에스더 6장 1-14절

א בַּלַּיְלָה הַהוּא נָדְדָה שְׁנַת הַמֶּלֶךְ וַיֹּאמֶר לְהָבִיא אֶת־סֵפֶר הַזִּכְרֹנוֹת דִּבְרֵי הַיָּמִים
וַיִּהְיוּ נִקְרָאִים לִפְנֵי הַמֶּלֶךְ׃ **ב** וַיִּמָּצֵא כָתוּב אֲשֶׁר הִגִּיד מָרְדֳּכַי עַל־בִּגְתָנָא וָתֶרֶשׁ שְׁנֵי
סָרִיסֵי הַמֶּלֶךְ מִשֹּׁמְרֵי הַסַּף אֲשֶׁר בִּקְשׁוּ לִשְׁלֹחַ יָד בַּמֶּלֶךְ אֲחַשְׁוֵרוֹשׁ׃ **ג** וַיֹּאמֶר הַמֶּלֶךְ
מַה־נַּעֲשָׂה יְקָר וּגְדוּלָּה לְמָרְדֳּכַי עַל־זֶה וַיֹּאמְרוּ נַעֲרֵי הַמֶּלֶךְ מְשָׁרְתָיו לֹא־נַעֲשָׂה עִמּוֹ
דָּבָר׃ **ד** וַיֹּאמֶר הַמֶּלֶךְ מִי בֶחָצֵר וְהָמָן בָּא לַחֲצַר בֵּית־הַמֶּלֶךְ הַחִיצוֹנָה לֵאמֹר לַמֶּלֶךְ
לִתְלוֹת אֶת־מָרְדֳּכַי עַל־הָעֵץ אֲשֶׁר־הֵכִין לוֹ׃ **ה** וַיֹּאמְרוּ נַעֲרֵי הַמֶּלֶךְ אֵלָיו הִנֵּה הָמָן עֹמֵד
בֶּחָצֵר וַיֹּאמֶר הַמֶּלֶךְ יָבוֹא׃ **ו** וַיָּבוֹא הָמָן וַיֹּאמֶר לוֹ הַמֶּלֶךְ מַה־לַעֲשׂוֹת בָּאִישׁ אֲשֶׁר הַמֶּלֶךְ
חָפֵץ בִּיקָרוֹ וַיֹּאמֶר הָמָן בְּלִבּוֹ לְמִי יַחְפֹּץ הַמֶּלֶךְ לַעֲשׂוֹת יְקָר יוֹתֵר מִמֶּנִּי׃ **ז** וַיֹּאמֶר הָמָן
אֶל־הַמֶּלֶךְ אִישׁ אֲשֶׁר הַמֶּלֶךְ חָפֵץ בִּיקָרוֹ׃ **ח** יָבִיאוּ לְבוּשׁ מַלְכוּת אֲשֶׁר לָבַשׁ־בּוֹ הַמֶּלֶךְ
וְסוּס אֲשֶׁר רָכַב עָלָיו הַמֶּלֶךְ וַאֲשֶׁר נִתַּן כֶּתֶר מַלְכוּת בְּרֹאשׁוֹ׃ **ט** וְנָתוֹן הַלְּבוּשׁ וְהַסּוּס
עַל־יַד־אִישׁ מִשָּׂרֵי הַמֶּלֶךְ הַפַּרְתְּמִים וְהִלְבִּישׁוּ אֶת־הָאִישׁ אֲשֶׁר הַמֶּלֶךְ חָפֵץ בִּיקָרוֹ
וְהִרְכִּיבֻהוּ עַל־הַסּוּס בִּרְחוֹב הָעִיר וְקָרְאוּ לְפָנָיו כָּכָה יֵעָשֶׂה לָאִישׁ אֲשֶׁר הַמֶּלֶךְ חָפֵץ
בִּיקָרוֹ׃ **י** וַיֹּאמֶר הַמֶּלֶךְ לְהָמָן מַהֵר קַח אֶת־הַלְּבוּשׁ וְאֶת־הַסּוּס כַּאֲשֶׁר דִּבַּרְתָּ וַעֲשֵׂה־כֵן
לְמָרְדֳּכַי הַיְּהוּדִי הַיּוֹשֵׁב בְּשַׁעַר הַמֶּלֶךְ אַל־תַּפֵּל דָּבָר מִכֹּל אֲשֶׁר דִּבַּרְתָּ׃ **יא** וַיִּקַּח הָמָן
אֶת־הַלְּבוּשׁ וְאֶת־הַסּוּס וַיַּלְבֵּשׁ אֶת־מָרְדֳּכָי וַיַּרְכִּיבֵהוּ בִּרְחוֹב הָעִיר וַיִּקְרָא לְפָנָיו כָּכָה
יֵעָשֶׂה לָאִישׁ אֲשֶׁר הַמֶּלֶךְ חָפֵץ בִּיקָרוֹ׃ **יב** וַיָּשָׁב מָרְדֳּכַי אֶל־שַׁעַר הַמֶּלֶךְ וְהָמָן נִדְחַף
אֶל־בֵּיתוֹ אָבֵל וַחֲפוּי רֹאשׁ׃ **יג** וַיְסַפֵּר הָמָן לְזֶרֶשׁ אִשְׁתּוֹ וּלְכָל־אֹהֲבָיו אֵת כָּל־אֲשֶׁר קָרָהוּ
וַיֹּאמְרוּ לוֹ חֲכָמָיו וְזֶרֶשׁ אִשְׁתּוֹ אִם מִזֶּרַע הַיְּהוּדִים מָרְדֳּכַי אֲשֶׁר הַחִלּוֹתָ לִנְפֹּל לְפָנָיו
לֹא־תוּכַל לוֹ כִּי־נָפוֹל תִּפּוֹל לְפָנָיו׃ **יד** עוֹדָם מְדַבְּרִים עִמּוֹ וְסָרִיסֵי הַמֶּלֶךְ הִגִּיעוּ וַיַּבְהִלוּ
לְהָבִיא אֶת־הָמָן אֶל־הַמִּשְׁתֶּה אֲשֶׁר־עָשְׂתָה אֶסְתֵּר׃

1절 נָדַד 떠나다, 도망하다, שֵׁנָה 잠, זִכְרוֹן 기억

2절 נָגַד 말하다(hi.), סָרִיס 관리, 내시, סַף 문지방, בָּקַשׁ 찾다

3절 יְקָר 존귀, גְּדוּלָּה 위대함

4절 חָצֵר 뜰, חִיצוֹן 외부의, תָּלָה 매달다, כּוּן 준비하다

6절 חָפֵץ 기뻐하다, יוֹתֵר 보다 더

8절 לְבוּשׁ 의복, לָבַשׁ 옷을 입다, רָכַב 타다, כֶּתֶר 왕관

9절 שַׂר 방백, פַּרְתַּם 귀족, רְחוֹב 거리, כָּכָה 그렇게

10절 מָהַר 서두르다, נָפַל 떨어지다

12절 שׁוּב 돌아오다, דָּחַף 서두르다, אָבֵל 슬퍼하는, חָפָה 덮다, 가리다

13절 קָרָה 일어나다, זֶרַע 씨, 자손, חָלַל 시작하다(hi.), יָכֹל 할 수 있다

14절 עוֹד 여전히, 아직, נָגַע 도달하다(hi.), בָּהַל 놀라다, 서두르다, מִשְׁתֶּה 잔치

5. 신명기 6장 1-9절[28]

א וְזֹאת הַמִּצְוָה הַחֻקִּים וְהַמִּשְׁפָּטִים אֲשֶׁר צִוָּה יְהוָה אֱלֹהֵיכֶם לְלַמֵּד אֶתְכֶם לַעֲשׂוֹת
בָּאָרֶץ אֲשֶׁר אַתֶּם עֹבְרִים שָׁמָּה לְרִשְׁתָּהּ׃ ב לְמַעַן תִּירָא אֶת־יְהוָה אֱלֹהֶיךָ לִשְׁמֹר
אֶת־כָּל־חֻקֹּתָיו וּמִצְוֺתָיו אֲשֶׁר אָנֹכִי מְצַוֶּךָ אַתָּה וּבִנְךָ וּבֶן־בִּנְךָ כֹּל יְמֵי חַיֶּיךָ וּלְמַעַן יַאֲרִכֻן
יָמֶיךָ׃ ג וְשָׁמַעְתָּ יִשְׂרָאֵל וְשָׁמַרְתָּ לַעֲשׂוֹת אֲשֶׁר יִיטַב לְךָ וַאֲשֶׁר תִּרְבּוּן מְאֹד כַּאֲשֶׁר דִּבֶּר
יְהוָה אֱלֹהֵי אֲבֹתֶיךָ לָךְ אֶרֶץ זָבַת חָלָב וּדְבָשׁ׃ {פ}

ד שְׁמַע יִשְׂרָאֵל יְהוָה אֱלֹהֵינוּ יְהוָה ׀ אֶחָד׃ ה וְאָהַבְתָּ אֵת יְהוָה אֱלֹהֶיךָ בְּכָל־לְבָבְךָ
וּבְכָל־נַפְשְׁךָ וּבְכָל־מְאֹדֶךָ׃ ו וְהָיוּ הַדְּבָרִים הָאֵלֶּה אֲשֶׁר אָנֹכִי מְצַוְּךָ הַיּוֹם עַל־לְבָבֶךָ׃ ז
וְשִׁנַּנְתָּם לְבָנֶיךָ וְדִבַּרְתָּ בָּם בְּשִׁבְתְּךָ בְּבֵיתֶךָ וּבְלֶכְתְּךָ בַדֶּרֶךְ וּבְשָׁכְבְּךָ וּבְקוּמֶךָ׃ ח
וּקְשַׁרְתָּם לְאוֹת עַל־יָדֶךָ וְהָיוּ לְטֹטָפֹת בֵּין עֵינֶיךָ׃ ט וּכְתַבְתָּם עַל־מְזֻזֹת בֵּיתֶךָ
וּבִשְׁעָרֶיךָ׃ {ס}

1절 **מִצְוָה** 명령, **חֹק** 규례, **מִשְׁפָּט** 재판, 법령, **צָוָה** 명령하다(pi.), **לָמַד** 배우다, 가르치다(pi.), **יָרַשׁ** 상속하다

2절 **חַי** 살아있는

3절 **יָטַב** 선하다, 좋다, **רָבַב** 많다, **זוּב** 흐르다, **חָלָב** 우유, **דְּבַשׁ** 꿀

5절 **לְבָב** 마음, **מְאֹד** 매우, 힘

7절 **שָׁנַן** 부지런히 가르치다(pi.), **שָׁכַב** 눕다

8절 **קָשַׁר** 묶다, **אוֹת** 표시, 징조, **טוֹטָפָה** 머리띠

9절 **מְזוּזָה** 문설주

---

28 3절과 9절 끝에 표시된 'פ'와 'ס'는 단락구분 표시로 'פ'(쁘투하)는 '열린 단락'(새로운 행으로 시작하는)을, 'ס'(쓰투마)는 '닫힌 단락'(같은 행에서 약간의 공간만 두는)을 뜻한다.

6. 여호수아 6장 1-21절

א וִֽירִיחוֹ֙ סֹגֶ֣רֶת וּמְסֻגֶּ֔רֶת מִפְּנֵ֖י בְּנֵ֣י יִשְׂרָאֵ֑ל אֵ֥ין יוֹצֵ֖א וְאֵ֥ין בָּֽא׃ {ס}
ב וַיֹּ֤אמֶר יְהוָה֙ אֶל־יְהוֹשֻׁ֔עַ רְאֵה֙ נָתַ֣תִּי בְיָדְךָ֔ אֶת־יְרִיח֖וֹ וְאֶת־מַלְכָּ֑הּ גִּבּוֹרֵ֖י הֶחָֽיִל׃ ג
וְסַבֹּתֶ֣ם אֶת־הָעִ֗יר כֹּ֚ל אַנְשֵׁ֣י הַמִּלְחָמָ֔ה הַקֵּ֥יף אֶת־הָעִ֖יר פַּ֣עַם אֶחָ֑ת כֹּ֥ה תַעֲשֶׂ֖ה שֵׁ֥שֶׁת יָמִֽים׃
ד וְשִׁבְעָ֣ה כֹהֲנִ֡ים יִשְׂאוּ֩ שִׁבְעָ֨ה שׁוֹפְר֤וֹת הַיּֽוֹבְלִים֙ לִפְנֵ֣י הָאָר֔וֹן וּבַיּוֹם֙ הַשְּׁבִיעִ֔י תָּסֹ֥בּוּ
אֶת־הָעִ֖יר שֶׁ֣בַע פְּעָמִ֑ים וְהַכֹּ֣הֲנִ֔ים יִתְקְע֖וּ בַּשּׁוֹפָרֽוֹת׃ ה וְהָיָ֞ה בִּמְשֹׁ֣ךְ ׀ בְּקֶ֣רֶן הַיּוֹבֵ֗ל
בשמעכם (כְּשָׁמְעֲכֶם֙) אֶת־ק֣וֹל הַשּׁוֹפָ֔ר יָרִ֥יעוּ כָל־הָעָ֖ם תְּרוּעָ֣ה גְדוֹלָ֑ה וְנָפְלָ֞ה חוֹמַ֤ת
הָעִיר֙ תַּחְתֶּ֔יהָ וְעָל֥וּ הָעָ֖ם אִ֥ישׁ נֶגְדּֽוֹ׃ ו וַיִּקְרָ֞א יְהוֹשֻׁ֤עַ בִּן־נוּן֙ אֶל־הַכֹּ֣הֲנִ֔ים וַיֹּ֣אמֶר אֲלֵהֶ֔ם
שְׂא֖וּ אֶת־אֲר֣וֹן הַבְּרִ֑ית וְשִׁבְעָ֣ה כֹהֲנִ֡ים יִשְׂאוּ֩ שִׁבְעָ֨ה שׁוֹפְר֤וֹת יֽוֹבְלִים֙ לִפְנֵ֖י אֲר֥וֹן יְהוָֽה׃ ז
ויאמרו (וַיֹּ֣אמֶר) אֶל־הָעָ֔ם עִבְר֖וּ וְסֹ֣בּוּ אֶת־הָעִ֑יר וְהֶ֣חָל֔וּץ יַעֲבֹ֕ר לִפְנֵ֖י אֲר֥וֹן יְהוָֽה׃ ח וַיְהִ֗י
כֶּֽאֱמֹ֣ר יְהוֹשֻׁעַ֮ אֶל־הָעָם֒ וְשִׁבְעָ֣ה הַכֹּהֲנִ֗ים נֹ֨שְׂאִ֜ים שִׁבְעָ֨ה שׁוֹפְר֤וֹת הַיּֽוֹבְלִים֙ לִפְנֵ֣י יְהוָ֔ה
עָֽבְר֖וּ וְתָקְע֣וּ בַּשּׁוֹפָר֑וֹת וַאֲרוֹן֙ בְּרִ֣ית יְהוָ֔ה הֹלֵ֖ךְ אַחֲרֵיהֶֽם׃ ט וְהֶֽחָלוּץ֙ הֹלֵ֔ךְ לִפְנֵי֙ הַכֹּ֣הֲנִ֔ים
תקעו (תֹּקְעֵ֖י) הַשּׁוֹפָר֑וֹת וְהַֽמְאַסֵּ֗ף הֹלֵךְ֙ אַחֲרֵ֣י הָאָר֔וֹן הָל֖וֹךְ וְתָק֥וֹעַ בַּשּׁוֹפָרֽוֹת׃ י
וְאֶת־הָעָ֨ם צִוָּ֤ה יְהוֹשֻׁ֙עַ֙ לֵאמֹ֔ר לֹ֣א תָרִ֗יעוּ וְֽלֹא־תַשְׁמִ֤יעוּ אֶת־קֽוֹלְכֶם֙ וְלֹא־יֵצֵ֥א מִפִּיכֶ֖ם דָּבָ֑ר
עַ֠ד י֣וֹם אָמְרִ֧י אֲלֵיכֶ֛ם הָרִ֖יעוּ וַהֲרִיעֹתֶֽם׃ יא וַיַּסֵּ֤ב אֲרוֹן־יְהוָה֙ אֶת־הָעִ֔יר הַקֵּ֖ף פַּ֣עַם אֶחָ֑ת
וַיָּבֹ֙אוּ֙ הַֽמַּחֲנֶ֔ה וַיָּלִ֖ינוּ בַּֽמַּחֲנֶֽה׃ {פ}

יב וַיַּשְׁכֵּ֥ם יְהוֹשֻׁ֖עַ בַּבֹּ֑קֶר וַיִּשְׂא֥וּ הַכֹּהֲנִ֖ים אֶת־אֲר֥וֹן יְהוָֽה׃ יג וְשִׁבְעָ֣ה הַכֹּהֲנִ֡ים נֹ֠שְׂאִים
שִׁבְעָ֞ה שׁוֹפְר֣וֹת הַיֹּבְלִ֗ים לִפְנֵי֙ אֲר֣וֹן יְהוָ֔ה הֹלְכִ֣ים הָל֔וֹךְ וְתָקְע֖וּ בַּשּׁוֹפָר֑וֹת וְהֶֽחָלוּץ֙ הֹלֵ֣ךְ
לִפְנֵיהֶ֔ם וְהַֽמְאַסֵּ֗ף הֹלֵךְ֙ אַחֲרֵי֙ אֲר֣וֹן יְהוָ֔ה הולך (הָל֖וֹךְ) וְתָק֥וֹעַ בַּשּׁוֹפָרֽוֹת׃ יד וַיָּסֹ֨בּוּ
אֶת־הָעִ֜יר בַּיּ֤וֹם הַשֵּׁנִי֙ פַּ֣עַם אַחַ֔ת וַיָּשֻׁ֖בוּ הַֽמַּחֲנֶ֑ה כֹּ֥ה עָשׂ֖וּ שֵׁ֥שֶׁת יָמִֽים׃ טו וַיְהִ֣י ׀ בַּיּ֣וֹם
הַשְּׁבִיעִ֗י וַיַּשְׁכִּ֙מוּ֙ כַּעֲל֣וֹת הַשַּׁ֔חַר וַיָּסֹ֧בּוּ אֶת־הָעִ֛יר כַּמִּשְׁפָּ֥ט הַזֶּ֖ה שֶׁ֣בַע פְּעָמִ֑ים רַ֚ק בַּיּ֣וֹם
הַה֔וּא סָבְב֥וּ אֶת־הָעִ֖יר שֶׁ֥בַע פְּעָמִֽים׃ טז וַיְהִי֙ בַּפַּ֣עַם הַשְּׁבִיעִ֔ית תָּקְע֥וּ הַכֹּהֲנִ֖ים בַּשּׁוֹפָר֑וֹת
וַיֹּ֨אמֶר יְהוֹשֻׁ֤עַ אֶל־הָעָם֙ הָרִ֔יעוּ כִּֽי־נָתַ֧ן יְהוָ֛ה לָכֶ֖ם אֶת־הָעִֽיר׃ יז וְֽהָיְתָ֨ה הָעִ֥יר חֵ֛רֶם הִ֥יא
וְכָל־אֲשֶׁר־בָּ֖הּ לַֽיהוָ֑ה רַ֞ק רָחָ֣ב הַזּוֹנָ֗ה תִּֽחְיֶ֞ה הִ֚יא וְכָל־אֲשֶׁ֣ר אִתָּ֣הּ בַּבַּ֔יִת כִּ֣י הֶחְבְּאַ֔תָה

אֶת־הַמַּלְאָכִ֖ים אֲשֶׁ֥ר שָׁלָֽחְנוּ׃ יח וְרַק־אַתֶּם֙ שִׁמְר֣וּ מִן־הַחֵ֔רֶם פֶּן־תַּחֲרִ֖ימוּ וּלְקַחְתֶּ֣ם
מִן־הַחֵ֑רֶם וְשַׂמְתֶּ֞ם אֶת־מַחֲנֵ֤ה יִשְׂרָאֵל֙ לְחֵ֔רֶם וַעֲכַרְתֶּ֖ם אוֹתֽוֹ׃ יט וְכֹ֣ל ׀ כֶּ֣סֶף וְזָהָ֗ב וּכְלֵ֤י
נְחֹ֙שֶׁת֙ וּבַרְזֶ֔ל קֹ֥דֶשׁ ה֖וּא לַֽיהוָ֑ה אוֹצַ֥ר יְהוָ֖ה יָבֽוֹא׃ כ וַיָּ֣רַע הָעָ֔ם וַֽיִּתְקְע֖וּ בַּשֹּֽׁפָר֑וֹת וַיְהִ֞י
כִשְׁמֹ֨עַ הָעָ֜ם אֶת־ק֣וֹל הַשּׁוֹפָ֗ר וַיָּרִ֤יעוּ הָעָם֙ תְּרוּעָ֣ה גְדוֹלָ֔ה וַתִּפֹּ֨ל הַחוֹמָ֜ה תַּחְתֶּ֗יהָ וַיַּ֨עַל
הָעָ֜ם הָעִ֗ירָה אִ֣ישׁ נֶגְדּ֔וֹ וַֽיִּלְכְּד֖וּ אֶת־הָעִֽיר׃ כא וַיַּחֲרִ֗ימוּ אֶת־כָּל־אֲשֶׁ֣ר בָּעִ֔יר מֵאִישׁ֙
וְעַד־אִשָּׁ֔ה מִנַּ֖עַר וְעַד־זָקֵ֑ן וְעַ֨ד שׁ֧וֹר וָשֶׂ֛ה וַחֲמ֖וֹר לְפִי־חָֽרֶב׃

1절 סָגַר 닫다

2절 גִּבּוֹר 용사, חַיִל 힘

3절 סָבַב 돌다, מִלְחָמָה 전쟁, נָקַף 에워싸다, פַּעַם 번(time)

4절 שֶׁבַע 일곱, שׁוֹפָר 수양의 뿔, 나팔, יוֹבֵל 수양의 뿔, אֲרוֹן 궤, תָּקַע 불다

5절 מָשַׁךְ 끌다, 불다, קֶרֶן 뿔, רוּעַ 외치다, תְּרוּעָה 외침, חוֹמָה 성벽, נֶגֶד 앞에, 맞은편에

7절 חָלַץ (전쟁을) 대비하다, 장비하다

9절 אָסַף 모으다, 후군으로 행진하다(pi.)

11절 מַחֲנֶה 진영, לִין 투숙하다

12절 שָׁכַם 일찍일어나다(hi.)

14절 שׁוּב 돌아오다

15절 שַׁחַר 새벽, מִשְׁפָּט 법령, 방식

17절 חֵרֶם 바쳐진(봉헌된) 것, זָנָה 매춘하다, חָיָה 살다, חָבָא 숨다, מַלְאָךְ 사신

18절 חָרַם 바치다, 전멸하다, שִׂים 두다, עָכַר 괴롭히다, 화를 끼치다

19절 כֶּסֶף 은, זָהָב 금, כְּלִי 기구, נְחֹשֶׁת 청동, בַּרְזֶל 철, אוֹצָר 보물

20절 נָפַל 떨어지다, לָכַד 점령하다

21절 שׁוֹר 소, שֶׂה 어린양, לְפִי – 으로, -에 따라, חֶרֶב 칼

7. 창세기 39장 1-23절

א וְיוֹסֵף הוּרַד מִצְרָיְמָה וַיִּקְנֵהוּ פּוֹטִיפַר סְרִיס פַּרְעֹה שַׂר הַטַּבָּחִים אִישׁ מִצְרִי מִיַּד
הַיִּשְׁמְעֵאלִים אֲשֶׁר הוֹרִדֻהוּ שָׁמָּה׃ **ב** וַיְהִי יְהוָה אֶת־יוֹסֵף וַיְהִי אִישׁ מַצְלִיחַ וַיְהִי בְּבֵית
אֲדֹנָיו הַמִּצְרִי׃ **ג** וַיַּרְא אֲדֹנָיו כִּי יְהוָה אִתּוֹ וְכֹל אֲשֶׁר־הוּא עֹשֶׂה יְהוָה מַצְלִיחַ בְּיָדוֹ׃ **ד**
וַיִּמְצָא יוֹסֵף חֵן בְּעֵינָיו וַיְשָׁרֶת אֹתוֹ וַיַּפְקִדֵהוּ עַל־בֵּיתוֹ וְכָל־יֶשׁ־לוֹ נָתַן בְּיָדוֹ׃ **ה** וַיְהִי מֵאָז
הִפְקִיד אֹתוֹ בְּבֵיתוֹ וְעַל כָּל־אֲשֶׁר יֶשׁ־לוֹ וַיְבָרֶךְ יְהוָה אֶת־בֵּית הַמִּצְרִי בִּגְלַל יוֹסֵף וַיְהִי
בִּרְכַּת יְהוָה בְּכָל־אֲשֶׁר יֶשׁ־לוֹ בַּבַּיִת וּבַשָּׂדֶה׃ **ו** וַיַּעֲזֹב כָּל־אֲשֶׁר־לוֹ בְּיַד־יוֹסֵף וְלֹא־יָדַע
אִתּוֹ מְאוּמָה כִּי אִם־הַלֶּחֶם אֲשֶׁר־הוּא אוֹכֵל וַיְהִי יוֹסֵף יְפֵה־תֹאַר וִיפֵה מַרְאֶה׃ **ז** וַיְהִי
אַחַר הַדְּבָרִים הָאֵלֶּה וַתִּשָּׂא אֵשֶׁת־אֲדֹנָיו אֶת־עֵינֶיהָ אֶל־יוֹסֵף וַתֹּאמֶר שִׁכְבָה עִמִּי׃ **ח**
וַיְמָאֵן ׀ וַיֹּאמֶר אֶל־אֵשֶׁת אֲדֹנָיו הֵן אֲדֹנִי לֹא־יָדַע אִתִּי מַה־בַּבָּיִת וְכֹל אֲשֶׁר־יֶשׁ־לוֹ נָתַן
בְּיָדִי׃ **ט** אֵינֶנּוּ גָדוֹל בַּבַּיִת הַזֶּה מִמֶּנִּי וְלֹא־חָשַׂךְ מִמֶּנִּי מְאוּמָה כִּי אִם־אוֹתָךְ בַּאֲשֶׁר
אַתְּ־אִשְׁתּוֹ וְאֵיךְ אֶעֱשֶׂה הָרָעָה הַגְּדֹלָה הַזֹּאת וְחָטָאתִי לֵאלֹהִים׃ **י** וַיְהִי כְּדַבְּרָהּ אֶל־יוֹסֵף
יוֹם ׀ יוֹם וְלֹא־שָׁמַע אֵלֶיהָ לִשְׁכַּב אֶצְלָהּ לִהְיוֹת עִמָּהּ׃ **יא** וַיְהִי כְּהַיּוֹם הַזֶּה וַיָּבֹא הַבַּיְתָה
לַעֲשׂוֹת מְלַאכְתּוֹ וְאֵין אִישׁ מֵאַנְשֵׁי הַבַּיִת שָׁם בַּבָּיִת׃ **יב** וַתִּתְפְּשֵׂהוּ בְּבִגְדוֹ לֵאמֹר שִׁכְבָה
עִמִּי וַיַּעֲזֹב בִּגְדוֹ בְּיָדָהּ וַיָּנָס וַיֵּצֵא הַחוּצָה׃ **יג** וַיְהִי כִּרְאוֹתָהּ כִּי־עָזַב בִּגְדוֹ בְּיָדָהּ וַיָּנָס
הַחוּצָה׃ **יד** וַתִּקְרָא לְאַנְשֵׁי בֵיתָהּ וַתֹּאמֶר לָהֶם לֵאמֹר רְאוּ הֵבִיא לָנוּ אִישׁ עִבְרִי לְצַחֶק
בָּנוּ בָּא אֵלַי לִשְׁכַּב עִמִּי וָאֶקְרָא בְּקוֹל גָּדוֹל׃ **טו** וַיְהִי כְשָׁמְעוֹ כִּי־הֲרִימֹתִי קוֹלִי וָאֶקְרָא
וַיַּעֲזֹב בִּגְדוֹ אֶצְלִי וַיָּנָס וַיֵּצֵא הַחוּצָה׃ **טז** וַתַּנַּח בִּגְדוֹ אֶצְלָהּ עַד־בּוֹא אֲדֹנָיו אֶל־בֵּיתוֹ׃ **יז**
וַתְּדַבֵּר אֵלָיו כַּדְּבָרִים הָאֵלֶּה לֵאמֹר בָּא־אֵלַי הָעֶבֶד הָעִבְרִי אֲשֶׁר־הֵבֵאתָ לָּנוּ לְצַחֶק בִּי׃
יח וַיְהִי כַּהֲרִימִי קוֹלִי וָאֶקְרָא וַיַּעֲזֹב בִּגְדוֹ אֶצְלִי וַיָּנָס הַחוּצָה׃ **יט** וַיְהִי כִשְׁמֹעַ אֲדֹנָיו
אֶת־דִּבְרֵי אִשְׁתּוֹ אֲשֶׁר דִּבְּרָה אֵלָיו לֵאמֹר כַּדְּבָרִים הָאֵלֶּה עָשָׂה לִי עַבְדֶּךָ וַיִּחַר אַפּוֹ׃ **כ**
וַיִּקַּח אֲדֹנֵי יוֹסֵף אֹתוֹ וַיִּתְּנֵהוּ אֶל־בֵּית הַסֹּהַר מְקוֹם אֲשֶׁר־אסורי (אֲסִירֵי) הַמֶּלֶךְ אֲסוּרִים
וַיְהִי־שָׁם בְּבֵית הַסֹּהַר׃ **כא** וַיְהִי יְהוָה אֶת־יוֹסֵף וַיֵּט אֵלָיו חָסֶד וַיִּתֵּן חִנּוֹ בְּעֵינֵי שַׂר
בֵּית־הַסֹּהַר׃ **כב** וַיִּתֵּן שַׂר בֵּית־הַסֹּהַר בְּיַד־יוֹסֵף אֵת כָּל־הָאֲסִירִם אֲשֶׁר בְּבֵית הַסֹּהַר

וְאֵת כָּל־אֲשֶׁר עֹשִׂים שָׁם הוּא הָיָה עֹשֶׂה׃ כג אֵין ׀ שַׂר בֵּית־הַסֹּהַר רֹאֶה אֶת־כָּל־מְאוּמָה
בְּיָדוֹ בַּאֲשֶׁר יְהוָה אִתּוֹ וַאֲשֶׁר־הוּא עֹשֶׂה יְהוָה מַצְלִיחַ׃ {פ}

1절 **יָרַד** 내려가다, **מִצְרַיִם** 이집트, **קָנָה** 사다, **סָרִיס** 관리, **שַׂר** 우두머리, 장관, 방백, **טַבָּח** 요리사, 경호원, **יַד** 손, **שָׁם** 거기에

2절 **צָלַח** 번영하다, 형통하다, **אָדוֹן** 주인, 주님

3절 **רָאָה** 보다, **כִּי** 왜냐하면, 관계대명사(목적격), 강조(실로), -할 때, **אֵת** –와 함께, -을/를, **כֹּל** 모든, **עָשָׂה** 행하다

4절 **מָצָא** 발견하다, **חֵן** 호의, 은혜, **עַיִן** 눈, **שָׁרַת** 섬기다(Pi.), **פָּקַד** 계수하다, 방문하다, 임명하다(Hi.), **יֵשׁ** 있다, **נָתַן** 주다

5절 **אָז** 그 때, **בָּרַךְ** 무릎을 꿇다, 복을 주다, **בִּגְלַל** –때문에, **בְּרָכָה** 복, **שָׂדֶה** 들

6절 **עָזַב** 떠나다, 남기다, **יָדַע** 알다, **מְאוּמָה** 아무것도, **כִּי אִם** –제외하고, -그러나 오히려, **אָכַל** 먹다, **יָפֶה** 아름다운, **תֹּאַר** 모양, **מַרְאֶה** 외모

7절 **אַחַר** 후에, **נָשָׂא** 들어 올리다, **שָׁכַב** 눕다, **עִם** -함께

8절 **מָאַן** 거절하다(Pi.), **הֵן** 자, 보라

9절 **אַיִן** 없다, 아니다, **גָּדוֹל** 큰, **חָשַׂךְ** 억제하다, 삼가다, **בַּאֲשֶׁר** 때문에, **רָעָה** 악, **חָטָא** 죄를 짓다

10절 **דָּבַר** 말하다, **שָׁמַע** 듣다, **אֶל** -에게, **אֵצֶל** -옆에, 함께

11절 **מְלָאכָה** 업무, 일

12절 **תָּפַשׂ** 붙잡다, **בֶּגֶד** 의복, 옷, **נוּס** 도망하다, **חוּץ** 외부, 바깥

13절 **רָאָה** 보다

14절 **קָרָא** 읽다, 부르다, **צָחַק** 웃다(Qal), 놀리다, 희롱하다(Pi.)

15절 **רוּם** 오르다, 높다, **אֵצֶל** 옆에

16절 **נוּחַ** 쉬다, 두다

18절 **רוּם** 높다, 오르다, **בֶּגֶד** 의복, **נוּס** 도망하다, **חוּץ** 외부, 바깥

19절 **חָרָה** 성내다, 노하다, **אַף** 코, 화

20절 **סֹהַר** 감옥, **אָסַר** 묶다, 투옥하다, **אָסִיר** 죄수

21절 **נָטָה** 뻗다, 펴다, **חֵן** 호의, 은혜

8. 시편 2편 1-12절

א לָמָּה רָגְשׁוּ גוֹיִם וּלְאֻמִּים יֶהְגּוּ־רִיק׃

ב יִתְיַצְּבוּ ׀ מַלְכֵי־אֶרֶץ וְרוֹזְנִים נוֹסְדוּ־יָחַד

עַל־יְהוָה וְעַל־מְשִׁיחוֹ׃

ג נְנַתְּקָה אֶת־מוֹסְרוֹתֵימוֹ וְנַשְׁלִיכָה מִמֶּנּוּ עֲבֹתֵימוֹ׃

ד יוֹשֵׁב בַּשָּׁמַיִם יִשְׂחָק אֲדֹנָי יִלְעַג־לָמוֹ׃

ה אָז יְדַבֵּר אֵלֵימוֹ בְאַפּוֹ וּבַחֲרוֹנוֹ יְבַהֲלֵמוֹ׃

ו וַאֲנִי נָסַכְתִּי מַלְכִּי עַל־צִיּוֹן הַר־קָדְשִׁי׃

ז אֲסַפְּרָה אֶל חֹק יְהוָה אָמַר אֵלַי בְּנִי אַתָּה אֲנִי הַיּוֹם יְלִדְתִּיךָ׃

ח שְׁאַל מִמֶּנִּי וְאֶתְּנָה גוֹיִם נַחֲלָתֶךָ וַאֲחֻזָּתְךָ אַפְסֵי־אָרֶץ׃

ט תְּרֹעֵם בְּשֵׁבֶט בַּרְזֶל כִּכְלִי יוֹצֵר תְּנַפְּצֵם׃

י וְעַתָּה מְלָכִים הַשְׂכִּילוּ הִוָּסְרוּ שֹׁפְטֵי אָרֶץ׃

יא עִבְדוּ אֶת־יְהוָה בְּיִרְאָה וְגִילוּ בִּרְעָדָה׃

יב נַשְּׁקוּ־בַר פֶּן־יֶאֱנַף ׀ וְתֹאבְדוּ דֶרֶךְ כִּי־יִבְעַר כִּמְעַט אַפּוֹ

אַשְׁרֵי כָּל־חוֹסֵי בוֹ׃

1절 **רָגַשׁ** 소동하다 **לְאֹם** 나라, 백성 **הָגָה** 중얼거리다 **רִיק** 헛된 것

2절 **יָצַב** 서다 **רָזַן** 통치하다 **יָסַד** 설립하다 **יַחַד** 함께 **מָשִׁיחַ** 기름부음 받은 자

3절 **נָתַק** 끊다 **מוֹסֵרָה** 결박 **עֲבֹת** 줄

4절 **שָׂחַק** 웃다 **לָעַג** 조롱하다

5절 **חָרוֹן** 분노 **בָּהַל** 놀라게하다(pi.)

6절 **נָסַךְ** 붓다

7절 **סָפַר** 이야기하다(pi.)

8절 **שָׁאַל** 묻다 **נַחֲלָה** 상속 **אֲחֻזָּה** 소유 **אֶפֶס** 끝

9절 רָעַע 깨뜨리다 שֵׁבֶט 막대기 בַּרְזֶל 철 כְּלִי 용기 יוֹצֵר 도공 נָפַץ 부수다
10절 שָׂכַל 지혜롭다 יָסַר 훈계하다
11절 יִרְאָה 경외 גִּיל 기뻐하다 רְעָדָה 떨림
12절 נָשַׁק 입맞추다 בַּר 아들 פֶּן □하지 않도록 אָנַף 화내다 אָבַד 멸망하다 בָּעַר 불타다 מְעַט 조금 אַשְׁרֵי 복된 חָסָה 피하다

9. 사무엘상 17장 1-25절

א וַיַּאַסְפוּ פְלִשְׁתִּים אֶת־מַחֲנֵיהֶם לַמִּלְחָמָה וַיֵּאָסְפוּ שֹׂכֹה אֲשֶׁר לִיהוּדָה וַיַּחֲנוּ בֵּין־שׂוֹכֹה
וּבֵין־עֲזֵקָה בְּאֶפֶס דַּמִּים׃ ב וְשָׁאוּל וְאִישׁ־יִשְׂרָאֵל נֶאֶסְפוּ וַיַּחֲנוּ בְּעֵמֶק הָאֵלָה וַיַּעַרְכוּ
מִלְחָמָה לִקְרַאת פְּלִשְׁתִּים׃ ג וּפְלִשְׁתִּים עֹמְדִים אֶל־הָהָר מִזֶּה וְיִשְׂרָאֵל עֹמְדִים אֶל־הָהָר
מִזֶּה וְהַגַּיְא בֵּינֵיהֶם׃ ד וַיֵּצֵא אִישׁ־הַבֵּנַיִם מִמַּחֲנוֹת פְּלִשְׁתִּים גָּלְיָת שְׁמוֹ מִגַּת גָּבְהוֹ שֵׁשׁ
אַמּוֹת וָזָרֶת׃ ה וְכוֹבַע נְחֹשֶׁת עַל־רֹאשׁוֹ וְשִׁרְיוֹן קַשְׂקַשִּׂים הוּא לָבוּשׁ וּמִשְׁקַל הַשִּׁרְיוֹן
חֲמֵשֶׁת־אֲלָפִים שְׁקָלִים נְחֹשֶׁת׃ ו וּמִצְחַת נְחֹשֶׁת עַל־רַגְלָיו וְכִידוֹן נְחֹשֶׁת בֵּין כְּתֵפָיו׃ ז וחץ
(וְעֵץ) חֲנִיתוֹ כִּמְנוֹר אֹרְגִים וְלַהֶבֶת חֲנִיתוֹ שֵׁשׁ־מֵאוֹת שְׁקָלִים בַּרְזֶל וְנֹשֵׂא הַצִּנָּה הֹלֵךְ
לְפָנָיו׃ ח וַיַּעֲמֹד וַיִּקְרָא אֶל־מַעַרְכֹת יִשְׂרָאֵל וַיֹּאמֶר לָהֶם לָמָּה תֵצְאוּ לַעֲרֹךְ מִלְחָמָה
הֲלוֹא אָנֹכִי הַפְּלִשְׁתִּי וְאַתֶּם עֲבָדִים לְשָׁאוּל בְּרוּ־לָכֶם אִישׁ וְיֵרֵד אֵלָי׃ ט אִם־יוּכַל
לְהִלָּחֵם אִתִּי וְהִכָּנִי וְהָיִינוּ לָכֶם לַעֲבָדִים וְאִם־אֲנִי אוּכַל־לוֹ וְהִכִּיתִיו וִהְיִיתֶם לָנוּ
לַעֲבָדִים וַעֲבַדְתֶּם אֹתָנוּ׃ י וַיֹּאמֶר הַפְּלִשְׁתִּי אֲנִי חֵרַפְתִּי אֶת־מַעַרְכוֹת יִשְׂרָאֵל הַיּוֹם הַזֶּה
תְּנוּ־לִי אִישׁ וְנִלָּחֲמָה יָחַד׃ יא וַיִּשְׁמַע שָׁאוּל וְכָל־יִשְׂרָאֵל אֶת־דִּבְרֵי הַפְּלִשְׁתִּי הָאֵלֶּה
וַיֵּחַתּוּ וַיִּרְאוּ מְאֹד׃ {פ}

יב וְדָוִד בֶּן־אִישׁ אֶפְרָתִי הַזֶּה מִבֵּית לֶחֶם יְהוּדָה וּשְׁמוֹ יִשַׁי וְלוֹ שְׁמֹנָה בָנִים וְהָאִישׁ
בִּימֵי שָׁאוּל זָקֵן בָּא בַאֲנָשִׁים׃ יג וַיֵּלְכוּ שְׁלֹשֶׁת בְּנֵי־יִשַׁי הַגְּדֹלִים הָלְכוּ אַחֲרֵי־שָׁאוּל

לַמִּלְחָמָה וְשֵׁם ׀ שְׁלֹשֶׁת בָּנָיו אֲשֶׁר הָלְכוּ בַּמִּלְחָמָה אֱלִיאָב הַבְּכוֹר וּמִשְׁנֵהוּ אֲבִינָדָב
וְהַשְּׁלִשִׁי שַׁמָּה׃ יד וְדָוִד הוּא הַקָּטָן וּשְׁלֹשָׁה הַגְּדֹלִים הָלְכוּ אַחֲרֵי שָׁאוּל׃ {ס}
טו וְדָוִד הֹלֵךְ וָשָׁב מֵעַל שָׁאוּל לִרְעוֹת אֶת־צֹאן אָבִיו בֵּית לָחֶם׃ טז וַיִּגַּשׁ הַפְּלִשְׁתִּי
הַשְׁכֵּם וְהַעֲרֵב וַיִּתְיַצֵּב אַרְבָּעִים יוֹם׃ {פ}
יז וַיֹּאמֶר יִשַׁי לְדָוִד בְּנוֹ קַח־נָא לְאַחֶיךָ אֵיפַת הַקָּלִיא הַזֶּה וַעֲשָׂרָה לֶחֶם הַזֶּה וְהָרֵץ
הַמַּחֲנֶה לְאַחֶיךָ׃ יח וְאֵת עֲשֶׂרֶת חֲרִצֵי הֶחָלָב הָאֵלֶּה תָּבִיא לְשַׂר־הָאָלֶף וְאֶת־אַחֶיךָ
תִּפְקֹד לְשָׁלוֹם וְאֶת־עֲרֻבָּתָם תִּקָּח׃ יט וְשָׁאוּל וְהֵמָּה וְכָל־אִישׁ יִשְׂרָאֵל בְּעֵמֶק הָאֵלָה
נִלְחָמִים עִם־פְּלִשְׁתִּים׃ {ס}
כ וַיַּשְׁכֵּם דָּוִד בַּבֹּקֶר וַיִּטֹּשׁ אֶת־הַצֹּאן עַל־שֹׁמֵר וַיִּשָּׂא וַיֵּלֶךְ כַּאֲשֶׁר צִוָּהוּ יִשָׁי וַיָּבֹא
הַמַּעְגָּלָה וְהַחַיִל הַיֹּצֵא אֶל־הַמַּעֲרָכָה וְהֵרֵעוּ בַּמִּלְחָמָה׃ כא וַתַּעֲרֹךְ יִשְׂרָאֵל וּפְלִשְׁתִּים
מַעֲרָכָה לִקְרַאת מַעֲרָכָה׃ כב וַיִּטֹּשׁ דָּוִד אֶת־הַכֵּלִים מֵעָלָיו עַל־יַד שׁוֹמֵר הַכֵּלִים וַיָּרָץ
הַמַּעֲרָכָה וַיָּבֹא וַיִּשְׁאַל לְאֶחָיו לְשָׁלוֹם׃ כג וְהוּא ׀ מְדַבֵּר עִמָּם וְהִנֵּה אִישׁ הַבֵּנַיִם עוֹלֶה
גָּלְיָת הַפְּלִשְׁתִּי שְׁמוֹ מִגַּת ממערות (מִמַּעַרְכוֹת) פְּלִשְׁתִּים וַיְדַבֵּר כַּדְּבָרִים הָאֵלֶּה וַיִּשְׁמַע
דָּוִד׃ כד וְכֹל אִישׁ יִשְׂרָאֵל בִּרְאוֹתָם אֶת־הָאִישׁ וַיָּנֻסוּ מִפָּנָיו וַיִּירְאוּ מְאֹד׃ כה וַיֹּאמֶר ׀ אִישׁ
יִשְׂרָאֵל הַרְּאִיתֶם הָאִישׁ הָעֹלֶה הַזֶּה כִּי לְחָרֵף אֶת־יִשְׂרָאֵל עֹלֶה וְהָיָה הָאִישׁ אֲשֶׁר־יַכֶּנּוּ
יַעְשְׁרֶנּוּ הַמֶּלֶךְ ׀ עֹשֶׁר גָּדוֹל וְאֶת־בִּתּוֹ יִתֶּן־לוֹ וְאֵת בֵּית אָבִיו יַעֲשֶׂה חָפְשִׁי בְּיִשְׂרָאֵל׃ {פ}

1절 **אָסַף** 모으다, **מַחֲנֶה** 진영, **מִלְחָמָה** 전쟁, **חָנָה** 진을 치다

2절 **עֵמֶק** 골짜기, **עָרַךְ** 정돈하다, 배열하다, **לִקְרַאת** – 쪽으로

3절 **גַּיְא** 골짜기

4절 **בֵּנַיִם** 두진영 사이의 공간, **גֹּבַהּ** 높이, **שֵׁשׁ** 여섯, **אַמָּה** 규빗, **זֶרֶת** 한뼘

5절 **כּוֹבַע** 투구, **נְחֹשֶׁת** 청동, **שִׁרְיוֹן** 갑옷, **קַשְׂקֶשֶׂת** 비늘, **לָבַשׁ** 옷을 입다, **מִשְׁקָל** 무게, **חָמֵשׁ** 다섯, **אֶלֶף** 천, **שֶׁקֶל** 세겔

6절 **מִצְחָה** 다리보호대, **רֶגֶל** 다리, **כִּידוֹן** 창, 단창, **כָּתֵף** 어깨

7절 **חֲנִית** 창, **מָנוֹר** 배틀채, **אָרַג** 짜다, 뜨다, **לֶהָבָה** 불꽃, 날,

מֵאָה 백, בַּרְזֶל 철, צִנָּה 방패

8절 מַעֲרָכָה 배열, 배열한 군대, בָּרָה 정하다, 택하다

9절 יָכֹל 할수있다, לָחַם 싸우다, נָכָה 치다, 죽이다

10절 חָרַף 조롱하다, 모욕하다, יַחַד 함께

11절 חָתַת 놀라다

12절 שְׁמֹנֶה 여덟

13절 שָׁלוֹשׁ 셋, בְּכוֹר 초태생, מִשְׁנֶה 둘째, שְׁלִישִׁי 세 번째

14절 קָטָן 작은

15절 שׁוּב 돌아오다, רָעָה 양을치다, צֹאן 양

16절 נָגַשׁ 가까이가다, שָׁכַם 일찍일어나다(hi.), עָרַב 저녁이되다, 어두워지다, יָצַב 서다, 나타내다, אַרְבַּע 넷

17절 קָלִיא, קָלִי 볶은곡식, עֶשֶׂר 열, רוּץ 달리다,

18절 חָרִיץ 벤 조각, אֶלֶף 천, פָּקַד 계수하다, 방문하다, עֲרֻבָּה 보증, 증표

20절 נָטַשׁ 맡기다, 버리다, צָוָה 명령하다(pi.), מַעְגָּל 행로, חַיִל 군대, רוּעַ 외치다, 소리 지르다

22절 רוּץ 달리다, שָׁאַל 묻다

23절 דָּבַר 말하다(pi.), עָלָה 올라가다

25절 חָרַף 모욕하다(pi.), עָשַׁר 부유하다, עֹשֶׁר 부, 재물, חָפְשִׁי 자유로운

10. 사무엘상 31장 1-10절 // 역대상 10장 1-10절

사무엘상 31장	역대상 10장
א וּפְלִשְׁתִּים נִלְחָמִים בְּיִשְׂרָאֵל וַיָּנֻסוּ אַנְשֵׁי יִשְׂרָאֵל מִפְּנֵי פְּלִשְׁתִּים וַיִּפְּלוּ חֲלָלִים בְּהַר הַגִּלְבֹּעַ׃	א וּפְלִשְׁתִּים נִלְחֲמוּ בְיִשְׂרָאֵל וַיָּנָס אִישׁ־יִשְׂרָאֵל מִפְּנֵי פְלִשְׁתִּים וַיִּפְּלוּ חֲלָלִים בְּהַר גִּלְבֹּעַ׃
ב וַיַּדְבְּקוּ פְלִשְׁתִּים אֶת־שָׁאוּל וְאֶת־בָּנָיו וַיַּכּוּ פְלִשְׁתִּים אֶת־יְהוֹנָתָן וְאֶת־אֲבִינָדָב וְאֶת־מַלְכִּישׁוּעַ בְּנֵי שָׁאוּל׃	ב וַיַּדְבְּקוּ פְלִשְׁתִּים אַחֲרֵי שָׁאוּל וְאַחֲרֵי בָנָיו וַיַּכּוּ פְלִשְׁתִּים אֶת־יוֹנָתָן וְאֶת־אֲבִינָדָב וְאֶת־מַלְכִּישׁוּעַ בְּנֵי שָׁאוּל׃
ג וַתִּכְבַּד הַמִּלְחָמָה אֶל־שָׁאוּל וַיִּמְצָאֻהוּ הַמּוֹרִים אֲנָשִׁים בַּקָּשֶׁת וַיָּחֶל מְאֹד מֵהַמּוֹרִים׃	ג וַתִּכְבַּד הַמִּלְחָמָה עַל־שָׁאוּל וַיִּמְצָאֻהוּ הַמּוֹרִים בַּקָּשֶׁת וַיָּחֶל מִן־הַיּוֹרִים׃
ד וַיֹּאמֶר שָׁאוּל לְנֹשֵׂא כֵלָיו שְׁלֹף חַרְבְּךָ ׀ וְדָקְרֵנִי בָהּ פֶּן־יָבוֹאוּ הָעֲרֵלִים הָאֵלֶּה וּדְקָרֻנִי וְהִתְעַלְּלוּ־בִי וְלֹא אָבָה נֹשֵׂא כֵלָיו כִּי יָרֵא מְאֹד וַיִּקַּח שָׁאוּל אֶת־הַחֶרֶב וַיִּפֹּל עָלֶיהָ׃	ד וַיֹּאמֶר שָׁאוּל אֶל־נֹשֵׂא כֵלָיו שְׁלֹף חַרְבְּךָ ׀ וְדָקְרֵנִי בָהּ פֶּן־יָבֹאוּ הָעֲרֵלִים הָאֵלֶּה וְהִתְעַלְּלוּ־בִי וְלֹא אָבָה נֹשֵׂא כֵלָיו כִּי יָרֵא מְאֹד {ס} וַיִּקַּח שָׁאוּל אֶת־הַחֶרֶב וַיִּפֹּל עָלֶיהָ׃
ה וַיַּרְא נֹשֵׂא־כֵלָיו כִּי מֵת שָׁאוּל וַיִּפֹּל גַּם־הוּא עַל־חַרְבּוֹ וַיָּמָת עִמּוֹ׃	ה וַיַּרְא נֹשֵׂא־כֵלָיו כִּי מֵת שָׁאוּל וַיִּפֹּל גַּם־הוּא עַל־הַחֶרֶב וַיָּמֹת׃ {ס}
ו וַיָּמָת שָׁאוּל וּשְׁלֹשֶׁת בָּנָיו וְנֹשֵׂא כֵלָיו גַּם כָּל־אֲנָשָׁיו בַּיּוֹם הַהוּא יַחְדָּו׃	ו וַיָּמָת שָׁאוּל וּשְׁלֹשֶׁת בָּנָיו וְכָל־בֵּיתוֹ יַחְדָּו מֵתוּ׃

ז וַיִּרְאוּ אַנְשֵֽׁי־יִשְׂרָאֵל אֲשֶׁר־בְּעֵבֶר הָעֵמֶק וַאֲשֶׁר ׀ בְּעֵבֶר הַיַּרְדֵּן כִּֽי־נָסוּ אַנְשֵׁי יִשְׂרָאֵל וְכִי־מֵתוּ שָׁאוּל וּבָנָיו וַיַּעַזְבוּ אֶת־הֶֽעָרִים וַיָּנֻסוּ וַיָּבֹאוּ פְלִשְׁתִּים וַיֵּשְׁבוּ בָּהֶֽן׃ {פ}	ז וַיִּרְאוּ כָּל־אִישׁ יִשְׂרָאֵל אֲשֶׁר־בָּעֵמֶק כִּי נָסוּ וְכִי־מֵתוּ שָׁאוּל וּבָנָיו וַיַּעַזְבוּ עָֽרֵיהֶם וַיָּנֻסוּ וַיָּבֹאוּ פְלִשְׁתִּים וַיֵּשְׁבוּ בָּהֶֽם׃ {ס}
ח וַיְהִי מִֽמָּחֳרָת וַיָּבֹאוּ פְלִשְׁתִּים לְפַשֵּׁט אֶת־הַחֲלָלִים וַֽיִּמְצְאוּ אֶת־שָׁאוּל וְאֶת־שְׁלֹשֶׁת בָּנָיו נֹפְלִים בְּהַר הַגִּלְבֹּֽעַ׃	ח וַיְהִי מִֽמָּחֳרָת וַיָּבֹאוּ פְלִשְׁתִּים לְפַשֵּׁט אֶת־הַחֲלָלִים וַֽיִּמְצְאוּ אֶת־שָׁאוּל וְאֶת־בָּנָיו נֹפְלִים בְּהַר גִּלְבֹּֽעַ׃
ט וַֽיִּכְרְתוּ אֶת־רֹאשׁוֹ וַיַּפְשִׁטוּ אֶת־כֵּלָיו וַיְשַׁלְּחוּ בְאֶֽרֶץ־פְּלִשְׁתִּים סָבִיב לְבַשֵּׂר בֵּית עֲצַבֵּיהֶם וְאֶת־הָעָֽם׃	ט וַיַּפְשִׁיטֻהוּ וַיִּשְׂאוּ אֶת־רֹאשׁוֹ וְאֶת־כֵּלָיו וַיְשַׁלְּחוּ בְאֶֽרֶץ־פְּלִשְׁתִּים סָבִיב לְבַשֵּׂר אֶת־עֲצַבֵּיהֶם וְאֶת־הָעָֽם׃
י וַיָּשִׂמוּ אֶת־כֵּלָיו בֵּית עַשְׁתָּרוֹת וְאֶת־גְּוִיָּתוֹ תָּֽקְעוּ בְּחוֹמַת בֵּית שָֽׁן׃	י וַיָּשִׂימוּ אֶת־כֵּלָיו בֵּית אֱלֹהֵיהֶם וְאֶת־גֻּלְגָּלְתּוֹ תָקְעוּ בֵּית דָּגֽוֹן׃ {ס}

1절 לָחַם 싸우다, נוּס 도망하다, חָלָל 살해된, 꿰찔린

2절 דָּבַק 달라붙다, נָכָה 치다, 죽이다, אַחַר 후에

3절 כָּבֵד 무겁다, מִלְחָמָה 전쟁, מָצָא 찾다, יָרָה 쏘다, 던지다, קֶשֶׁת 활, חִיל 괴로워하다, 전율하다

4절 נָשָׂא 들어올리다, 가지고가다, כְּלִי 용기, 기구, שָׁלַף 뽑다, חֶרֶב 칼, דָּקַר 찌르다, פֶּן ㅁ하지않도록, עָרֵל 할례받지않은 자, עָלַל 학대하다, אָבָה 원하다

5절 מוּת 죽다

6절 שָׁלוֹשׁ 삼, יַחַד 함께

7절 עֵבֶר 건너편, עֵמֶק 골짜기, עָזַב 떠나다, עִיר 도시

8절 **מָחֳרָת** 다음날, **פָּשַׁט** 벗기다

9절 **כָּרַת** 자르다, **שָׁלַח** 보내다, **סָבִיב** 주위, **בָּשַׂר** 소식을 전하다, **עָצָב** 우상

10절 **שִׂים** 두다, **גְּוִיָּה** 시체, **תָּקַע** 치다, 박다, **חוֹמָה** 성벽, **גֻּלְגֹּלֶת** 두개골, 머리

Hebrew Hymn
Coner

히브리어 찬양 코너

히브리어 찬양 코너

필자는 이스라엘에서 유학생활을 하는 동안 '예루살렘교회'라는 유대 기독교인으로 구성된 현지교회를 다녔다. 현재 이스라엘에는 유대 기독교인이 약10,000명 정도 있으며 전 이스라엘에 교회가 약120개 있고 예루살렘에만 약40개 있다. 유대인 전체인구인 590만명 중 약0.17%가 기독교 인구 비율이라 할 수 있다. 예루살렘교회는 출석인원이 약250명 정도 되는 이스라엘에서는 제법 큰 교회라 할 수 있다. 필자는 예루살렘교회 찬양단에서 '키보드' 반주로 약10년간 섬겼다.

유대 기독교인들은 지금도 여러가지 박해를 당하고 있다. 정통파 유대 종교인들은 유대 기독교인들의 예배당을 불태우기도 했으며 예배당 기물을 훔치기도 했고 예배를 방해하기도 했다. '기독인=나찌 히틀러'라는 문구를 써서 비방하기도 하며 기독교 지도자들의 사진을 포함한 전단지를 제작하여 이웃 사람들에게 '요주의 인물'임을 알리기도 하며 전도를 물리적으로 방해하기도 한다. 기독교인들은 유대 사회에서, 학교에서 왕따를 당하는 분위기이다, 이러한 상황에서 유대 기독교인으로 구성된 찬양단은 매우 중요한 역할을 담당한다. 방해가 심할수록 찬양은 더욱 더 뜨겁다.

그들이 부르는 찬양은 대략 150여곡 정도이다. 그 중에서 가장 많이 불려지는 찬양 20여곡을 이곳에 소개한다. 그들이 부르는 찬양은 몇가지 특징이 있다. 먼저 많은 곡들이 단조로 구성되어 있다는 것이다. 아무리 신나게 춤을 추며 노래를 부르더라도 노래 가락에는 뭔가 모를 애틋함이 서려 있다. 오랜 기간 외세의 침략을 받아왔을 뿐 아니라 전 세계에서 나라 없이 떠돌아 다니며 형성된 서러움과 한이 서려있음을 짐작할 수 있다. 유대 기독교인들이 부르는 찬양에는 기본적인 민족의 한에 기독교인으로서 맺힌 한까지 더해져서 하나님을 향한 애절함이 더욱 간절하다 하겠다.

또 하나의 특징은 찬양가사가 성경구절을 중심으로 구성되어 있다는 점이다. 이곳에 찬양을 소개하는 중요한 이유가 바로 여기에 있다. 우리가 주일학생 때 성경암송을 많이 해보았지만 성경구절만을 외우는 것이 쉽지는 않다. 더군다나 성인이 된 다음에 히브리어 성경구절을 암송하는 것은 결코 쉬운일이 아니다. 그러나 노래를 통해 성경을 외우면 자연스럽고 쉽게 암기가 되는 것을 알 수 있다. 유대 기독교인들이 부르는 찬양은 성경 히브리어로 쓰여진 구약은 물론 현대 히브리어로 번역된 신약으로 된 가사도 있다. 따라서 신, 구약 성경구절을 찬양을 통해 자연스럽게 외울 수 있으니 얼마나 유익한가. 문법을 통해 히브리어를 익히는 것 보다는 찬양을 접하면서 자연스럽게 익히게 된다면 히브리어에 보다 친숙하게 다가갈 수 있으리라 확신한다.

이스라엘에서는 유대 기독교인들 중 찬양단에서 사역하시는 분들이 2년에 한번씩 이틀간 전체 모임을 갖는다. 약200명씩 참여하는 그 모임에서 직접 작곡한 곡들을 발표한다. 대략 100여곡씩 새로운 곡들이 소개되는데 필자가 속해 있던 찬양단에서도 여러 곡을 발표했다. 그들이 발표하는 곡들 가운데는 매우 신선하며 좋은 곡들이 많다. 음악을 사랑하는 민족이라는 것이 실감난다. 위대한 음악가였던 다윗의 후손이기 때문이 아닐까. 찬양을 통해 히브리어도 익히고 유대 기독교인들과 공감대를 형성하며 무엇보다 하나님을 히브리어로 찬양하게 되니 이 얼마나 좋은 일인가.

הִנֵּה מַה-טּוֹב וּמַה-נָּעִים הַלֵּל אַחִים גַּם-יָחַד

형제들이 함께 찬양함이 얼마나 좋고 즐거운가!

1. 할렐루야

여호와를 찬양하라!

הַלְלוּיָהּ

가 사

1. הַלְלוּיָהּ, הַלְלוּיָהּ, הַלְלוּיָהּ, הַלְלוּיָהּ, הַלְלוּיָהּ
הַלְלוּיָהּ, הַלְלוּיָהּ, הַלְלוּיָהּ
2. הוּא מַלְכֵּנוּ, הוּא מַלְכֵּנוּ, הוּא מֶלֶךְ הַמְּלָכִים
왕들 왕 그는 우리의왕 그는 우리의왕 그는
הַלְלוּיָהּ הוּא מֶלֶךְ הַמְּלָכִים הַלְלוּיָהּ

그는 우리의 왕, 그는 왕 중의 왕이시다. 할렐루야!

2. 헤쎄드 라헴

인자가 여러분들에게 (롬 1:7)

חֶסֶד לָכֶם וְשָׁלוֹם

가 사

חֶסֶד לָכֶם וְשָׁלוֹם מֵאֵת אֱלֹהִים אָבִינוּ וְהָאָדוֹן יֵשׁוּעַ הַמָּשִׁיחַ

그리스도 예수 주 우리아버지 하나님 -부터 평화 너희에게 인자

(롬 1:7)

인자와 평화가 하나님 우리 아버지와 주 예수 그리스도로부터

너희들에게(있기를!)...

3. 예슈아 아니 오헤브 오트하

예수님, 저는 당신을 사랑합니다

יֵשׁוּעַ אֲנִי אוֹהֵב אוֹתְךָ

가 사

יֵשׁוּעַ אֲנִי אוֹהֵב אוֹתְךָ

당신을 사랑합니다 저는 예수님

예수님, 저는 당신을 사랑합니다.

4. 바루흐 하바

오는 이는 복되도다 (시 118:26, 마 21:9)

בָּרוּךְ הַבָּא

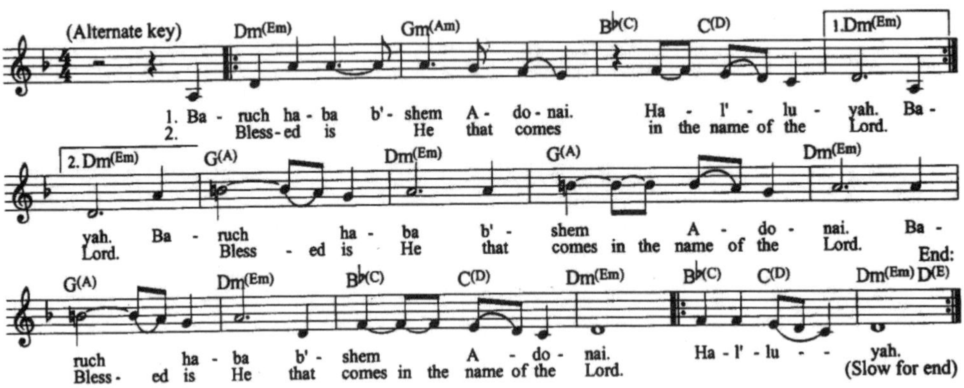

가 사

בָּרוּךְ הַבָּא בְּשֵׁם יְהוָה הַלְלוּיָהּ

할렐루야　여호와　이름으로 오는이　복되다

(시 118:26, 마 21:9)

오는 이는 여호와의 이름으로 복되다 할렐루야!

5. 슈마 이쓰라엘

들으라 이스라엘아 (신 6:4)

שְׁמַע יִשְׂרָאֵל

가 사

שְׁמַע יִשְׂרָאֵל יְהוָה אֱלֹהֵינוּ יְהוָה אֶחָד

한 여호와 우리하나님 여호와 이스라엘아 들으라

בָּרוּךְ שֵׁם כְּבוֹד מַלְכוּתוֹ לְעוֹלָם וָעֶד

영원 영원히 그의왕국 영광 이름 복되다

(신 6:4)

들으라 이스라엘아 여호와 우리 하나님은 한 여호와시다

그의 이름이 복되며 그의 왕국은 영원 영원하시다

6. 골 알 아도나이

여호와와 함께 나아가라 (시 37:5)

גּוֹל עַל אֲדֹנָי

가 사

גּוֹל עַל-יְהוָה דַּרְכֶּךָ וּבְטַח עָלָיו וְהוּא יַעֲשֶׂה

행하신다 그가 그를 의지하라 너의길 여호와 위 나아가라

(시 37:5)

당신의 길을 여호와와 함께 나아가라

그를 의지하라 그러면 그가 행하실 것이다

7. 비트후 바아도나이

여호와를 의지하라 (사 26:4)

בִּטְחוּ בַּאֲדֹנָי

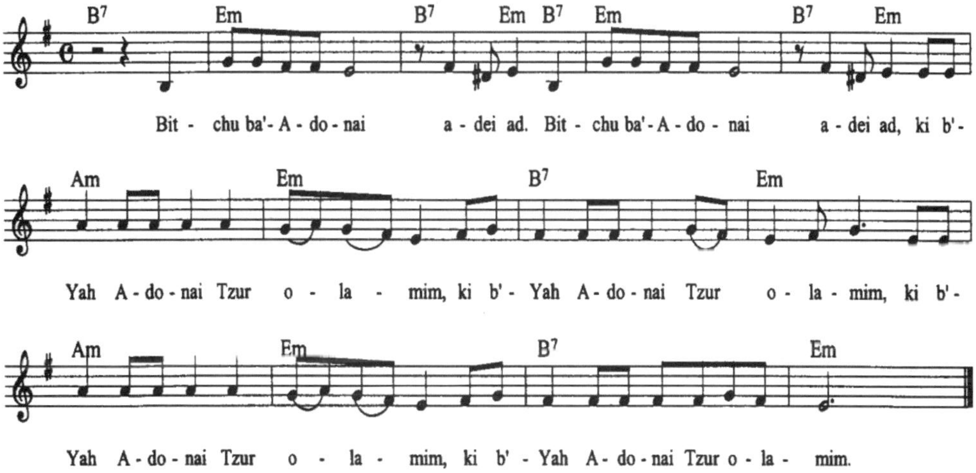

가 사

בִּטְחוּ בַיהוָה עֲדֵי-עַד כִּי בְּיָהּ יְהוָה צוּר עוֹלָמִים

영원들 반석 여호와 여호와를 진정 영원영원들 여호와를 의지하라

(사 26:4)

여호와를 의지하라 영원 영원히

진정 영원한 반석이신 여호와, 여호와를

8. 케아얄 타아로그

사슴이 갈망함과 같이 (시 42:1)

כְּאַיָּל תַּעֲרֹג

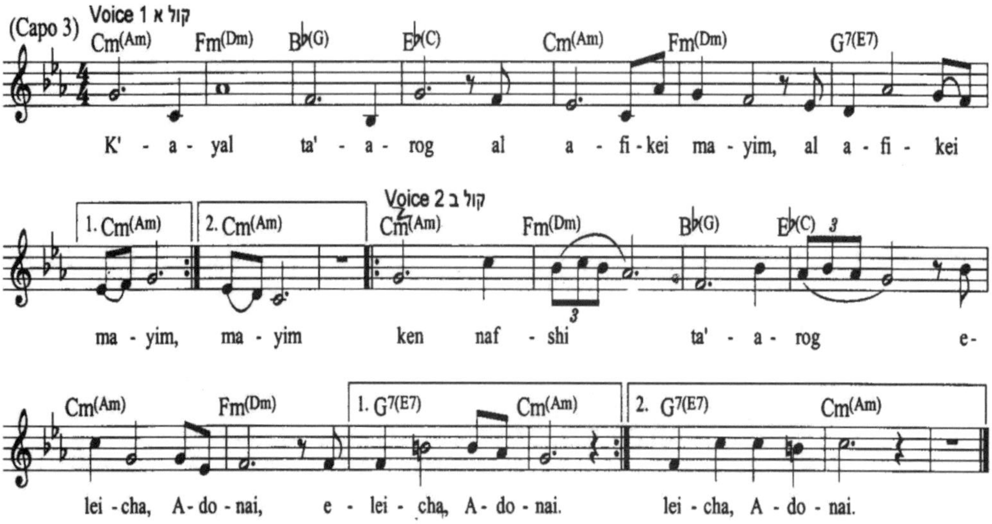

가 사

כְּאַיָּל תַּעֲרֹג עַל-אֲפִיקֵי-מָיִם

물 수로를 갈망한다 사슴이

כֵּן נַפְשִׁי תַעֲרֹג אֵלֶיךָ אֱלֹהִים

하나님 당신을향해 갈망한다 내 혼이 그와같이

(시 42:1)

사슴이 물 수로를 갈망하듯이

내 혼이 당신을 향해 그와 같이 갈망하나이다 하나님

9. 할렐루 에트 아도나이

여호와를 찬양하라 (시 117:1-2)

הַלְלוּ אֶת אֲדֹנָי

가 사

הַלְלוּ אֶת-יְהוָה כָּל-גּוֹיִם שַׁבְּחוּהוּ כָּל-הָאֻמִּים

모든 민족들 그를칭송하라 모든 나라들 여호와를 찬양하라

כִּי גָבַר עָלֵינוּ · חַסְדּוֹ וֶאֱמֶת-יְהוָה לְעוֹלָם הַלְלוּ-יָהּ

할렐루야 영원히 여호와 진리 그의인자 우리위에 크시다 진정

(시 117:1-2)

모든 나라들아 여호와를 찬양하라 모든 민족들아 그를 칭송하라

신성 그의 인자가 우리에게 크시며 여호와의 진리가 영원하시다 할렐루야

10. 호두 라아도나이 키 토브

여호와께 감사하라 그는 선하시기 때문이다 (시 136:1-3)

הודו לַאדֹנָי כִּי טוֹב

가 사

הודו לַאדֹנָי כִּי טוֹב כִּי לְעוֹלָם חַסְדּוֹ

그의인자 영원히 때문 좋은 때문 여호와께 감사하라

הודו לֵאלֹהֵי הָאֱלֹהִים כִּי לְעוֹלָם חַסְדּוֹ

그의인자 영원히 때문 신들 하나님께 감사하라

הודו לַאֲדֹנֵי הָאֲדֹנִים כִּי לְעוֹלָם חַסְדּוֹ

그의인자 영원히 때문 주님들 주께 감사하라

여호와께 감사하라 선하기 때문이다 그의 인자가 영원하기 때문이다
신들 중의 하나님께 감사하라 그의 인자가 영원하기 때문이다
주님들 중의 주님께 감사하라 그의 인자가 영원하기 때문이다(시136:1-3)

11. 샬롬 라브

많은 평화 (시 136:1-3)

שָׁלוֹם רָב

가 사

שָׁלוֹם רָב לְאֹהֲבֵי תוֹרָתֶךָ

당신의 계명 사랑하는이들에게 많은 평화

אֵין-לָמוֹ מִכְשׁוֹל

장애물 그들에게 없다

(시 119:165)

당신의 계명을 사랑하는 이들에게 많은 평화가 (있기를!)

그들에게는 장애물이 없으리라

12. 엘레이하 아도나이

여호와여 당신께 (시 25:1)

אֵלֶיךָ אֲדֹנָי

가 사

אֵלֶיךָ אֲדֹנָי אֶשָּׂא נַפְשִׁי

내목숨 내가들어올립니다 여호와여 당신께

(시 25:1)

여호와여 내가 내 목숨을 당신께 들어올립니다

13. 아멘 아멘

진실로 진실로 (요 3:3)

אָמֵן אָמֵן

가 사

אָמֵן אָמֵן אֲנִי אוֹמֵר לְךָ, אִם לֹא יִוָּלֵד אָדָם מִלְמַעְלָה

위로부터 사람 태어나지않으면 만일 네게 말한다 내가 진실로 진실로

לֹא יוּכַל, לֹא יוּכַל לִרְאוֹת, אֶת מַלְכוּת, מַלְכוּת-הָאֱלֹהִים

하나님 나라 나라 를 볼 수가 없다 할 수 없나

(요 3:3)

진실로 진실로 내가 네게 말한다. 만일 사람이 위로부터 태어나지 않으면 하나님의 나라를 볼 수 없을 것이다.

14. 미쯔바 하다샤

새계명 (요 3:34, 35)

מִצְוָה חֲדָשָׁה

가 사

מִצְוָה חֲדָשָׁה אֲנִי נוֹתֵן לָכֶם, אֶהֱבוּ זֶה אֶת זֶה

서로 서로를 사랑하라 너희에게 준다 내가 새 계명

כְּמוֹ שֶׁאָהַבְתִּי אֶתְכֶם, כֵּן גַּם אַתֶּם, אֶהֱבוּ זֶה אֶת זֶה

서로 서로를 사랑하라 너희들 도 그렇게 너희를 사랑한 것 처럼

בָּזֹאת יֵדְעוּ הַכֹּל, שֶׁתַּלְמִידַי אַתֶּם אִם תִּהְיֶה אַהֲבָה,

사랑 있으면 만일 너희가 내 제자들임을 모두 안다 이것으로

אִם תִּהְיֶה אַהֲבָה אִם תִּהְיֶה אַהֲבָה בֵּינֵיכֶם

너희가운데 사랑이 있으면 만일 사랑이 있으면 만일

내가 새 계명을 너희에게 준다. 서로 사랑하라 내가 너희를 사랑한것처럼 너희도 그렇게 서로 사랑하라 만일 너희가운데 사랑이 있으면 이것으로 모두가 너희가 내 제자들임을 안다

15. 키 코 아하브

이렇게 사랑하셨다 (요 3:16)

כִּי כֹּה אָהַב אֱלֹהִים

가 사

כִּי כֹה אָהַב אֱלֹהִים אֶת הָעוֹלָם עַד כִּי נָתַן אֶת בְּנוֹ יְחִידוֹ

그의독생자 그의아들을 주시기까지 세상 을 하나님께서 사랑했다 이렇게

לְמַעַן לֹא יֹאבַד כָּל הַמַּאֲמִין בּוֹ אֶלָּא יִנְחַל חַיֵּי עוֹלָם

영원 생명 상속받도록 그를 믿는자 모든 멸망치 않 도록

(요 3:16)

하나님께서 세상을 이렇게 사랑하셨다. 그의 아들 독생자를 주시기까지 그를 믿는 모든 자들이 멸망치 않고 영생을 상속받도록 하기위해

16. 레마안 찌욘

시온을 위하여 (사 62:1)

לְמַעַן צִיּוֹן

가 사

לְמַעַן צִיּוֹן לֹא אֶחֱשֶׁה וּלְמַעַן יְרוּשָׁלַםִ לֹא אֶשְׁקוֹט

침묵하지않을 것이다 예루살렘을 위하여 조용하지 않을것이다 시온을 위하여

עַד-יֵצֵא כַנֹּגַהּ צִדְקָהּ וִישׁוּעָתָהּ כְּלַפִּיד יִבְעָר

타오를 것이다 횃불처럼 그 구원이 그 의의 광채처럼 나갈때까지

(사 62:1)

나는 시온을 위해 조용하지 않을 것이며 예루살렘을 위해 침묵하지 않을 것이다.
그 의가 광채처럼 나가며 그 구원이 횃불처럼 타오를때까지

17. 레브 타호르

순수한 영 (시 51:12-14)

לֵב טָהוֹר

가 사

לֵב טָהוֹר בְּרָא-לִי אֱלֹהִים וְרוּחַ נָכוֹן חַדֵּשׁ בְּקִרְבִּי

내안에서 새롭게하소서 견고한 영 하나님 내게 창조하소서 순수한 마음

אַל-תַּשְׁלִיכֵנִי מִלְּפָנֶיךָ וְרוּחַ קָדְשְׁךָ אַל-תִּקַּח מִמֶּנִּי

내게서 취하시마소서 당신의거룩 영 당신앞에서 나를 던지지마소서

הָשִׁיבָה לִּי שְׂשׂוֹן יִשְׁעֶךָ וְרוּחַ נְדִיבָה תִסְמְכֵנִי

내게 두소서 자원의 영 당신의구원 기쁨 내게 회복시키소서

하나님, 순수한 영을 내게 창조하소서 견고한 영을 내안에서 새롭게하소서
당신앞에서 나를 던지지 마소서 당신의 거룩한 영을 내게서 취하시 마소서
당신의 구원의 기쁨을 내게 회복시키소서 자원의 영을 내게 두소서

18. 쿠미 오리

일어나 비추라 (사 60:1-2)

קוּמִי אוֹרִי

가 사

קוּמִי אוֹרִי כִּי בָא אוֹרֵךְ וּכְבוֹד יְהוָה עָלַיִךְ זָרָח

비춘다 네위에 여호와의 영광이 네 빛이 온다 비춰라 일어나라

כִּי־הִנֵּה הַחֹשֶׁךְ יְכַסֶּה־אֶרֶץ וַעֲרָפֶל לְאֻמִּים

민족들에게 구름 땅 덮는다 어둠 보라

וְעָלַיִךְ יִזְרַח יְהוָה וּכְבוֹדוֹ עָלַיִךְ יֵרָאֶה

나타난다 네위에 그 영광이 여호와 비춘다 네 위에

(사60:1-2)

일어나라 비추라 네 빛이 왔기 때문이다. 여호와의 영광이 네 위에 떠오른다.
보라 어둠이 땅을 덮고 구름이 민족에게. 여호와께서 네 위에 빛난다
그 영광이 네 위에 나타난다.

19. 쎄 하엘로힘

하나님의 어린양 (요 1:29)

שֵׂה הָאֱלֹהִים

가 사

שֵׂה הָאֱלֹהִים הַנֹּשֵׂא חַטַּאת הָעוֹלָם

세상 죄 지고가는 하나님 어린양

רַחֵם נָא עָלֵינוּ אָדוֹן וְגוֹאֵל בֵּן אֱלֹהִים חָנֵּנוּ

우리를긍휼히여기소서 하나님의아들 구속자 주 우리를 불쌍히여기소서

יֵשׁוּעַ יֵשׁוּעַ אָנוּ מִשְׁתַּחֲוִים לְפָנֶיךָ

당신앞에 경배합니다 우리가 예수님 예수님

(요 1:29)

세상 죄를 지고가는 하나님의 어린양, 주여 우리를 불쌍히 여기소서 하나님의 아들 구속자시여 우리를 긍휼히여기소서 예수님, 예수님 우리는 당신앞에서 경배합니다.

20. 아비누 쉐바샤마임

하늘에 계신 우리 아버지 (마 6:9-13, 주기도문)

אָבִינוּ שֶׁבַּשָּׁמַיִם

가 사

אָבִינוּ שֶׁבַּשָּׁמַיִם יִתְקַדֵּשׁ שְׁמֶךָ

당신의이름 거룩하게하소서 하늘에계신 우리 아버지

תָּבֹא מַלְכוּתְךָ יֵעָשֶׂה רְצוֹנְךָ כְּבַשָּׁמַיִם כֵּן בָּאָרֶץ

땅에서 그렇게 하늘에서처럼 당신의뜻 이루소서 당신의나라 임하소서

אֶת-לֶחֶם חֻקֵּנוּ תֶּן-לָנוּ הַיּוֹם

오늘 우리에게 주소서 일용할 빵 을

וּסְלַח-לָנוּ עַל חֲטָאֵינוּ כְּמוֹ שֶׁסּוֹלְחִים גַּם אֲנַחְנוּ לַחוֹטְאִים לָנוּ

우리에게 죄지은자에게 우리도 용서하듯이 우리죄들에대해 우리를 용서하소서

וְאַל תְּבִיאֵנוּ לִידֵי נִסָּיוֹן כִּי אִם חַלְּצֵנוּ מִן הָרָע

악으로부터 우리를구하소서 시험으로 우리를 이끌지마소서

כִּי לְךָ הַמַּמְלָכָה וְהַגְּבוּרָה וְהַתִּפְאֶרֶת לְעוֹלְמֵי עוֹלָמִים

영원 영원히 영광 권세 나라 당신께

אָמֵן

아멘

(마 6:9-13)

하늘에 계신 우리 아버지, 당신의 이름이 거룩하게 되소서. 당신의 나라가 임하소서. 당신의 뜻이 이루어지소서 하늘에서와 같이 땅에서도. 일용할 빵을 오늘 우리에게 주소서. 우리도 우리에게 죄지은자들에게 용서하듯이 우리의 죄에 대해 우리를 용서하소서. 우리를 시험으로 이끌지 마시고 악에서 구하소서. 진실로 당신께 나라와 권세와 영광이 영원 영원히. 아멘!

21. 히네 엘로헤이누

보라 우리의 하나님이시다 (사 25:9)

הִנֵּה אֱלֹהֵינוּ

가 사

וְאָמַר בַּיּוֹם הַהוּא הִנֵּה אֱלֹהֵינוּ זֶה קִוִּינוּ לוֹ וְיוֹשִׁיעֵנוּ

우리를 구원하실 것이다 그를 기다렸다 이분이 우리하나님이시다 보라 그 날에 말할것이다

זֶה יְהוָה קִוִּינוּ לוֹ נָגִילָה וְנִשְׂמְחָה בִּישׁוּעָתוֹ

그의구원안에서 즐거워하자 기뻐하자 그를 기다렸다여호와시다이분이

(사 25:9)

그 날에 말할 것이다. 보라 이 분이 우리의 하나님이시다. 우리가 그를 기다렸다.

그는 우리를 구원하실 것이다. 이 분이 여호와시다. 우리는 그를 기다렸다.

그의 구원안에서 우리가 기뻐하고 즐거워하자

22. 보우 레파나브

그 분 앞으로 오라 (시 100:2-3)

בֹּאוּ לְפָנָיו

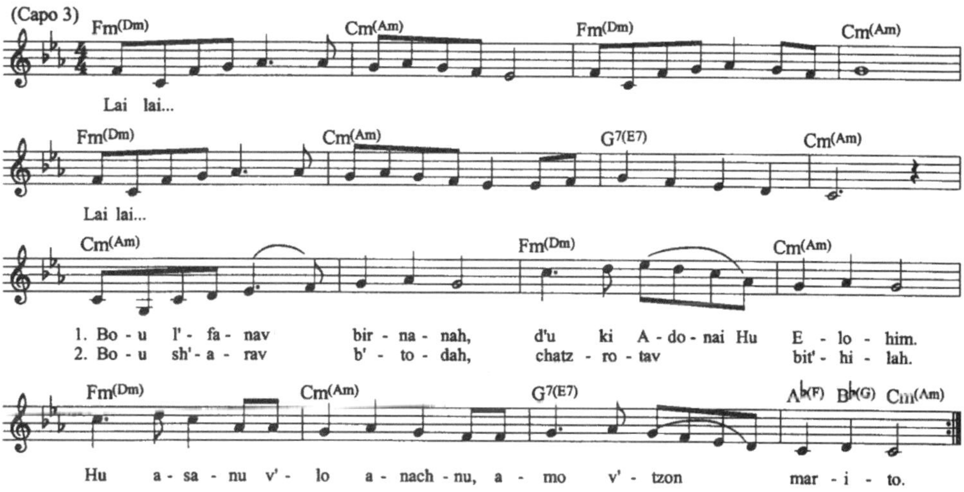

가 사

בֹּאוּ לְפָנָיו בִּרְנָנָה דְּעוּ כִּי יְהוָה הוּא אֱלֹהִים

하나님이심을 여호와는 알라 즐거운소리로 그분앞으로 오라

הוּא-עָשָׂנוּ וְלוֹ אֲנַחְנוּ עַמּוֹ וְצֹאן מַרְעִיתוֹ

그의 초장의 양 그의백성 우리는 그의것 우리를 지으셨다 그는

(시 100.2-3)

즐겁게 외치면서 그 분 앞으로 나오라 너희는 여호와가 하나님이심을 알라
그는 우리를 지으셨으며 우리는 그의 것이다 그의 백성이며 그의 초장의 양이다.

23. 슈마 이쓰라엘 II

들으라 이스라엘아 (신 6:4-5)

שֵׂה הָאֱלֹהִים

가 사

שְׁמַע יִשְׂרָאֵל שְׁמַע יִשְׂרָאֵל יְהוָה אֱלֹהֵינוּ יְהוָה אֶחָד

한 여호와 우리하나님 여호와 이스라엘아 들으라 이스라엘아 들으라

יֵשׁוּעַ אָמַר : "שְׁמַע יִשְׂרָאֵל שְׁמַע יִשְׂרָאֵל יְהוָה אֱלֹהֵינוּ יְהוָה אֶחָד"

한 여호와 우리하나님 여호와 이스라엘아 들으라 이스라엘아 들으라 말씀하셨다 예수님

וְאָהַבְתָּ אֵת יְהוָה אֱלֹהֶיךָ בְּכָל-לְבָבְךָ וּבְכָל-נַפְשְׁךָ

네 모든 목숨으로 네 모든 마음으로 네 하나님 여호와 를 사랑하라

וְאָהַבְתָּ אֵת יְהוָה אֱלֹהֶיךָ בְּכָל-מְאֹדֶךָ וּבְכָל-מַדָּעֲךָ

네 모든 지식으로 네 모든 힘으로 네 하나님 여호와 를 사랑하라

יֵשׁוּעַ אָמַר : "שְׁמַע יִשְׂרָאֵל שְׁמַע יִשְׂרָאֵל יְהוָה אֱלֹהֵינוּ יְהוָה אֶחָד"

한 여호와 우리하나님 여호와 이 스라엘아 들으라 이스라엘아 들으라 말씀하셨다 예수님

זֶה דּוֹדִי וְרֵעִי בְּנוֹת יְרוּשָׁלַיִם יֵשׁוּעַ מַלְכִּי אֲדֹנָי וֶאֱלֹהַי

나의 하나님 나의 주님 나의 왕 예수 예루살렘의 딸들 나의친구 나의사랑하는자 이는

שְׁמַע יִשְׂרָאֵל שְׁמַע יִשְׂרָאֵל יְהוָה אֱלֹהֵינוּ יְהוָה אֶחָד

한 여호와 우리하나님 여호와 이스라엘아 들으라 이스라엘아 들으라

(신 6:4-5)

이스라엘아 들으라 우리 하나님 여호와는 한 여호와시다. 예수께서 말씀하셨다.

들으라 이스라엘아 우리 하나님 여호와는 한 여호와시다.

네 모든 마음과 네 모든 목숨으로 네 하나님 여호와를 사랑하라

네 모든 힘과 네 모든 지식으로 네 하나님 여호와를 사랑하라

예수께서 말씀하셨다. 들으라 이스라엘아 우리 하나님 여호와는 한 여호와시다.

이는 나의 사랑하는 자 나의 친구 예루살렘의 딸들이다.

예수는 나의 왕, 나의 주님, 나의 하나님이시다.

들으라 이스라엘아 우리 하나님 여호와는 한 여호와시다.

24. 키 레하

정녕 당신께 (마 6:13)

כִּי לְךָ

가 사

כִּי לְךָ כִּי לְךָ הַמַּמְלָכָה וְהַגְּבוּרָה

권력 나라 당신께 정녕 당신께 정녕

כִּי לְךָ כִּי לְךָ הַכָּבוֹד וְהַתִּפְאֶרֶת

영화 영광 당신께 정녕 당신께 정녕

רַק לְךָ יֵשׁוּעַ אֵלִי רַק לְךָ לְעוֹלְמֵי-עוֹלָמִים

영원 영원히 당신께만 오직 나의 하나님 예수 당신께만 오직

(마 6:13)

정녕 당신께 나라와 권력과 영광과 영화가

오직 당신께만 예수 나의 하나님 오직 당신께만 영원 영원히

Appendix

부록

1. 초기 히브리어 이야기

초기 히브리어 문자

문자의 창안은 역사상 가장 위대한 업적이라고 할 수 있다. 만일 문자가 없었다면 오늘날과 같은 문명의 발달은 없었을 것이다. 오늘날 지구상에 알려져 있는 가장 최초의 문자는 주전 약3200년 경의 수메르 문자이다. 이 수메르 문자는 최조의 문자 형태인 그림문자로 기록되었으며 고대 이집트의 상형문자 보다 앞서는 것이다. 그런데 이 수메르어는 셈어가 아니다. 최근 수메르 학자들에 의하면 수메르어는 알타이어의 어족(한국어, 몽골어, 투르크어, 일본어 등)과 매우 흡사하다는 주장이 제기된다. 수메르어와 알타이어는 통사론에 있어서 동사가 가장 끝에 위치하는 언어라는 점에서 큰 공통분모를 갖는다. 그런데 이 수메르어는 가장 최초의 셈어로 추정되는 아카드어에 큰 영향을 미친다. 아카드어는 부드러운 진흙에 끝이 뾰족한 철필로 기록을 하여 '쐐기문자'로 불려진다. 이 쐐기문자는 아카드 뿐 아니라 바벨론, 앗수르, 후리족, 엘람족, 헷 족 등 여러 민족이 사용하게 된다. 이스라엘 민족의 조상인 아브라함 역시 메소포타미아 지역에 살았기 때문에 이 '쐐기문자'를 사용했음이 틀림없다.

성경과 관련된 문자는 언제부터 정식으로 사용이 되었을까? 어떤 유대인 학자는 창세기 4:26의 기록중 '그때 사람들이 비로소 여호와의 이름을 불렀더라'라는 구절을 마치 셋의 아들 에녹에 의해 문자가 발견되었다는 지나친 해서을 하기도 한다.

사사기 8:14의 기록을 보면 이미 기드온 시대(주전 11-12세기)에 문자의 사용이 대중화

되어 있었음을 보여 준다 : "숙곳 사람 중 한 소년을 잡아 신문하매 숙곳 방백과 장로 칠십 칠인을 그를 위하여 기록한지라". 이 외에도 성경 시대에는 수 많은 책들이 이미 존재하고 있었는데 이를테면 야살의 책(수 10:13), 여호와의 전쟁기(민 21:14), 유다 왕 역대지략(왕상 14:29), 이스라엘 왕 역대지략(왕상 16:5), 솔로몬의 행장(왕상 11:41), 선지자 나단의 글과 선견자 갓의 글(대상 29:29), 선지자 잇도의 주석 책(대하 13:22) 등이 그것이다. 성경 시대와 관련된 책들이 자연스럽게 언급된 것을 볼 때 이런 책들은 그 당시 백성들 사이에 두루 사용이 되었으며 문자의 사용이 이미 대중화 되어 있었음을 알 수 있다.

아쉬운 것은 앞에서 언급한 여러 기록물들이 오늘날 우리에게 남아있지 않다는 것이며 고대 이스라엘의 여러 비문들 중 많은 부분들이 소실되었기 때문에 문자의 출처를 파악할 만한 자료가 부족하다는 것이다. 유명한 유대계 이탈리아 석학 아자리아 드로시 (Azaria de'Rossi)는 성경의 기록을 포함하는 탈무드 문학을 기초로 하여 성경는 본래 초기 히브리어 서체로 기록되었다고 주장했다. 비록 소수 이기는 하나 초기 히브리어 서체로 기록된 기록물들이 발견됨으로 그러한 주장은 더욱 많은 학자들에게 받아들여지고 있다.

초기 히브리어 알파벳과 그 기원

초기 히브리어라는 말은 우리가 보고 있는 성경 히브리어 서체이며 현재 이스라엘에서 사용하고 있는 현대 히브리어 문자인 '정방형의 히브리어'와 구별하기 위해 사용하는 말이다. 초기 히브리어는 출애굽 전 시대에서 주전 6세기 까지 이스라엘인들에 의해 사용이 된 문자를 말한다. 현대 히브리어와 같이 초기 히브리어 알파벳도 22개로 구성되어 있었으며 그 이름들도 현재와 같았을 것으로 짐작한다. 그러나 아인, 짜데, 쉰 등의 정확한 발음은 사라졌다. 초기 히브리어 알파벳은 다른 북부 셈어 알파벳, 특히 초기 페니키아와 초기 아람어와 관련되어 있다. 모압, 암몬의 알파벳은 초기 알파벳에서 파생된 것으로 보며 사마리아 알파벳과 주전 2세기부터 주후 2세기까지의 유대 동전의 서체는 그것의 방언으로 본다.

초기 히브리어 알파벳은 아마도 히브리 민족의 출생으로 거슬러 올라가야 할 것이다. 가장 초창기 시대에 초기 히브리어 알파벳은 북부 셈어 알파벳과 흡사했다. 그러므로 초기 히브리어 알파벳의 기원에 관한 문제는 북부 셈어 알파벳의 기원에 관한 문제와 연관이 있다. 그러므로 초기 가나안 서체는 초기 히브리어 알파벳의 원형이었을 것이다. 그런 점에서 알파벳은 이미 족장 시대에 사용되었다고 볼 수 있다. 처음에 알파벳의 창안은 이집트의 상형문자에서 비롯된 것으로 추정하거나 혹은 페니키아 지방에서 처음 창안된 것으로 알려졌으나 알파벳이 탄생한 것은 상형문자가 사용된 이집트나 페니키아 지역이 아닌 팔레스타인 지역임이 밝혀졌다.

가장 최초의 알파벳은 주전 17-16세기경의 것으로 '원시-가나안어'로 불려지는데 팔레스타인 지역의 세겜, 게젤, 라기스 등에서 발견된 것이다. 그들은 주로 오스트라카 (깨어진 자기위에 잉크로 씌여진 기록물), 인장, 칼, 창의 머리 부분에 기록된 것들이다. 그 다음 시기의 알파벳이 기원전 15세기의 것으로 '원시-시나이어'로 불려지는 것인데 시내반도의 세라비트 엘-카뎀(Serabit el-Khadem)에서 발견된 것이다.

성경 시대에 문자가 사용되었으며 그것이 알파벳이라는 견해는 게젤의 농사력과 라기스 문헌이 뒤받침해 준다. 1938년 라기스에서 발견된 비문(주전 11-12세기)은 초기 히브리어 문자의 기록물이다. 사울 혹은 다윗 시대(주전 1000년경)의 것으로 추정되는 게젤의 달력은 1908년 게젤에서 발견된 것인데 부드러운 돌판에 기록된 것이며 10월에 시작되어 8개월의 목록이 있는 것으로 농사를 위한 달력임을 알 수 있다. 학자들에 따라 어떤 이는 그것이 농부의 작품으로 보는 이도 있고 학생의 연습용 작품이라고 보는 이도 있다. 어쨌든 우리가 추측할 수 있는 것은 통일 왕국 시대 즉, 주전 1000년 경에 이미 중앙 행정 체제가 있었을때 초기 히브리어 알파벳은 존재하고 있었으며 자체적으로 발전을 하고 있었다는 것이다.

초기 히브리어 알파벳의 발전 및 고대 문헌

문자들의 발전은 페니키아와 초기 아람어 알파벳과 같이 외형적인 것이었다. 초기 히브리어 문자가 차용되는 시기에 약1000년 동안 그 수와 음가는 동일하였다. 초기 히브리어 문자의 외형적인 발전은 다른 서체와 같이 명백한 것은 아니었다. 초기 히브리어 알파벳의 발전은 지속적 이었으나 일반인들이 알아보지 못할 정도로 급진적인 것은 아니었다.

1938년 라기스에서 발굴된 비문은 궁전의 계단에서 발견되었다. 중요한 점은 그 비문에서 초기 히브리어 알파벳의 5문자가 포함되었다는 것이다. 발굴자들은 그것이 학생들의 알파벳 연습을 위한 것임을 알았다. 이것은 알파벳 순서를 위한 가장 최초의 고고학적 증거가 된다. 단어들의 분리는 점이나 조그만 선을 긋는 것으로 이루어졌다(몇몇의 예외를 제외). 게젤 달력에서는 단어를 분리하는 표시가 없었다. 그러나 보다 긴 선을 이용하여 절들을 분리했다.

메사(Mesha)의 기념비(모압의 비석)는 1868년 디본(Dibin, 사해 동쪽 40km)에서 발견되었는데 승리에 대한 자축이 그 내용이며 주전 9세기 중엽의 작품이다. 이것은 역사적으로 중요한 의의를 갖는데 특히 성경과 관련되었다는 점에서 그렇다(왕하 3:4-27). 주전 9세기의 모압의 언어와 문화는 히브리 민족의 것과 너무 흡사하기 때문에 모압어는 히브리어의 방언으로 간주된다. 또한 모압 비석의 서체는 초기 히브리어와 연관되어 있다.

사마리아에서 발견된 약80개의 오스트라카를 볼 때 북왕국에서는 주전 8,9세기까지의 변형이 거의 완벽하다고 볼 수 있다. 그 오스트라카의 대다수는 한 도시의 왕의 관료들에게 지불된 기름 및 포도주의 조세와 함께 제출된 송장(送狀)이었다. 주전 700년경의 실로암 비문은 유다 방언을 나타내주는 반면에 사마리아 오스트라카는 우리에게 이스라엘 방언 서체의 본보기를 나타내 준다.

실로암 비문은 1880년 6월 몇몇의 학생들에 의해 발견되어 이스탐불 박물관에 소장되어 있다. 비록 6줄 밖에 없지만 그것은 고대 이스라엘의 중요한 기념비 비문이다. 그것은 수로를 만든 사람에 대해 기록하고 있다. 이것은 열왕기하 20:20, 역대하 32:3,30, 33:14과 관련되어 히스기야가 만든 것으로 학자들은 보고 있다. 그러므로 이것은 주전 700년 경의 작품이다. 이것과 모압의 비석을 비교함으로서 초기 히브리어 기념비 문체가 꾸준하고도 천천히 발전했음을 알 수 있다. 실로암 비문의 문자들은 초기 히브리어 기념비 문자의 대표적 역할을 한다.

유명한 라기스 편지(18편)는 1935년 텔 에트 두웨어(ed-Duweir)에서 발굴된 것이다. 불에 탄 파편에서 오스트라카가 발견되었는데 이것은 시드기야 말기에 느부갓네살의 군대에 의해 도시가 파괴될 때 (주전 586년경)의 것으로 추정한다.

초기 히브리어 문헌의 중요성

비록 대 다수가 하나 혹은 두 개의 단어들로 구성되어 있지만 초기 히브리어에 대한 기록물의 특성은 주목할 만하다. 대부분의 기록물은 위대한 사건이나 역사에 대한 기록물이기 보다는 일상생활에 대한 것들이다. 가장 간단한 기록물 조차 성경 및 고대 이스라엘의 생활과 관습에 대한 정보를 제공해 준다. 예를들면 사마리아 오스트라카는 사마리아의 궁전에 내는 세금과 관련된 기록물인데 포도주와 정제된 기름에 관한 여러가지 자료를 포함하고 있으며 언어, 종교 및 주전 8세기 북 왕국에 거주했던 주민들의 이름에 관한 정보를 갖고 있을 뿐만 아니라 지형 및 지방 혹은 국가 행정에 관한 자료들을 제공해 준다. 언어학적으로는 그것이 북 왕국의 히브리어 방언으로 기록된 가장 오래된 것이라는 점에서 대단히 중요하다.

사마리아 오스트라카는 북 왕국 이스라엘의 방언과 서체에 관한 예를 제공해 준다. 한편 다른 대부분의 기록들은 남 왕국 유다의 것들을 보여주는데 예를 들면 실로암 비문, 라기스 편지 등이 그것이다. 유대 기록물들은 새로운 단어와 흥미로운 형태를 포함하고 있으며 그 스타일은 순수하며 관용구적이고 마치 성경 히브리어의 산문 형태와도 같은 느낌을 준다.

히브리어 알파벳 문자들의 기원

문자는 그림문자로부터 출발하여 표의문자, 음절문자, 음소문자로 발달하였는데 특히 하나의 기호로 하나의 낱소리(음소)를 나타내는 문자체계인 음소문자 체계가 바로 알파벳이다. 아직도 중국어와 같이 표의문자를 사용하는 나라가 있기는 하지만 '알파벳'의 창안은 문자의 발달사에서 매우 중요한 위치를 차지한다. 만일 알파벳이 창안되지 않고 중국어와 같이 표의문자를 사용한다거나 아카드어와 같이 음절문자를 사용해야 한다면 매우 불편했을 것이다. 처음 알파벳을 창안한 이는 그 당시 사람들이 생활에서 흔히 사용하던 도구나 짐승들을 사용하여 알파벳 문자를 만들었다. 알파벳 문자의 기원에 대한 견해는 학자들마다 약간의 차이가 있는데 고문서학의 대가인 요셉 나베(Joseph Naveh)와 아다 야르데니(Ada Yardeni)에 의하면 각 알파벳 문자들의 기원은 다음과 같다:

알파벳	기 원
א	뿔 달린 황소의 머리
ב	전형적인 가옥구조
ג	두 견해가 있음: 부메랑, 낙타의 혹
ד	두 견해가 있음: 문, 물고기. 히브리어, 아랍어, 라틴어의 공통된 기원은 물고기를 나타내는 dag로 원시-시나이어에 나타남
ה	누구를 부르거나 기도하는 모습
ו	원시-가나안어에 출현하는 것으로 '고리' 에서 기원
ז	도끼 (아마도 무기로 사용된 것으로 보여짐)
ח	울타리 모양
ט	기원 불분명: 십자가 혹은 바퀴모양
י	팔과 손
כ	손바닥
ל	소 막대기 (가축을 몰 때 사용하는 막대)
מ	물
נ	뱀 (물뱀?)

ס	기원 불분명: 물고기?
ע	눈 (초기 서체에는 가운데 점이 있는 눈과 같은 모양)
פ	입 혹은 모퉁이 (발의 모퉁이)
צ	식물의 형태
ק	원숭이 혹은 바늘 구멍
ר	인간의 머리 모양
ש	활 혹은 태양의 일출
ת	신호나 기호

2. 현대 히브리어 이야기

지금 이스라엘인들이 사용하는 모국어는 현대 히브리어이다. 현대 히브리어의 역사는 불과 120년이다. 약2000년 동안 나라 없이 전 세계에 흩어져 생활하던 그들이 모국어인 히브리어를 상실하지 않고 다시 부활시켰다는 것은 신비요 기적이다. 이것은 약2천년만에 그들의 땅을 소유하게 된 것과 맥락을 같이하는 것이다. 현재 이스라엘에는 '울판'이라 불리는 현대 히브리어 학원이 전국 곳곳에 산재해 있다. 전 세계에서 몰려오고 있는 이주자들이 이러한 언어 학원을 통하여 현대 히브리어를 습득하게 되는데 울판 교사들의 교육술은 세계 어느 나라에서도 흉내낼 수 없는 독특하고도 훌륭한 것이라고 할 수 있다.

그러면 역사는 120년 밖에 되지 않지만 약3000년전의 것과 거의 비슷한 체계를 갖고 있는 현대 히브리어의 생성과 발전 과정에 관하여 알아보자.

현대 히브리어가 탄생되기까지

히브리어 백성들은 가나안을 정복할 때부터 바르코크바 반란이 있었던 주후135년까지 히브리어를 구어로 사용했다. 바르코크바 반란 후 약18세기 동안 그들은 히브리어를 말하는 대신 여러 가지 다른 언어를 구사해 오다가 지금부터 약120년전에 다시 히브리어를 구어로 사용하기 시작했다. 구어로서의 히브리어 사용이 처음으로 중단된 것은 바벨론 유수 때 유대인들의 일부가 외국어를 사용하면서 부터였다. 바벨론에 있었던 유대인들은 아람어를 사용하였고 이집트의 유대인들은 헬라시대의 헬라어를 사용했다. 심지어 이스라엘 땅에도 아람어나 헬라어를 사용했던 사람들이 있었는데 그들은 주로 갈릴리 지방이나 해안 평야에 살던 사람들이었다. 히브리어를 사용하던 사람들은 유대 지방과 그 남부 지역(헤브론 부근)에 살았다. 그러나 그들이 사용하던 히브리어는 성경 히브리어와는 다른 형태인 '미쉬나 히브리어 (Mishnaic Hebrew)'의 한 형태였을 것이다. 예루살렘의 멸망(66-70 AD)과 바르코크바 반란으로 유대 지방의 인구가 감소되면서 남은 자들이 해안 평야와 갈릴리 지역에서 거주하였는데 그때부터 히브리어의 사용자가 줄어들면서 점차 아람어를 채택하게 되었다.

그러나 주후 70년부터 1948년(이스라엘의 독립)까지 유대인들은 히브리어로 기록하고 읽는 것을 결코 중단하지 않았다. 방대한 문학이 그 시기에 형성되었는데 종교, 철학, 자연과학, 시, 희곡 여행, 역사 등에 관한 서적들이 그 예이다. 또한 유대인들 중에는 개인적인 편지나 문서 등을 히브리어로 기록하여 사용한 사람들이 항상 있었으며 심지어 일부는 그 당시에도 히브리어로 말을 하였다. 유대인들은 '비유대인고객'이 엿듣지 못하도록 시장에서 히브리어로 말을 했다. 특히 경건한 유대인들은 안식일 날은 오직 히브리어로만 말을 했다. 19세기에 들어와서 히브리어를 구어로 널리 사용하던 곳이 오직 한 곳 있었는데 그곳은 바로 예루살렘이었다. 히브리어와 독일어의 혼합 형태인 '이디쉬(YIDDISH)'를 사용하는 유럽계 유대인(아쉬케나짐-ASHKENAZIM) 들과 아랍어나 스페인어를 쓰는 스페인계 유대인 (스파라딤-SPARADIA)들이 한 곳에 모였다. 그들은 중세 시대의 이들과 같이 서로 히브리어로 이야기했는데 어느 정도까지는 의사소통이 이루어졌다. 시장에서 히브리어로 이야기 할 때 '스페인계 유대인'들의 발음이 유럽계 유대인들에 의해 채택이 되었다. 그러나 아무도 그것을 모국어로 생각하지 않았다.

1881년 러시아계 유대인인 '엘리에젤 벤 예후다(Eliezer Ben-Yehuda 1857-1922)'라는 사람이 이스라엘 땅으로 왔는데 그가 바로 '현대 히브리어의 아버지'라 불리는 사람이다.

그는 유대인이라면 마땅히 일상생활 용어로서 히브리어를 사용해야 할 것을 주장했다. 그러한 주제로 1879년 '긴급한 문제(A Burning Question)'라는 제목의 히브리어 소논문을 비엔나의 계간지에 실었다. 그는 파리에 있을 때 히브리어로 말하기를 시작했으며 이스라엘 땅에 도착했을 때 만나는 모든 사람에게 히브리어로 이야기했다. 그는 이스라엘에 도착 하자마다 두 가지 원칙을 발표했는데 첫째 사람들은 집에서 그의 가족과 히브리어로 이야기할 것과 둘째 히브리어는 학교에서의 유일한 교육매체가 되어야 한다는 것이었다. 그 자신도 예루살렘에 있는 학교에서 히브리어로 가르쳤으며 집에서는 히브리어로만 이야기했다. 그의 첫아들이 태어났을 때 그는 히브리어가 그 아기의 모어가 되도록 조심스럽게 노력했다. 그리하여 "이타말 벤-아비"는 "첫 히브리어 아기"가 된 것이다.

현대 히브리어의 발전

제2 성전의 파괴 이후 히브리어는 '사어'가 된 것으로 보는 것이 일반적인 견해였으나 여러 가지 면에서 그 견해는 잘못된 것이다. 첫째, 히브리어가 일상적인 구어로 사용되지 않은 것은 사실이나 디아스포라 기간 동안 문학 활동을 통한 꾸준한 사용으로 그 기간에 출판된 책만 해도 수만권이나 된다. 둘째, 오직 구어에서만 언어의 발전과 성장이 있을 수 있는데 디아스포라 기간동안 히브리어가 계속 발전을 거듭한 것은 구어로 사용되었음을 입증하는 것이다. 뿐만 아니라 풍부한 어휘력의 형성, 새로운 단어의 출현, 각 시대를 대

변하는 단어들의 등장 등은 히브리어가 결코 사어가 되지 않았음을 보여주는 중요한 요인들이다.

이스라엘이 가나안을 정복하기 이전에 바벨론 언어로 쓰여진 '텔-아마르나 편지'(주전 14세기 중엽)에 기록된 단어들 중 오늘날에도 사용하고 있는 것들이 15개이상 이나 된다. 이것들은 초기 히브리어 단어들이다. 성경에는 약8,000개의 단어들이 있는데 물론 이것이 성경 시대에 히브리어를 사용하던 자들이 쓰던 어휘의 총 수는 아니다. 그 당시 어휘는 적어도 30,000개는 되었을 것이지만 성경은 백과사전이 아니며 성경 기자들이 그 모든 어휘를 다 사용해야 했을 아무런 이유가 없었던 것이다. '미쉬나 히브리어(미쉬나, 토셉트, 탈무드, 미드라쉬 등의 언어)'의 어휘력은 보다 방대하다. 그 이유는 주제들이 보다 다양해졌기 때문이다. 성경 히브리어는 그 어휘력이 적음에도 불구하고 현대 히브리어에 있어서 중요한 위치를 차지하고 있나. 현대 히브리어학원(울판)에서 나열하고 있는 가장 필수적인 히브리어 단어 1,000개 중 800개가 성경 히브리어 단어이다. 신문 분석가에 의하면 신문에서 사용되는 어휘의 60-70%가 성경에서 발견된다고 하며 20%만이 미쉬나 문학에서 발견되며 중세 혹은 현대 히브리어 어휘는 소수만이 발견될 뿐이라고 한다. 이처럼 성경 히브리어가 현대 히브리어에 미치는 영향은 지대하며 따라서 현대 히브리어를 통하여 성경 히브리어로 접근하는 것은 자연스럽고 용이한 일인 것이다. 오늘날 사용하는 수십만 개의 단어 중 수천개의 단어는 아람어 탈무드에서 빌어 온 것이다. 아람어는 발음, 문법 및 어휘 등에서 히브리어와 차이가 있는 언어이지만 '바벨론 탈무드' 및 '아람 신비주의' 등을 연구하는 유대 학자들에 의해서 이미 중세 시대에 많은 단어들이 아람어에서 차용되어 사용되었다. 현대 히브리어를 쓰고 있는 이 시대에 있어서도 히브리어는 다른 언어와 마찬가지로 여러 학자들에 의해서 기술적인 어휘의 확대가 이루어지고 있다.

3. 히브리어는 하나님의 언어? "특별한 언어 아니다"[29]

오늘 우리는 정보의 홍수 시대를 살고 있다. 윗물과 아랫물이 터져 거대한 홍수를 이루었던 노아시대를 방불케 한다. 손가락 몇 개만 움직이면 미처 알지 못했던 엄청난 지식들을 쉽게 접할 수 있는 시대이다. 고대 이집트에서 나일강의 범람이 땅을 기름지게 하여 작물 재배를 유리하게 만들었던 것처럼 현대 사회에서 정보의 범람이 갖는 순기능을 무시할 수는 없다. 하지만 우후죽순으로 쏟아져 나오는 수많은 정보의 진위를 검증할 수 있는 필터의 부재가 무엇보다 문제이다.

맹인이 맹인을 인도하다

요즘 히브리어에 대한 그릇된 정보가 인터넷 공간에서 쏟아져 나오고 있음을 본다. "히브리어는 거룩한 언어이다.", "히브리어는 하나님의 언어이다.", "히브리어는 표의(表意)문자이다." 이러한 정보를 인터넷 상에서, 글이나 동영상으로 쉽게 접할 수 있다. 히브리어는 신비한 언어이며, 그 안에 대단한 비밀이 숨겨져 있는 것으로 가르치는 이들이 많이 있음을 본다. 히브리어 알파벳에 거대한 비밀이 숨겨져 있는 것으로 가르치기도 한다. 히브리어 문자를 한자와 같이 이해하여 히브리어 문자에서 '십자가'를 도출해 내기도 하고, '못

29 이 글은 2017년 8월 24일 "크리스천투데이"의 특별기고란에 게재된 글이다.

박히신 예수'를 언급하기도 한다. 더욱 더 심각한 문제는 히브리어에 대한 그릇된 지식을 바탕으로 히브리어 성경 본문을 해석한다는 것이다. 이러한 잘못된 영향을 받아 신학을 전혀 접하지 않은 이들조차 사실무근이며 근거 없는 정보를 이곳 저곳에서 전달하고 있음을 본다. 예수의 말씀 중 이들에게 너무나 잘 어울리는 말씀이 있다: "그들은 맹인이 되어 맹인을 인도하는 자로다 만일 맹인이 맹인을 인도하면 둘이 다 구덩이에 빠지리라."(마 15:14).

히브리어는 하나님의 언어가 아니다

"빛이 있으라!"(창 1:3)

이 말씀은 하나님께서 이 세상에서 가장 먼저 하신 말씀이다. 과연 하나님께서 어떤 언어로 이 말씀을 하셨을까? 결론적으로 말하자면 이 질문에 대한 대답은 "하나님만이 아신다."이다. 하나님께서 인간 세상에서 최초로 하신 이 말씀은 적어도 히브리어나 아람어나 헬라어가 아니었다. 이 언어들은 하나님께서 바벨탑 사건 이후에 혼잡케 하여 흩어지게 만드신 결과로 생겨난 언어들이며, 그 전에는 언어도 하나이고 말도 하나였기 때문이다(창 11:1). 그러므로 우리는 하나님께서 최초로 하신 말씀이 어떤 언어였는지는 물론, 아담과 하와가, 그리고 노아와 그 시대 사람들이 어떤 언어를 사용했는지에 대해서는 전혀 알 길이 없다. 이스라엘의 조상인 아브라함도 처음부터 히브리어를 사용하지는 않았다. 아브라함의 고향인 갈대아 우르에서 사용했던 언어인 아카드어를 사용했을 것으로 보는 것이 타당하고 합리적인 추측이다(창 10:10). 그러므로 하나님께서 아브라함에게 처음으로 하신 말씀 즉, "너는 너의 고향과 친척과 아버지의 집을 떠나 내가 네게 보여 줄 땅으로 가라"(창 12:1)는 말씀은 아카드어로 하셨을 가능성이 매우 높다.

"히브리어는 거룩한 언어, 혹은 하나님의 언어"라 부르는 이들은 구약 대부분이 히브리어로 기록되었기 때문이거나, 혹은 유대인을 하나님의 선택 받은 거룩한 백성으로 생각하여 그들이 사용하는 히브리어를 거룩한 언어로 보는 시각이 생겼을지도 모른다. 구약 성경의 언어이기 때문에 히브리어를 거룩한 언어로 본다면 부분적이기는 하지만 에스라서와 다니엘서에 기록되었으며, 심지어 예수님과 당시 유대인들이 사용했을 가능성이 높은 아람어는 왜 거룩한 언어로 부르지 않는가? 신약을 기록한 언어인 헬라어는 왜 하나님의 언어라 부르지 않는가?

필자는 히브리어를 모국어로 사용하는 이스라엘에서 18년 동안 생활하면서 유대인들과 히브리어로 대화하고, 유대 기독교인들과 함께 히브리어로 찬양하고 말씀을 들으며, 필자가 수학했던 히브리대학교에서는 히브리어로 강의를 들으며, 박사논문도 히브리어로 썼다. 이처럼 히브리어는 다른 언어들처럼 의사소통에 필요한 일상생활의 도구일 뿐이다. 극단적이고 근본적인 정통파 종교인들 중에서는 그런 편협적인 생각을 할 수 있으나, 대부분의 유대인들은 히브리어를 거룩한 언어로 생각하지 않는다. 예수께서 십자가에 달려 돌아가실 때 하나님께서 성전의 휘장을 위에서부터 아래로 찢으심으로 구약의 율법이 완성되는 순간 더 이상 우리에게는 거룩의 개념이 특정 사람, 장소, 시간, 건물, 사물에 적용될 수 없으므로 특정 언어가 거룩하다는 것은 신학적으로도 용납될 수 없는 시각이다.

우리가 천국에 가면 어떤 언어를 사용하게 될까? 히브리어가 하나님의 언어이기 때문에 천국에서 히브리어로 하나님과 대화를 해야 한다면 히브리어를 모르는 이들은 어떻게 하나님과 대화할 수 있겠는가? 필자는 어떤 언어권의 사람이든 상관 없이 하나님과 대화할 수 있음을 경험했다. 필자가 히브리대학교에서 재학할 당시 구내식당에서 폭탄 테러가 있었다. 9명 사망, 80여명 중상이라는 무시무시한 테러였다. 필자도 그 식당에 있었다. 폭탄 소리가 너무 커서 양쪽 고막이 모두 터져 버렸고, 2,500도 정도의 순간 온도로 전신 40%에 3도 화상을 입었다. 식당에서 정신을 잃고 쓰러져 누워 있다가 순간 정신을 차렸을 때 하나님의 음성을 듣고 밖으로 나올 수 있었다. 앰블란스에 실리면서 다시 의식을 잃었고 27일 후에 의식을 회복했다. 필자가 경험한 하나님의 음성은 입으로 말하고 귀로 듣는 것이 아닌 마음으로 말하고 마음으로 듣는 '마음의 언어'였다. 어떤 언어든지 간에 하나님께서 기뻐하시는 일에 사용된다면 바람직한 도구가 될 것이고, 남을 헐뜯고 비방하거나 넘어뜨리는데 사용된다면 불의의 도구가 될 것이다.

히브리어는 상형문자나 표의문자가 아니다

"히브리어는 상형문자, 혹은 표의문자다."라는 말은 잘못되고 왜곡된 정보이다. 만일 히브리어가 표의문자라면 영어 또한 표의문자여야 한다. 왜냐하면 영어 알파벳은 히브리어 알파벳과 동일한 기원을 갖기 때문이다. '알파벳'이라는 말은 헬라어 첫 두문자인 '알파'와 '베타'에서 나왔으며, 헬라어의 '알파', '베타'는 히브리어의 '알레프', '베트'에서 유래되었다. 히브리어 알파벳이 어떤 사물이나 모양에서 만들어진 것은 사실이다. 히브리어 첫 번째 문자인 '알레프'는 황소 머리 모양에서, '베트'는 집 모양에서 만들어졌으며, 나머지 다른 문자들도 어떤 사물이나 모양에서 만들어졌다. 바로 이러한 사실 때문에 많은 이들이 히브리어를 표의문자로 착각하게 된 것으로 보인다. 히브리어의 알파벳이 어떤 사물이나 모양에서 만들어졌기 때문에 히브리어가 표의문자라고 보아야 한다면, 히브리어 뿐 아니라, 아랍어, 아람어, 페니키아어 등의 셈어는 물론 헬라어를 포함하여 라틴어, 독일어, 이탈리아어, 프랑스어, 스페인어, 러시아어, 영어 등의 인도-유럽어도 모두 표의문자라고 해야 한다. 영어의 'NO'라는 단어를 가지고 N은 뱀의 모양에서 유래하였고, O는 사람의 눈 모양에서 유래하였으니, "뱀의 눈"이라고 해석할 수 있겠는가? 영어의 'Q'라는 알파벳이 원숭이에서 유래하였다고 하여 Q가 들어간 모든 단어를 '원숭이'와 연결시켜서 해석해야만 하는가? 세종실록에 보면 한글이 '옛 전자'를 본받았다고 되어 있다. '옛 전자'가 무엇인가에 대한 견해는 다양하지만 그것이 '가림토' 문자이든지, 고대 인도의 어떤 문자이든지, 아니면 또 다른 유래를 갖고 있든지 간에 한글 문자 역시 어떤 사물이나 모양에서 유래했을 가능성을 배제할 수 없다. 그렇다면 한글 역시 문자 하나 하나에 의미를 부여하여 해석을 해야만 하는가?

오늘날 대표적인 표의문자(표어문자가 정확한 표현)는 한자이다. 표의문자란 한 글자가 하나의 뜻을 갖는 문자를 말하며 그 경우 글자의 수가 많을 수 밖에 없다. 실제로 사용되는 한자는 5,000개 정도라고 하지만 전체 한자의 수는 5만-10만개로 알려져 있다. 그러므로 적어도 5,000개 정도의 글자를 갖고 있어야 '표의문자'라는 말을 사용할 수 있을 것이다. 그러나 '음소문자', 또는 '표음문자'라고도 부르는 알파벳은 하나의 문자가 하나의 음(자음/모음)을 나타내는 것이다. 오늘날 대부분의 언어는 표음문자인 알파벳을 가지고 있으며, 히브리어 역시 22개의 표음문자인 알파벳을 가지고 있다. 각각의 알파벳이 어떤 모양에서 유래한 것은 사실이지만 그것은 단지 소리를 나타내는 언어체계이지 뜻을 나타내는 언어체계가 아니다. 그러므로 각각의 히브리어 문자에서 의미를 도출하는 시도는 매우 위험하며 결코 받아들여질 수 없는 것이다. 그런 시각으로 성경을 해석하는 것은 말씀을 사모하는 많은 이들의 눈을 가려서 위험천만한 구덩이로 인도하는 것이다. 왜곡되고 터무니 없는 시각에 더 이상 판단력이 흐려지지 않기를 간절히 바란다.

Answer Section

연습문제 풀이

2. 다음을 읽어보라.

1. שָׁ 샤 sha	21. דֹ 도 do	41. אַל 알 al
2. גַ 가 ga	22. קוֹ 코 ko	42. עִם 임 im
3. דַ 다 da	23. נֵי 네이 ney	43. כֹּל 콜 kol
4. לָ 라 la	24. חֳ 호 ḥo	44. מִן 민 min
5. מָ 마 ma	25. סֹ 쏘 sso	45. שַׁב 샤브 shav
6. הֶ 헤 he	26. צַ 짜 tza	46. קֹף 코프 kof
7. תֵּ 테 te	27. טֵ 테 te	47. בּוּשׁ 부쉬 bush
8. נֶ 네 ne	28. יָ 야 ya	48. הֶל 헬 hel
9. כֵּ 케 ke	29. יוֹ 요 yo	49. כֻּץ 쿠쯔 kutz
10. בֶּ 베 be	30. יוּ 유 yu	50. נֵר 네르 ner
11. סֶ 쎄 sse	31. יֶ 예 ye	51. אֱל 엘 el
12. עִ 이 i	32. שֻׁ 슈 shu	52. חֳךְ 호흐 ḥoḥ
13. רִי 리 ri	33. עִי 이 i	53. עֲז 아즈 az
14. וָ 바 va	34. פֹּ 포 po	54. הֶשׁ 헤쉬 hesh
15. זִ 지 zi	35. אֱ 에 e	55. הָלוֹ 할로 halo
16. שׁוֹ 쏘 sso	36. בָּה 바 ba	56. יֵשׁ 예쉬 yesh
17. בּוֹ 보 bo	37. לֹה 로 lo	57. אֵין 에인 ein
18. לִי 리 li	38. מֶה 메 me	58. גָּדוֹל 가돌 gadol
19. תֻּ 투 tu	39. רָא 라 ra	59. בַּיִת 바이트 bait
20. אוּ 우 u	40. לֹא 로 lo	60. יְהִי 예히 yehi

61. יֶלֶד 옐레드 yeled	81. חַסְדּוֹ 하쓰도 ḥassdo
62. נוּן 눈 nun	82. מְשָׁרֵת 메샤레트 mesharet
63. אָדָם 아담 adam	83. לָמָּה 라마 lama
64. כָּכָה 카하 kaḥa	84. לָהֶם 라헴 lahem
65. אָח 아흐 aḥ	85. מָקוֹם 마콤 makom
66. אֲנִי 아니 ani	86. פְּרָת 프라트 prat
67. עַתָּה 아타 ata	87. אֶהְיֶה 에흐예 ehye
68. יֵשׁוּעַ 예슈아 yeshua	88. הָאָרֶץ 하아레쯔 haaretz
69. גִּבְעָה 기브아 giv a	89. תּוֹרָה 토라 tora
70. זֶה 제 ze	90. מִמֶּנּוּ 미메누 mimenu
71. הוֹשֵׁעַ 호쉐아 hoshea	91. תֵּלֵךְ 텔레흐 teleḥ
72. כֹּחַ 코아흐 koaḥ	92. לְמַעַן 레마안 lemaan
73. תַּפּוּחַ 타푸아흐 tapuaḥ	93. אֱנוֹשׁ 에노쉬 enosh
74. זוּז 주즈 zuz	94. חֲנוֹךְ 하노흐 ḥanoḥ
75. אַמִּיץ 아미쯔 amitz	95. צִידוֹן 찌돈 tzidon
76. כָּבַשׁ 카바쉬 kavash	96. שֶׁלַח 셸라흐 shelaḥ
77. טוֹב 토브 tov	97. עֵבֶר 에베르 ever
78. חֹדֶשׁ 호데쉬 ḥodesh	98. נָחוֹר 나호르 naḥor
79. כְּלִי 클리 kli	99. יִצְחָק 이쯔하크 itzḥak
80. הוֹדוּ 호두 hodu	100. אַבְרָם 아브람 avram

3. 다음 단어들을 읽어보라.

(1) 인명, 지명

יִשְׂרָאֵל, דָּוִד, שְׁמוּאֵל, בֵּית לֶחֶם, יְהוֹשֻׁעַ, חֶבְרוֹן, בְּאֵר שֶׁבַע, אֶפְרַיִם, בַּת שֶׁבַע,

קִרְיַת אַרְבַּע, יְהוּדָה, בֵּית-אֵל, עִמָּנוּ אֵל, אִיזֶבֶל, מִיכָאֵל, מַמְרֵא, קָדֵשׁ בַּרְנֵעַ, אֵלִיָּהוּ

이쓰라엘 issrael, 다비드 david, 슈무엘 shmuel, 베이트 레헴 beit leḥem, 예호슈아 yehoshua, 헤브론 ḥevron, 베에르 쉐바 beer sheva, 에프라임 efraim, 바트 쉐바 bat sheva, 키르야트 아르바 kiryat arba, 예후다 yehuda, 베이트 엘 beit el, 이마누 엘 imanu el, 이제벨 izevel, 미하엘 miḥael, 마므레 mamre, 카데쉬 바르네아 kadesh barnea, 엘리야후 eliyahu

(2) 단어

דָּבָר	다바르 davar	אֶרֶץ	에레쯔 eretz	עַיִן	아인 ain
זָקֵן	자켄 zaken	שָׁם	샴 sham	עַם	암 am
בַּיִת	바이트 bait	נָהָר	나하르 nahar	קוֹל	콜 kol
אִישׁ	이쉬 ish	בְּ	베 be	רֹאשׁ	로쉬 rosh
הַר	하르 har	וְ	베 ve	שֵׁם	쉠 shem
מֶלֶךְ	멜레흐 meleḥ	יוֹם	욤 yom	נֶפֶשׁ	네페쉬 nefesh
לֹא	로 lo	אָב	아브 av	אֵם	엠 em

4. 다음 문장을 읽어보라.

אָבִינוּ שֶׁבַּשָּׁמַיִם יִתְקַדֵּשׁ שִׁמְךָ תָּבֹא מַלְכוּתְךָ יֵעָשֶׂה רְצוֹנְךָ כְּבַשָּׁמַיִם כֵּן בָּאָרֶץ

(마 6:9-10)

아비누 쉐바샤마임 이트카데쉬 쉼하 타보 말후트하 예아쎄 레쫀하 케바샤마임 켄 바아레쯔

avinu shebashamaim itkadesh shimḥa tavo malḥutḥa yeasse retzonḥa kevashamaim ken baaretz

אֶשָּׂא עֵינַי אֶל-הֶהָרִים מֵאַיִן יָבֹא עֶזְרִי עֶזְרִי מֵעִם יְהוָה עֹשֵׂה שָׁמַיִם וָאָרֶץ

(시 121:1-2)

에싸 에이나이 엘 헤하림 메아인 야보 에즈리 에즈리 메임 아도나이 오쎄 샤마임 바아레쯔

assa einai el heharim meain yavo ezri ezri meim adonai osse shamaim vaaretz

גּוֹל עַל-יְהוָה דַּרְכֶּךָ וּבְטַח עָלָיו וְהוּא יַעֲשֶׂה (시 37:5)

골 알 아도나이 다르케하 우브타흐 알라브 베후 야아쎄

gol al adonai darkeḥa uvtaḥ alav vehu yaasse

הִנֵּה מַה-טּוֹב וּמַה-נָּעִים שֶׁבֶת אַחִים גַּם-יָחַד (시 133:1)

히네 마 토브 우마 나임 쉐베트 아힘 감 야하드

hine ma tov uma naim shevet aḥim gam yaḥad

*** 제2과

1. 다음 문장을 읽으라.

אָבִינוּ שֶׁבַּשָּׁמַיִם יִתְקַדֵּשׁ שִׁמְךָ : תָּבֹא מַלְכוּתְךָ יֵעָשֶׂה רְצוֹנְךָ כְּבַשָּׁמַיִם כֵּן בָּאָרֶץ :
אֶת-לֶחֶם חֻקֵּנוּ תֶּן-לָנוּ הַיּוֹם : וּסְלַח-לָנוּ עַל חֲטָאֵינוּ כְּפִי שֶׁסּוֹלְחִים גַּם אֲנַחְנוּ
לַחוֹטְאִים לָנוּ : וְאַל תְּבִיאֵנוּ לִידֵי נִסָּיוֹן כִּי אִם חַלְּצֵנוּ מִן הָרָע כִּי לְךָ הַמַּמְלָכָה
וְהַגְּבוּרָה וְהַתִּפְאֶרֶת לְעוֹלְמֵי עוֹלָמִים אָמֵן (마 6:9-13)

avinu shebashamaim itkadesh shimḥa: tavo malḥutḥa yeasse retzonḥa kevashamaim ken baaretz: et leḥem ḥukenu ten lanu hayom: usslaḥ lanu al ḥataeinu kefi shessolḥim gam anaḥnu laḥot-im(호트임) lanu: veal tvienu lidei nissayon ki im ḥaltzenu min hara ki leḥa hamamlaḥa vehagvura vehatiferet leolmei olamim amen

2. 다음 전치사구를 해석하라.

(1) לְדָוִד 다윗에게(을 위하여)

(2) בְּשֵׁם 이름으로

(3) כְּמֶלֶךְ 왕처럼

(4) לִיהוּדָה 유다를 위해

(5) בֵּאלֹהִים 하나님 안에서

(6) כְּאִישׁ 사람처럼

(7) לָעִיר 그 도시로

(8) בַּבַּיִת 그 집에서

(9) בָּאָרֶץ 그 땅에서

(10) כָּאִישׁ 그 사람처럼

(11) עַד-הַבַּיִת 그 집까지

(12) עַל-הָאָרֶץ 그 땅 위에서

(13) לִפְנֵי הָאֱלֹהִים 하나님 앞에서

(14) אֶל-אַבְרָהָם 아브라함에게

(15) מִן-הָעָם 그 백성으로부터

(16) עִם-יִצְחָק 이삭과 함께

(17) תַּחַת יַד 손 아래

(18) בְּלִי שֵׁם 이름 없이

(19) אַחֲרֵי הַיּוֹם 그 날 후에

(20) אֶת-הַבֵּן 그 아들을

(21) עִם-הָאָב 그 아버지와 함께

(22) מִיהוּדָה 유다로부터

(23) לִפְנֵי הָעִיר 그 도시 앞에서

(24) לַדָּבָר 그 일/말(씀)을 위해

(25) מִיִּשְׂרָאֵל 이스라엘로부터

(26) בַּיּוֹם 그 날에

(27) בַּשָּׁנָה 그 해에

(28) אֶל הַמֶּלֶךְ 그 왕에게

(29) אַחַר הַדָּבָר 그 일 후에

(30) בֵּין מוֹאָב וּבֵין יִשְׂרָאֵל
모압과 이스라엘 사이에

3. 다음 명사문장을 해석하라.

(1) מִי אֵלֶּה? 이들은 누구인가?

(2) מִי אַתֶּם? 당신들은(남성) 누구인가?

(3) מָה הֵמָּה? 저것들은 무엇인가?

(4) אֵיפֹה הִיא? 그녀는 어디에 있는가?

(5) מַדּוּעַ הוּא שָׁם? 왜 그는 거기에 있는가?

(6) מֵאַיִן אַתָּה? 당신은(남성) 어디서 왔는가?

(7) עַד-מָתַי אַתֵּן בַּבַּיִת? 언제까지 당신들은(여성) 그 집에 있는가?

(8) זֶה הוּא. 이 사람이 그다/이것이 그것이다.

(9) הַכֹּהֵן טוֹב. 그 제사장은 좋다.

(10) אָב וְאֵם בַּבַּיִת. 아버지와 어머니는 (그) 집에 계신다.

*** 제3과

명사와 형용사의 연습

① זָקֵן טוֹב 좋은 노인 ② עַם קָשֶׁה 어려운 백성 ③ אֶבֶן רָעָה 나쁜 돌 ④ הַבֵּן הַטּוֹב 그 좋은 아들 ⑤ הַבַּת הָרָעָה 그 나쁜 딸 ⑥ הָרֹעֶה הֶחָזָק 그 강한 목자 ⑦ בֹּקֶר טוֹב 좋은 아침 ⑧ הַשֻּׁלְחָן גָּדוֹל 그 책상은 크다 ⑨ יְהוָה צַדִּיק 여호와는 의로우시다 ⑩ סוּס אֶחָד 하나의 말 ⑪ הָעֶבֶד גָּדוֹל 그 종은 위대하다 ⑫ הָעִיר רָעָה 그 도시는 나쁘다 ⑬ אֵם טוֹבָה 좋은 어머니 ⑭ הַמְּקֹמוֹת טוֹבִים 그 장소들은 좋다 ⑮ שֻׁלְחָנוֹת חֲזָקִים 강한 책상들 ⑯ הַנָּשִׁים רָעוֹת 그 여자들은 나쁘다 ⑰ הַשֵּׁמוֹת הַגְּדוֹלִים 그 위대한 이름들 ⑱ הַחֲלֹמוֹת קָשִׁים 그 꿈들은 어렵다 ⑲ אֲנָשִׁים טוֹבִים 좋은 사람들 ⑳ בַּיָּמִים הָרָעִים 그 악한 날들에

연습문제

1. 다음 문장을 읽으라.

יְבָרֶכְךָ יְהוָה וְיִשְׁמְרֶךָ׃ יָאֵר יְהוָה פָּנָיו אֵלֶיךָ וִיחֻנֶּךָּ׃ יִשָּׂא יְהוָה פָּנָיו אֵלֶיךָ וְיָשֵׂם לְךָ שָׁלוֹם (민 6:24-26)

yevareḥeḥa adonai veishmereka: yaer adonai panav eleiḥa viḥuneka: issa adonai panav eleiḥa veyassem leḥa shalom

לֹא יִתְיַצֵּב אִישׁ לְפָנֶיךָ כֹּל יְמֵי חַיֶּיךָ כַּאֲשֶׁר הָיִיתִי עִם-מֹשֶׁה אֶהְיֶה עִמָּךְ לֹא אַרְפְּךָ
וְלֹא אֶעֶזְבֶךָּ : חֲזַק וֶאֱמָץ כִּי אַתָּה תַּנְחִיל אֶת-הָעָם הַזֶּה אֶת-הָאָרֶץ אֲשֶׁר-נִשְׁבַּעְתִּי
לַאֲבוֹתָם לָתֵת לָהֶם : (수 1:5-6)

lo ityatzev ish lefaneiḥa kol yemei ḥayeiḥa kaasher haiti im moshe ehye imaḥ lo arpeḥa velo eezveḥa: ḥazaq veematz ki ata tanḥil et haam haze et haaretz asher nishbati laavotam latet lahem

וְאֵלֶּה שְׁמוֹת בְּנֵי יִשְׂרָאֵל הַבָּאִים מִצְרָיְמָה אֵת יַעֲקֹב אִישׁ וּבֵיתוֹ בָּאוּ : רְאוּבֵן
שִׁמְעוֹן לֵוִי וִיהוּדָה : יִשָּׂשכָר זְבוּלֻן וּבִנְיָמִן : דָּן וְנַפְתָּלִי גָּד וְאָשֵׁר(출 1:1-4)

veele shmot bnei issrael habaim mitzraima et yaakov ish uveito bau: ruven(르우벤) shimon levi vihuda: issaḥar zvulun uvinyamin: dan venaftali gad veasher

2. 다음 명사문장을 해석하라.

(1) לְאִישׁ חָכָם יֵשׁ סֵפֶר אֶחָד. 지혜로운 사람에게 한권의 책이 있다.

(2) עַל הַשֻּׁלְחָן יֵשׁ יַיִן חָדָשׁ. 그 책상 위에는 새로운 포도주가 있다.

(3) כְּבוֹד אֱלֹהִים רַב מְאֹד בָּאָרֶץ. 하나님의 영광이 (그) 땅에 매우 많다.

(4) מִשְׁפַּחְתּוֹ אִתָּנוּ. 그의 가족은 우리와 함께 있다.

(5) אֵין לֶחֶם בְּיָדִי. 내 손에는 빵이 없다.

(6) פִּי הַנָּבִיא גָּדוֹל. 그 선지자의 입은 크다.

(7) הַכֹּהֵן הַקָּדוֹשׁ גָּדוֹל. 그 거룩한 제사장은 위대하다.

(8) אֵין לִי חָכְמַת אֱלֹהִים. 내겐 하나님의 지혜가 없다.

(9) הָאָב הַצַּדִּיק וְהַיָּשָׁר גְּאוֹנֵנוּ. 그 의롭고 정직한 아버지는 우리의 영광이다.

(10) יֵשׁ לָנוּ מָחָר. 우리에게는 내일이 있다.

(11) אֵין חָדָשׁ בַּבֹּקֶר וּבָעֶרֶב. 아침과 저녁에 새로운 것이 없다.

(12) רֹעֶה חָכָם וְטוֹב תַּחַת הָעֵץ. 지혜롭고 좋은 목자는 그 나무 아래에 있다.

(13) תּוֹרַת אֱלֹהִים תָּמִיד בְּפִי. 하나님의 율법은 항상 내 입에 있다.

(14) דַּם בֶּן הַנָּבִיא תַּחַת הַשֻּׁלְחָן. 그 선지자의 아들의 피가 그 책상 밑에 있다.

(15) רוּחַ אֱלֹהֵינוּ תָּמִיד קְדֹשָׁה. 우리 하나님의 영(여성)은 항상 거룩하다.

3. 다음 명사문장을 해석하라.

(1) אֲנַחְנוּ אֲנָשִׁים חֲכָמִים. 우리는 지혜로운 사람들이다.

(2) מָה יֵשׁ לָכֶם בַּבָּיִת? (그) 집에 너희에게(남성) 무엇이 있는가?

(3) אֵין לִי צְדָקָה. 나에게 의가 없다.

(4) אָבִינוּ אִתָּם. 우리 아버지는 그들과 함께 계신다.

(5) כְּבוֹד אֱלֹהִים תָּמִיד אִתָּנוּ. 하나님의 영광이 항상 우리와 함께 있다.

(6) עַם הָאָרֶץ קָדוֹשׁ. 그 땅의 백성은 거룩하다.

(7) הַנָּבִיא הֶחָדָשׁ גָּדוֹל. 그 새로운 선지자는 위대하다.

(8) כֶּרֶם הָאֱלֹהִים בְּאֶרֶץ טוֹבָה. 그 하나님의 포도원은 좋은 땅에 있다.

(9) הֵמָּה אֵת יְהוָה. 그들은 여호와와 함께 있다.

(10) אֱלֹהֵינוּ הַטּוֹב צַדִּיק. 좋으신 우리 하나님은 의로우시다.

*** 제4과

2. 다음 문장을 읽고 해석하라

(1) אֵיךְ כָּתַבְתָּ אֶת־כָּל־הַדְּבָרִים הָאֵלֶּה (렘 36:17)

어떻게 너는(남성) 이 모든 말들을 썼는가?

(2) אָמְרוּ אָחִינוּ הוּא (삿 9:3) 그들은 그가 우리 형제라고 말했다.

(3) רָאִיתִי צַדִּיק לְפָנַי בַּדּוֹר הַזֶּה (창 7:1) 나는 이 세대에 내 앞에서 의인을 보았다.

(4) נָתַתִּי אֶת־הָאָרֶץ הַזֹּאת מִנְּהַר מִצְרַיִם עַד־הַנָּהָר הַגָּדֹל נְהַר־פְּרָת (창 15:18)

내가 이 땅을 이집트 강에서 그 큰 강 프랏강(유브라데강)까지 주었다.

(5) אֲנִי וְהָאִשָּׁה הַזֹּאת יֹשְׁבֹת בְּבַיִת אֶחָד (왕상 3:17)

나와 이 여자는 한 집에서 앉아(거주하고) 있었다.

(6) זֹאת אוֹת־הַבְּרִית אֲשֶׁר־אֲנִי נֹתֵן בֵּינִי וּבֵינֵיכֶם וּבֵין כָּל־נֶפֶשׁ חַיָּה אֲשֶׁר אִתְּכֶם (창 9:12) 이것은 나와 너희와(남) 너희와(남) 함께 한 모든 생명 사이에 내가 주는 언약의 기호이다.

(7) הֵם הָלְכוּ אֶל־הָעִיר אֲשֶׁר־שָׁם אִישׁ הָאֱלֹהִים (삼상 9:10)

그들은 하나님의 사람이 있는 그 도시로 갔다.

(8) מָצָא חִלְקִיָּהוּ הַכֹּהֵן אֶת־סֵפֶר תּוֹרַת־יְהוָה בְּיַד־מֹשֶׁה (대하 34:14)

그 제사장 힐키야후(힐기야)는 모세의 손에 (주신) 여호와의 율법책을 발견했다.

(9) עָלִינוּ אֶל־הַמָּקוֹם אֲשֶׁר־אָמַר יְהוָה כִּי חָטָאנוּ (민 14:40)

우리는 죄를 지었으므로 여호와께서 말씀하신 그 장소로 올라갔다.

(10) הֲלֹא כָתַבְתִּי לְךָ (잠 22:20) 내가 네게(남) 쓰지 않았느냐?

(11) הַאַתָּה אִישׁ־הָאֱלֹהִים אֲשֶׁר־בָּאתָ מִיהוּדָה (왕상 13:14)

너는(남) 유다에서 온 하나님의 사람이냐?

(12) לָמָּה לֹא־הָלַכְתָּ עִמִּי מְפִיבֹשֶׁת (삼하 19:26)

므비보셋아, 왜 너는(남) 나와 함께 가지 않았느냐?

*** 제5과

2. 나음 동사늘의 기본형 형태를 박스 안에서 찾고 분석해 보라.

(1) נִרְאֶה 기본형 ראה(보다)의 칼 접두동사 1 인칭 복수

(2) אֶשְׁמַע 기본형 שׁמע(듣다)의 칼 접두동사 1 인칭 단수

(3) תֹּאכְלִי 기본형 אכל(먹다)의 칼 접두동사 2 인칭 여성단수

(4) יַעֲמֹד 기본형 עמד(서다)의 칼 접두동사 3 인칭 남성단수

(5) תָּקוּם 기본형 קום(일어나다)의 칼 접두동사 2 인칭 남,단 혹은 3 인칭 여,단

(6) תִּבְנוּ 기본형 בנה(짓다)의 칼 접두동사 2 인칭 남성복수

(7) אֵלֵד 기본형 ילד(낳다)의 칼 접두동사 1 인칭 단수

(8) נִקַּח 기본형 לקח(취하다)의 칼 접두동사 1 인칭 복수

(9) תֵּצֵא 기본형 יצא(나가다)의 칼 접두동사 2 인칭 남,단 혹은 3 인칭 여,복

(10) תִּרְאוּ 기본형 ראה의 칼 접두동사 2 인칭 남성복수

(11) תִּקְרְאִי 기본형 קרא(읽다)의 칼 접두동사 2 인칭 여성단수

(12) אֶמְצָא 기본형 מצא(발견하다)의 칼 접두동사 1 인칭 단수

(13) יַעֲלֶה 기본형 עלה(올라가다)의 칼 접두동사 3 인칭 남성단수

(14) תִּשְׁמַעְנָה 기본형 שמע의 칼 접두동사 2 인칭 여,복 혹은 3 인칭 여,복

(15) תֵּדְעִי 기본형 ידע(알다)의 칼 접두동사 2 인칭 여성복수

(16) יָשִׂימוּ 기본형 שׂים(두다)의 칼 접두동사 3 인칭 남성복수

(17) אֶבְנֶה 기본형 בנה(짓다)의 칼 접두동사 1 인칭 단수

(18) תִּקְרָא 기본형 קרא의 칼 접두동사 2 인칭 남성단수 혹은 3 인칭 여성단수

(19) תַּעַמְדוּ 기본형 עמד의 칼 접두동사 2 인칭 남성복수

(20) נֵלֵךְ 기본형 הלך(가다)의 칼 접두동사 1 인칭 복수

(21) יָקוּמוּ 기본형 קום의 칼 접두동사 3 인칭 남성복수

(22) אֶשְׁמֹר 기본형 שמר(지키다)의 칼 접두동사 1 인칭 단수

(23) אֹכַל 기본형 אכל의 칼 접두동사 1 인칭 단수

(24) תָּשִׂים 기본형 שׂים의 칼 접두동사 2 인칭 남성단수 혹은 3 인칭 여성단수

(25) נָקוּם 기본형 קום의 칼 접두동사 1 인칭 복수

(26) אֶבְנֶה 기본형 בנה의 칼 접두동사 1 인칭 단수

(27) תִּקְחוּ 기본형 לקח의 칼 접두동사 2 인칭 남성복수

(28) אֵדַע 기본형 ידע(알다)의 칼 접두동사 1 인칭 단수

(29) נֵצֵא 기본형 יצא(나가다)의 칼 접두동사 1 인칭 복수

(30) תֵּלֵד 기본형 ילד(낳다)의 칼 접두동사 2 인칭 남성단수 혹은 3 인칭 여성단수

3. 다음 동사들의 기본형 형태를 박스 안에서 찾고 분석해 보라.

(1) אֵרָאֶה 기본형 ראה의 Niphal 접두동사 1인칭 단수

(2) תִּכָּתֵב 기본형 כתב의 Niphal 접두동사 2인칭 남,단 혹은 3인칭 여,단

(3) נֶעֱבַד 기본형 עבד의 Niphal 접미동사 3인칭 남성단수

(4) נִמְצֵאת 기본형 מצא의 Niphal 접미동사 2인칭 여성단수

(5) נַעֲשׂוּ 기본형 עשׂה의 Niphal 접미동사 3인칭 복수

(6) נֶאֱמַר 기본형 אמר의 Niphal 접미동사 3인칭 남성단수

(7) יִנָּתֵן 기본형 נתן의 Niphal 접두동사 3인칭 남성단수

(8) נִבְרְאוּ 기본형 ברא의 Niphal 접미동사 3인칭 복수

(9) נוֹלַד 기본형 ילד의 Niphal 접미동사 3인칭 남성단수

(10) יִוָּלֵד 기본형 ילד의 Niphal 접두동사 3인칭 남성단수

(11) נוֹדַע 기본형 ידע의 Niphal 접미동사 3인칭 남성단수

(12) תִּוָּדַע 기본형 ידע의 Niphal 접두동사 2인칭 남,단 혹은 3인칭 여,단

(13) יִפָּרֵד 기본형 פרד의 Niphal 접두동사 3인칭 남성단수

(14) נִפְתְּחוּ 기본형 פתח의 Niphal 접미동사 3인칭 복수

(15) תִּמָּצֵא 기본형 מצא의 Niphal 접두동사 2인칭 남,단 혹은 3인칭 여,단

(16) יִקָּרֵא 기본형 קרא의 Niphal 접두동사 3인칭 남성단수

(17) נִקְרְאָה 기본형 קרא의 Niphal 접미동사 3 인칭 여성단수

(18) נִשְׁמַע 기본형 שׁמע이 Niphal 접미동사 3인칭 남성단수

(19) נוֹשַׁע 기본형 ישׁע의 Niphal 접미동사 3인칭 남성단수

(20) תִּוָּשַׁע 기본형 ישׁע의 Niphal 접두동사 2인칭 남,단 혹은 3인칭 여,단

4. 다음 문장을 읽고 해석하라.

(1) לֹא תֹאכְלוּ מִכֹּל עֵץ הַגָּן (창 3:1) 너희는(남) 그 정원의 모든 나무로부터 먹지 말라.

(2) אֶת-הָאֵשׁ הַגְּדֹלָה הַזֹּאת לֹא-אֶרְאֶה עוֹד (신 18:16)

나는 더 이상 이 큰 불을 보지 않을 것이다.

(3) אָנֹכִי אֶהְיֶה עִמָּךְ (신 31:23) 나는 너와(남) 함께 있을 것이다.

(4) בְּנֹתֵיכֶם תִּתְּנוּ-לָנוּ וְאֶת-בְּנֹתֵינוּ תִּקְחוּ לָכֶם (창 34:9)

너희의(남) 딸들을 우리에게 주어라 그리고 우리의 딸들을 너희에게(남) 취하라.

(5) אֲנַחְנוּ לֹא-נֵדַע מַה-נַּעֲבֹד אֶת-יְהוָה (출 10:26)

우리가 무엇으로 여호와를 섬겨야 할지 우리는 모른다.

(6) בַּמָּקוֹם הַזֶּה אֶתֵּן שָׁלוֹם (학 2:9) 이 장소에서 나는 평화를 줄 것이다.

(7) לֹא-נִבְנָה בַיִת לְשֵׁם יְהוָה עַד הַיָּמִים הָהֵם (왕상 3:2)

그 날(들)까지 여호와의 이름을 위해 집이 지어지지 않았다.

(8) לֹא-יִקָּרֵא שִׁמְךָ עוֹד יַעֲקֹב כִּי אִם-יִשְׂרָאֵל יִהְיֶה שְׁמֶךָ (창 35:10)

네 이름이 다시는 야곱으로 불려지지 않고 이스라엘이 네 이름이 될 것이다.

(9) רָעָה לֹא-תִמָּצֵא בְךָ מִיָּמֶיךָ (삼상 25:28)

악이 네(남) 안에서 너의(남) 날들 동안 발견되지 않을 것이다.

(10) הַיּוֹם אֵרָאֶה אֵלָיו (왕상 18:15) 오늘 내가 그에게 보여질 것이다.

(11) לֹא-נָתַן יְהוָה לָכֶם לֵב לָדַעַת וְעֵינַיִם לִרְאוֹת וְאָזְנַיִם לִשְׁמֹעַ עַד הַיּוֹם הַזֶּה

(신 29:3) 여호와께서 너희에게(남) 아는(깨닫는) 마음과 보는 눈들과 듣는 귀들을 이날까지 주지 않으셨다.

(12) מִצִּיּוֹן תֵּצֵא תוֹרָה וּדְבַר-יְהוָה מִירוּשָׁלָם (사 2:3)

시온에서 율법이 나올 것이고 여호와의 말씀이 예루살렘에서 (나올 것이다.)

2. 다음 동사들의 기본형 형태를 박스 안에서 찾고 분석해 보라.

(1) **אִבַּדְתֶּם** 접미동사 2 인칭남성복수, 기본형 **אבד**, 피엘

(2) **יְשָׁרֵת** 접두동사 3 인칭남성단수, 기본형 **שׁרת**, 피엘

(3) **מְהֻלָּל** 분사 남성단수, 기본형 **הלל**, 푸알

(4) **יְמַלְאוּ** 접두동사 3 인칭 남성복수, 기본형 **מלא**, 피엘

(5) **חִזַּקְתִּי** 접미동사 1 인칭단수, 기본형 **חזק**, 피엘

(6) **מְגֻדָּלִים** 분사 남성복수, 기본형 **גדל**, 푸알

(7) **יְנַחֲמוּ** 접두동사 3 인칭남성복수, 기본형 **נחם**, 피엘

(8) **מַהֵר** 명령 남성단수, 기본형 **מהר**, 피엘

(9) **תְּאַבֵּד** 접두동사 2 인칭 남성단수 혹은 3 인칭 여성단수, 기본형 **אבד**, 피엘

(10) **תְּמַלֶּאנָה** 접두동사 2/3 인칭여성복수, 기본형 **מלא**, 피엘

(11) **מְשָׁרֵת** 분사 남성단수, 기본형 **שׁרת**, 피엘

(12) **אֲהַלֵּל** 접두동사 1 인칭단수, 기본형 **הלל**, 피엘

(13) **הִתְחַזַּקְתֶּם** 접미동사 2 인칭남성복수, 기본형 **חזק**, 히트파엘

(14) **גִּדַּלְתִּי** 접미동사 1 인칭단수, 기본형 **גדל**, 피엘

(15) **מְקֻבֶּצֶת** 분사 여성단수, 기본형 **קבץ**, 푸알

(16) **מִלֵּאתָ** 접미동사 2 인칭 남성단수, 기본형 **מלא**, 피엘

(17) **הַלְלוּ** 명령 남성복수, 기본형 **הלל**, 피엘

(18) **יְמַהֲרוּ** 접두동사 3 인칭남성복수, 기본형 **מהר**, 피엘

(19) **מְאַבְּדִים** 부사 남성복수, 기본형 **אבד**, 피엘

(20) **יִתְגַּדֵּל** 접두동사 3 인칭 남성단수, 기본형 **גדל**, 히트파엘

3. 다음 문장을 읽고 해석하라.

(1) יְהוָה בֵּרַךְ אֶת-עַמּוֹ (대하 31:10) 여호와께서 그의 백성에게 복을 주셨다.

(2) הֲלוֹא אֲבַקֵּשׁ אֶת-דָּמוֹ מִיֶּדְכֶם (삼하 4:11)

내가 너희의(남) 손에서 그의 피를 요구하지 않겠느냐?

(3) עָנָה יְהוֹשֻׁעַ בִּן-נוּן מְשָׁרֵת מֹשֶׁה (민 11:28)

모세를 섬기는 자인 눈의 아들 여호수아가 대답했다.

(4) הוּא הַדָּבָר אֲשֶׁר דִּבַּרְתִּי אֶל-פַּרְעֹה (창 41:28)

그것이 내가 바로에게 말씀드린 것이다.

(5) דַּבְּרוּ אֶל-בְּנֵי יִשְׂרָאֵל (레 11:2) 너희는(남) 이스라엘의 아들들에게 말하라.

(6) רָאָה בִּלְעָם כִּי טוֹב בְּעֵינֵי יְהוָה לְבָרֵךְ אֶת-יִשְׂרָאֵל (민 24:1)

발람은 이스라엘을 축복하는 것이 여호와의 눈에 좋음을 보았다.

(7) תְּבֹרַךְ מִנָּשִׁים יָעֵל אֵשֶׁת חֶבֶר הַקֵּינִי (삿 5:24)

겐 사람 헤벨의 아내 야엘은 여인들 보다 복을 더 받을 것이다.

(8) קִדַּשְׁתִּי אֶת-שְׁמִי הַגָּדוֹל (겔 36:23) 내가 나의 위대한 이름을 거룩하게 했다.

(9) הֵם שָׁמְעוּ אֶת-קוֹל יְהוָה אֱלֹהִים מִתְהַלֵּךְ בַּגָּן (창 3:8)

그들은 그 정원에서 거니시는 하나님 여호와의 소리를 들었다.

(10) אָמְרוּ כָל-הָעָם אֶל-שְׁמוּאֵל הִתְפַּלֵּל בְּעַד-עֲבָדֶיךָ אֶל-יְהוָה אֱלֹהֶיךָ (삼상 12:19)

그 모든 백성이 사무엘에게 말했다. “당신의(남) 하나님 여호와께 당신의(남) 종들을 위해 기도하시오.”

(11) הַנַּעַר שְׁמוּאֵל מְשָׁרֵת אֶת-יְהוָה לִפְנֵי עֵלִי (삼상 3:1)

그 소년 사무엘은 엘리 앞에서 여호와를 섬기고 있다(섬기고 있었다).

(12) אַתָּה אַל-תִּתְפַּלֵּל בְּעַד-הָעָם הַזֶּה (렘 7:16)

너는(남) 이 백성을 위해 기도하지 말라.

2. 다음 동사형태를 분석하라.

שָׁרַת ,הָלַל, אָמַן, יָדַע, יָצָא, שָׁמַע, רָאָה, הָלַךְ, יָלַד, שִׂים, אָכַל,

먹다, 두나, 낳다, 가다, 보다, 듣다, 나가다, 알다, 확고하다, 찬양하다, 섬기다

עָמַד, קוּם, קָרָא, עָלָה, מָצָא, שָׁמַר, בָּנָה

짓다, 지키다, 발견하다, 올라가다, 읽다, 일어나다, 서다

1. שָׁמַרְתָּ	שָׁמַר, Qal 접미,2 남단	18. קָמוּ	קוּם, Qal 접미 3 복
2. תִּמְצָא	מָצָא, Qal 접두 2 남단/3 여단	19. יֹאכַל	אָכַל, Qal 접두 3 남단
3. עָמְדָה	עָמַד, Qal 접미 3 여단	20. נִקְרָא	קָרָא, Qal 접두 1 복/Niph. 접미 3 남단
4. יִקְרְאוּ	קָרָא, Qal 접두 3 남복	21. יְדַעְתֶּן	יָדַע, Qal 접미 2 여복
5. אָכַלְנוּ	אָכַל, Qal 접미 1 복	22. יִמָּצֵא	מָצָא,Niph. 접두 3 남단
6. עֹלֶה	עָלָה, Qal 분사 남단	23. יִשְׁמְעוּ	שָׁמַע, Qal 접두 3 남복
7. קוּמוּ	קוּם, Qal 명령 2 남복	24. נִרְאֶה	רָאָה, Qal 접두 1 복
8. שַׂמְתְּ	שִׂים, Qal 접미 2 여단	25. מְשָׁרֵת	שֵׁרֵת, Piel 분사남단
9. הֶעֱמִיד	עָמַד, Hiph. 접미 3 남단	26. יֻלַּד	יָלַד, Pual 접미 3 남단
10. יִתְהַלֵּךְ	הָלַךְ, Hith. 접두 3 남단	27. הֶאֱמִין	אָמַן, Hiph 접미 3 남단
11. הוֹלִיד	יָלַד, Hiph. 접미 3 남단	28. שָׁמַעְתָּ	שָׁמַע, Qal 접미 2 남단
12. לִמְצֹא	מָצָא, Qal 부정사연계	29. תֹּאמֵר	אָמַר, Qal 접두 2 남단/3 여단
13. שִׂים	שִׂים, Qal 명령 2 남단/부연계	30. לָלֶכֶת	전치사+ הָלַךְ, Qal 부정연계
14. יִשְׁמְרוּ	שָׁמַר, Qal 접두 3 남복	31. הִלֵּל	הָלַל, Piel 접미 3 남단
15. רָאִיתִי	רָאָה, Qal 접미 1 단	32. יֵצֵא	יָצָא, Qal 접두 3 남단
16. עֹמֵד	עָמַד, Qal 분사남단	33. נֵדַע	יָדַע, Qal 접두 1 복
17. נַעֲלֶה	עָלָה, Qal/Hiph 접두 1 복	34. תִּשְׁמֹר	שָׁמַר, Qal 접두 2 남단 /3 여단

35. הִתְהַלְלוּ	הָלַל, Hith 접미 3 복/명령 남복	54. וַתָּקָם	קוּם, Qal 접두 2 남단/3 여단전환
36. לִשְׁמֹעַ	전치사+שָׁמַע, Qal 부정연계	55. וַיַּעַמְדוּ	עָמַד, Qal 접두 3 남복바브전환법
37. נִשְׁמְרָה	שָׁמַר, Qal 접두 1 복연장/Niph. 접미 3 여단	56. וַתֹּאכַלְנָה	אָכַל, Qal 접두 2 여복 /3 여복, 바브전환법
38. יַאֲמִינוּ	אָמַן, Hiph 접두 3 남복	57. יַשְׁמִיעוּ	שָׁמַע, Hiph 접두 3 남복
39. עִמְדוּ	עָמַד, Qal 명령 2 남복	58. תֵּלֵךְ	הָלַךְ, Qal 접두 2 남단 /3 여단
40. הִשְׁמִיעַ	שָׁמַע, Hiph 접미 3 남단	59. מְהֻלָּל	הִלֵּל, Pual 분사남단
41. אֹכֶלֶת	אָכַל, Qal 분사여단	60. יֹלֶדֶת	יָלַד, Qal 분사여단
42. אֲמַרְתֶּן	אָמַר, Qal 접미 2 여복	61. רָאֲתָה	רָאָה, Qal 접미 3 여단
43. עָלְתָה	עָלָה, Qal 접미 3 여단	62. יְשָׁרְתוּ	שָׁרַת, Piel 접두 3 남복
44. לְהָקִים	전치사+קוּם, Hiph 부정연계	63. נֶאֱמָנִים	אָמַן, Niph 분사남복
45. הוֹצִיא	יָצָא, Hiph 접미 3 남단, 부정연계	64. שְׁמַעְתִּיךָ	שָׁמַע, Qal 접미 1 단+2 남단
46. תִּקְרֶאנָה	קָרָא, Qal 접두 2 여복 /3 여복	65. הַלְלוּ-יָהּ	הִלֵּל, Piel 명령 2 남복+יְהוָה
47. אֱמֹר	אָמַר, Qal 명령 2 남단	66. שָׁמְרֵנִי	שָׁמַר, Qal 명령 남단+1 단
48. שַׂמְתֶּם	שִׂים, Qal 접미 2 남복	67. יִמְצָאֵם	מָצָא, Qal 접두 3 남단+3 남복
49. נוֹלַד	יָלַד, Niph 접미 3 남단	68. הֶעֱמַדְתִּיךָ	עָמַד, Hiph 접미 1 단+2 남단
50. שְׁמַע	שָׁמַע, Qal 명령 2 남단	69. וַיֵּלְכוּ	הָלַךְ, Qal 접두 3 남복바브전환법
51. אַאֲמִין	אָמַן, Hiph 접두 1 단	70. וַתֵּרֶא	רָאָה, Qal 접두 2 남단 /3 여단 바브전환법
52. וַיַּעַל	עָלָה, Qal 접두 3 남단 바브전환법	71. יִשְׁמָעֵנִי	שָׁמַע, Qal 접두 3 남단+1 단
53. וַיִּקְרָא	קָרָא, Qal 접두 3 남단바브전환법	72. הֶעֱלִיתָנוּ	עָלָה, Hiph 접미 2 남단+1 복

3. 다음 구절(창5:15-24) 중 숫자와 해(שָׁנָה)만 읽고 한글로 해석하라.

חָמֵשׁ שָׁנִים וְשִׁשִּׁים שָׁנָה 65 년

שְׁלֹשִׁים שָׁנָה וּשְׁמֹנֶה מֵאוֹת שָׁנָה 830 년

חָמֵשׁ וְתִשְׁעִים שָׁנָה וּשְׁמֹנֶה מֵאוֹת שָׁנָה 895 년

162 년 שְׁתַּיִם וְשִׁשִּׁים שָׁנָה וּמְאַת שָׁנָה

800 년 שְׁמֹנֶה מֵאוֹת שָׁנָה

962 년 שְׁתַּיִם וְשִׁשִּׁים שָׁנָה וּתְשַׁע מֵאוֹת שָׁנָה

65 년 חָמֵשׁ וְשִׁשִּׁים שָׁנָה

300 년 שְׁלֹשׁ מֵאוֹת שָׁנָה

365 년 חָמֵשׁ וְשִׁשִּׁים שָׁנָה וּשְׁלֹשׁ מֵאוֹת שָׁנָה

4. 다음 문장을 읽고 해석하라.

(1) לֹא-הֶאֱמִין סִיחוֹן אֶת-יִשְׂרָאֵל (삿 11:20) 시혼은 이스라엘을 믿지 않았다.

(2) בָּרוּךְ יְהוָה אֲשֶׁר הִצִּיל אֶתְכֶם מִיַּד מִצְרַיִם (출 18:10)

너희를(남) 애굽의 손에서 구원하신 여호와는 복되시다.

(3) יְהוָה הִשְׁלִיךְ עֲלֵיהֶם אֲבָנִים גְּדֹלוֹת מִן-הַשָּׁמַיִם עַד-עֲזֵקָה (수 10:11)

여호와께서 그들 위에 큰 돌들을 하늘에서부터 아세가까지 던지셨다.

(4) וַיִּשְׁמַע שְׁמוּאֵל אֵת כָּל-דִּבְרֵי הָעָם וַיְדַבְּרֵם בְּאָזְנֵי יְהוָה (삼상 8:21)

사무엘이 그 백성의 모든 말들을 듣고 여호와의 귀에 그것들을 말했다.

(5) אֲדֹנָי הִשְׁמִיעַ אֶת-מַחֲנֵה אֲרָם קוֹל רֶכֶב קוֹל סוּס (왕하 7:6)

내 주께서 아람 진영에게 마차와 말 소리를 들려주셨다.

(6) וַיֵּצֵא מֹשֶׁה וַיְדַבֵּר אֶל-הָעָם אֵת דִּבְרֵי יְהוָה (민 11:24)

모세가 나가서 여호와의 말씀들을 그 백성에게 말했다.

(7) וַיַּשְׁכֵּם אֲבִימֶלֶךְ בַּבֹּקֶר וַיִּקְרָא לְכָל-עֲבָדָיו וַיְדַבֵּר אֶת-כָּל-הַדְּבָרִים הָאֵלֶּה (창 20:8)

아비멜렉이 아침에 일찍 일어나 그의 모든 종들을 불러 이 모든 일들을 말했다

(8) וַיֹּאמְרוּ נַעֲרֵי-הַמֶּלֶךְ מְשָׁרְתָיו יְבַקְשׁוּ לַמֶּלֶךְ נְעָרוֹת בְּתוּלוֹת (에 2:2)

그 왕의 수종드는 젊은이들이 말하였다. "왕을 위해 처녀인 젊은 여인들을 찾게 하소서"

(9) וַיְהִי דְּבַר-יְהוָה אֶל-יוֹנָה בֶן-אֲמִתַּי לֵאמֹר קוּם לֵךְ אֶל-נִינְוֵה הָעִיר הַגְּדוֹלָה

(욘 1:1-2) 여호와의 말씀이 아밋대의 아들 요나에게 있었다. “너는 (남) 일어나 그 큰 도시 니느웨로 가라”

(10) וַיֹּאמֶר יְהוָה יְהוּדָה יַעֲלֶה הִנֵּה נָתַתִּי אֶת-הָאָרֶץ בְּיָדוֹ (삿 1:2)

여호와께서 말씀하셨다. “유다가 올라갈 것이다. 보라 내가 그 땅을 그의 손에 주었다.”

*** 제8과

1. 다음 문장들을 액센트 체계에 따라 분석하고 해석하라.

(1) 창세기 10장 21절[30]

וּלְשֵׁם יֻלַּד גַּם־הוּא אֲבִי כָּל־בְּנֵי־עֵבֶר אֲחִי יֶפֶת הַגָּדוֹל׃

황제 왕2 왕1 장교1 황제 왕1

1/8 1/4 1/8 1/2 1/4

황제 전반부: 셈, 그에게도 태어났다.

황제 후반부: 모든 에벨 자손의 조상, 큰 야벳의 형제

해석: 셈, 그에게도 아이가 태어났다.

그는 모든 에벨 자손의 조상이요 야벳의 동생이다.

30 왕1인 ‘에베르(עֵבֶר)’ 에서 1/4이므로 ‘모든 에벨 자손의 조상’ 과 ‘큰 야벳의 형제’ 가 동등한 힘을 소유하며 다시 뒷 부분에서 ‘아히(אֲחִי)’ 가 왕2이므로 ‘형제’ 와 ‘큰 야벳’ 이 동등한 힘을 소유한다. ‘셈’ 은 ‘모든 에벨 자손의 조상’ 이요 ‘큰 야벳의 형제 ‘라는 것이다. 셈이 큰 야벳의 형제라는 것은 야벳의 동생임을 의미한다. 만일 셈이 야벳의 형이라면 왕2는 ’ 아히(אֲחִי) ‘가 아니라 ’ 예페트 (יֶפֶת) ‘에 위치해야 한다. 그러나 히브리어 성경 본문에는 분명 ’ 예페트(יֶפֶת) ‘에 분리액센트가 아닌 연결액센트가 있다.

(2) 사무엘상 3장 3절[31]

וְנֵ֤ר אֱלֹהִים֙ טֶ֣רֶם יִכְבֶּ֔ה וּשְׁמוּאֵ֖ל שֹׁכֵ֑ב בְּהֵיכַ֣ל יְהוָ֔ה אֲשֶׁר־שָׁ֖ם אֲר֥וֹן אֱלֹהִֽים׃

황제	왕 2	왕 1	황제	왕 2	왕 1	장교 1
	1/8	1/4	1/2	1/8	1/4	1/8

황제 전반부: 하나님의 등불은 아직 꺼지지 않았으며, 사무엘은 누워있었다.

황제 후반부: 하나님의 법궤가 있던, 여호와의 전에

해석: 하나님의 법궤가 있던 여호와의 전에 하나님의 등불은 아직 꺼지지 않았으며 사무엘은 누워있었다.

(3) 이사야 40장 3절 (전반부)[32]

ק֣וֹל קוֹרֵ֔א בַּמִּדְבָּ֕ר פַּנּ֖וּ דֶּ֣רֶךְ יְהוָ֑ה

황제	왕 3	왕 2	왕 1
	1/8	1/4	1/2

왕 전반부: 외치는 자의 소리

왕 후반부: 광야에서, 여호와의 길을 열어주라.

---

31 만일 사무엘이 누워있던 곳이 '여호와의 전'이라면 '쇼헤브(שֹׁכֵ֑ב)'(누워있었다)에 황제급 액센트가 와서는 안된다. 다시말하면 '하나님의 등불은 아직 꺼지지 않았다' 라는 절과 동등한 힘을 갖는 절로 '사무엘이 여호와의 전에 누워있었다'라는 절이 와야만 한다. 그러나 '사무엘이 누워있었다'라는 절에서 황제급 액센트가 왔다는 것은 사무엘이 누워있었던 곳은 여호와의 전이 아님을 말해주고 있는 것이다. 우리는 본 구절은 물론 성경의 다른 구절에서도 사무엘이 누워있었던 장소를 알 수 없다. 사무엘이 누워있었던 장소는 당시 성막이나 성전과 관련된 고고학, 역사학적 자료 등을 통한다면 좀 더 정확히 알게 되겠지만 제사장도 아닌 소년 사무엘이(삼상3:1) 제사장도 잠을 자지 않는 성막에서 잠을 잔다는 것은 정황상 맞지 않음을 짐작할 수는 있다.

32 황제급 전반부를 둘로 나누면 '외치는 자의 소리'와 '광야에서, 여호와의 길을 열어주라'로 되어 있다. 따라서 '광야에서'는 '외치는 자'가 아니라 '열어주라(파누, פַּנּוּ) '로 연결되어야 한다.

해석: 외치는 자의 소리여, 너희는 광야에서 여호와의 길을 열어주라.

(4) 민수기 14장 8절 (후반부)[33]

אֶ֕רֶץ אֲשֶׁר־הִ֛וא זָבַ֥ת חָלָ֖ב וּדְבָֽשׁ׃

황제	왕 2	장교 1	왕 1
	1/4	1/8	1/2

왕 전반부: 땅

왕 후반부: 그것은 우유가 흐른다, 꿀

해석: 우유가 흐르고 꿀이 있는 땅

(5) 신명기 25장 18절 (전반부)[34]

אֲשֶׁ֨ר קָֽרְךָ֜ בַּדֶּ֗רֶךְ וַיְזַנֵּ֤ב בְּךָ֙ כָּל־הַנֶּחֱשָׁלִ֣ים אַחֲרֶ֔יךָ וְאַתָּ֖ה עָיֵ֣ף וְיָגֵ֑עַ

황제	왕 2	왕 1	장교 2	장교 1	신하 1
	1/4	1/2	1/8	1/4	1/8

왕 전반부: 그가 길에서 너를 만나, 너의 뒤를 치고 / 네 뒤에 있는 모든 약한 자들

왕 후반부: 너는 지치고 피곤했다.

---

33 황제급 후반부를 둘로 나누면 '땅'과 '우유가 흐르고, 꿀'로 되어 있다. 뒷 부분을 다시 둘로 나누면 '우유가 흐르고'와 '꿀'로 되어 있다. 따라서 '젖과 꿀'을 모두 '흐르는'에 연결해서는 안된다. 따라서 이 구절을 액센트에 따라 정확히 해석하자면 '우유가 흐르고 꿀(이 있는) 땅'이 된다.

34 황제급 전반부를 둘로 나누면 '그가 길에서 너를 만나, 너의 꼬리를 치고 / 네 뒤에 있는 모든 약한 자들'과 '너는 지치고 피곤했다'이다. 따라서 '너는 지치고 피곤했다'는 앞 부분과 동등한 힘을 가지므로 '그가 약한자들을 만나 뒤를 치는 행위'와 동급으로 해석해야한다. 또한 왕급 전반부에서는 '그가 길에서 너를 만나, 너의 뒤를 치고'와 '네 뒤에 있는 모든 약한 자들'이 동급이므로 '모든 약한 자들'은 '그가 길에서 만나는 것과 뒤를 치는 것'에 모두 걸려야 한다.

해석: 그가 길에서 네 뒤에 있는 모든 약한 자들인 너를 만나 너의 뒤를 쳤고 너는 지치고 피곤했다.

동사변화표

*** 접미동사

	Qal	Niphal	Piel	Pual	Hithpael	Hiphil	Hophal
אֲנִי	קָטַלְתִּי	נִקְטַלְתִּי	קִטַּלְתִּי	קֻטַּלְתִּי	הִתְקַטַּלְתִּי	הִקְטַלְתִּי	הָקְטַלְתִּי
אַתָּה	קָטַלְתָּ	נִקְטַלְתָּ	קִטַּלְתָּ	קֻטַּלְתָּ	הִתְקַטַּלְתָּ	הִקְטַלְתָּ	הָקְטַלְתָּ
אַתְּ	קָטַלְתְּ	נִקְטַלְתְּ	קִטַּלְתְּ	קֻטַּלְתְּ	הִתְקַטַּלְתְּ	הִקְטַלְתְּ	הָקְטַלְתְּ
הוּא	קָטַל	נִקְטַל	קִטֵּל	קֻטַּל	הִתְקַטֵּל	הִקְטִיל	הָקְטַל
הִיא	קָטְלָה	נִקְטְלָה	קִטְּלָה	קֻטְּלָה	הִתְקַטְּלָה	הִקְטִילָה	הָקְטְלָה
אֲנַחְנוּ	קָטַלְנוּ	נִקְטַלְנוּ	קִטַּלְנוּ	קֻטַּלְנוּ	הִתְקַטַּלְנוּ	הִקְטַלְנוּ	הָקְטַלְנוּ
אַתֶּם	קְטַלְתֶּם	נִקְטַלְתֶּם	קִטַּלְתֶּם	קֻטַּלְתֶּם	הִתְקַטַּלְתֶּם	הִקְטַלְתֶּם	הָקְטַלְתֶּם
אַתֶּן	קְטַלְתֶּן	נִקְטַלְתֶּן	קִטַּלְתֶּן	קֻטַּלְתֶּן	הִתְקַטַּלְתֶּן	הִקְטַלְתֶּן	הָקְטַלְתֶּן
הֵמָּה/ הֵנָּה	קָטְלוּ	נִקְטְלוּ	קִטְּלוּ	קֻטְּלוּ	הִתְקַטְּלוּ	הִקְטִילוּ	הָקְטְלוּ

*** 접두동사

	Qal	Niphal	Piel	Pual	Hithpael	Hiphil	Hophal
אֲנִי	אֶקְטֹל	אֶקָּטֵל	אֲקַטֵּל	אֲקֻטַּל	אֶתְקַטֵּל	אַקְטִיל	אָקְטַל
אַתָּה	תִּקְטֹל	תִּקָּטֵל	תְּקַטֵּל	תְּקֻטַּל	תִּתְקַטֵּל	תַּקְטִיל	תָּקְטַל
אַתְּ	תִּקְטְלִי	תִּקָּטְלִי	תְּקַטְּלִי	תְּקֻטְּלִי	תִּתְקַטְּלִי	תַּקְטִילִי	תָּקְטְלִי
הוּא	יִקְטֹל	יִקָּטֵל	יְקַטֵּל	יְקֻטַּל	יִתְקַטֵּל	יַקְטִיל	יָקְטַל
הִיא	תִּקְטֹל	תִּקָּטֵל	תְּקַטֵּל	תְּקֻטַּל	תִּתְקַטֵּל	תַּקְטִיל	תָּקְטַל
אֲנַחְנוּ	נִקְטֹל	נִקָּטֵל	נְקַטֵּל	נְקֻטַּל	נִתְקַטֵּל	נַקְטִיל	נָקְטַל
אַתֶּם	תִּקְטְלוּ	תִּקָּטְלוּ	תְּקַטְּלוּ	תְּקֻטְּלוּ	תִּתְקַטְּלוּ	תַּקְטִילוּ	תָּקְטְלוּ
אַתֶּן	תִּקְטֹלְנָה	תִּקָּטַלְנָה	תְּקַטֵּלְנָה	תְּקֻטַּלְנָה	תִּתְקַטֵּלְנָה	תַּקְטֵלְנָה	תָּקְטַלְנָה
הֵמָּה	יִקְטְלוּ	יִקָּטְלוּ	יְקַטְּלוּ	יְקֻטְּלוּ	יִתְקַטְּלוּ	יַקְטִילוּ	יָקְטְלוּ
הֵנָּה	תִּקְטֹלְנָה	תִּקָּטַלְנָה	תְּקַטֵּלְנָה	תְּקֻטַּלְנָה	תִּתְקַטֵּלְנָה	תַּקְטֵלְנָה	תָּקְטַלְנָה

*** 기타형태들

	Qal	Niphal	Piel	Pual	Hithpael	Hiphil	Hophal
부정사 연계	קְטֹל	הִקָּטֵל	קַטֵּל		הִתְקַטֵּל	הַקְטִיל	
부정사 절대	קָטוֹל	הִקָּטֹל נִקְטֹל	קַטֹּל		הִתְקַטֵּל	הַקְטֵל	
명령	קְטֹל קִטְלִי קִטְלוּ קְטֹלְנָה	הִקָּטֵל הִקָּטְלִי הִקָּטְלוּ הִקָּטַלְנָה	קַטֵּל קַטְּלִי קַטְּלוּ קַטֵּלְנָה		הִתְקַטֵּל הִתְקַטְּלִי הִתְקַטְּלוּ הִתְקַטֵּלְנָה	הַקְטֵל הַקְטִילִי הַקְטִילוּ הַקְטֵלְנָה	
분사	קֹטֵל קֹטֶלֶת קֹטְלִים קֹטְלוֹת	נִקְטָל נִקְטֶלֶת נִקְטָלִים נִקְטָלוֹת	מְקַטֵּל מְקַטֶּלֶת מְקַטְּלִים מְקַטְּלוֹת	מְקֻטָּל מְקֻטֶּלֶת מְקֻטָּלִים מְקֻטָּלוֹת	מִתְקַטֵּל מִתְקַטֶּלֶת מִתְקַטְּלִים מִתְקַטְּלוֹת	מַקְטִיל מַקְטִילָה מַקְטִילִים מַקְטִילוֹת	מָקְטָל מָקְטָלָה מָקְטָלִים מָקְטָלוֹת
바브 전환법 접두	וַיִּקְטֹל	וַיִּקָּטֵל	וַיְקַטֵּל	וַיְקֻטַּל	וַיִּתְקַטֵּל	וַיַּקְטֵל	

단어 정리

1. 히브리어-한글

א

히브리어	뜻	출처
אָב	아버지	1과
אָבַד	멸망시키다(pi.)	6과
אָבַד	멸망하다	강독-욘1
		강독-시2
אָבָה	원하다	강독-삼상31
אָבֵל	슬퍼하는	강독-에6
אָדוֹן	주인	강독-창39
אָדָם	사람	2과
אָהַב	사랑하다	강독-창22
אוּלַי	혹시	강독-욘1
אוֹצָר	보물	강독-수6
אוֹר	빛	2과
אוֹת	기호	4과
אוֹת	표시	4과
אָז	그 때	강독-창39
אֶחָד	하나의	2과
אָחוֹת	누이	3과
אָחַז	붙잡다	강독-창22
אֲחֻזָּה	소유	강독-시2
אַחַר	후에	강독-창22
		강독-삼상31

히브리어	뜻	출처
אַיֵּה	어디에	강독-창22
אַיִל	수양	강독-창22
אֵי-מִזֶּה	어느	강독-욘1
אִישׁ	남자	1과
	남편	1과
אָכַל	먹다	4과
אֱלֹהִים	하나님	2과
	신	2과
אֶלֶף	천	강독-삼상17
אִם	만일 -이면	5과
אֵם	어머니	1과
אַמָּה	규빗	강독-삼상17
אָמַן	믿다(hi.)	7과
אָמַר	말하다	4과
אָנָּא	제발	강독-욘1
אֳנִיָּה	배(ship)	5과
		강독-욘1
אָנַף	화내다	강독-시2
אָסִיר	죄수	강독-창39
אָסַף	모으다	강독-수6
		강독-삼상17
אָסַר	묶다	강독-창39

אַף	코	강독-창39
	화	강독-창39
אֶפֶס	끝	강독-시2
אֵצֶל	옆에	강독-창39
אַרְבַּע	넷	강독-삼상17
אָרַג	짜다	강독-삼상17
אֲרוֹן	궤	강독-수6
אֶרֶץ	땅	1과
אֵשׁ	불	강독-창22
אִשָּׁה	여자	2과
	아내	2과
אַשְׁרֵי	복된	강독-시2
אֶתְמוֹל	어제	4과

ב

בְּ	-에	1과
בַּאֲשֶׁר	때문에	강독-창39
בֶּגֶד	의복	강독-창39
בִּגְלַל	때문에	강독-창39
בָּהַל	놀라다	강독-에6
בָּהַל	놀라게하다(pi.)	강독-시2
בּוֹא	오다	4과
בָּחַן	살피다	5과
בַּיִת	집	1과
בָּכָה	울다	강독-룻1
בְּכוֹר	조태생	강독-삼상17

בִּלְתִּי	없이	강독-룻1
בֵּן	아들	2과
בָּנָה	짓다	4과
בֵּנַיִם	두진영사이의공간	강독-삼상17
בְּעַד	위하여	6과
בָּעַר	불타다	강독-시2
בָּקַע	쪼개다	강독-창22
בֹּקֶר	아침	2과
בָּקַשׁ	찾다(pi.)	6과
		강독-에6
בַּר	아들	강독-시2
בָּרָא	창조하다	5과
בָּרָה	정하다	강독-삼상17
בַּרְזֶל	철	강독-수6
		강독-시2
		강독-삼상17
בָּרַח	도망하다	6과
		강독-욘1
בְּרִית	계약	2과
	언약	2과
בָּרַךְ	복을주다(pi.)	6과
בָּרַךְ	무릎을 꿇다	강독-창39
בְּרָכָה	복	강독-창39
בְּשֶׁלְּמִי	누구로인해	강독-욘1
בָּשַׂר	소식을전하다	강독-삼상31
בַּת	딸	2과

בְּתוּלָה	처녀	5과

ג

גֹּבַהּ	높이	강독-삼상17
גִּבּוֹר	영웅	3과
גָּדוֹל	큰	2과
	위대한	2과
גְּדוּלָּה	위대함	강독-에6
גָּדַל	키우다(pi.)	6과
גָּדַל	자라다	강독-룻1
גְּוִיָּה	시체	강독-삼상31
גּוּר	살다	강독-룻1
גּוֹרָל	제비	강독-욘1
גַּיְא	골짜기	강독-삼상17
גִּיל	기뻐하다	강독-시2
גֻּלְגֹּלֶת	두개골	강독-삼상31
גָּלָה	드러나다	6과

ד

דָּבַק	붙다	강독-룻1
	따라가다	강독-룻1
	달라붙다	강독-삼상31
דָּבָר	것(thing)	1과
	말(씀)	1과
דְּבַשׁ	꿀	강독-신6
דּוֹר	세대	3과
דָּחַף	서두르다	강독-에6
דָּם	피	3과
דָּקַר	찌르다	강독-삼상31

ה

הָגָה	중얼거리다	강독-시2
הָיָה	이다	4과
	있다	4과
הָלַךְ	가다	4과
הָלַךְ	거닐다(hith.)	6과
הָלַל	찬양하다(pi.)	6과
הִנֵּה	자	7과
	보라	7과
הַר	산	1과
		강독-창22

ו

וְ	그리고	1과

ז

זֶבַח	제물	강독-욘1
זָבַח	제물을 바치다	강독-욘1
זָהָב	금	강독-수6
זוּב	흐르다	강독-신6
זוֹנָה	창녀	5과
זִכְרוֹן	기억	강독-에6

זָנָה	매춘하다	강독-수6
זַעַף	분노	강독-욘1
זָעַק	부르짖다	강독-욘1
זָקֵן	노인	1과
	장로	1과
זֶרַע	씨	강독-에6
	자손	강독-에6
זֶרֶת	한뼘	강독-삼상17

ח

חָבָא	숨다	강독-수6
חֹבֵל	선원	강독-욘1
חָבַשׁ	묶다	강독-창22
	안장을 지우다	강독-창22
חָדָשׁ	새로운	3과
חוֹמָה	성벽	강독-수6
		강독-삼상31
חוּץ	외부의	강독-창39
חוֹשֶׁךְ	어둠	7과
חָטָא	죄짓다	4과
חַי	살아있는	4과
חָיָה	살다	강독-수6
חִיל	괴로와하다	강독-삼상31
חַיִל	힘	강독-수6
	군대	강독-삼상17
חִיצוֹן	외부의	강독-에6
חָכָם	지혜로운	3과
חָכְמָה	지혜	2과
חָלָב	우유	강독-신6
חָלַל	시작하다(hi.)	강독-에6
חָלָל	살해된	강독-삼상31
חָלַץ	대비하다	강독-수6
חֲמוֹר	나귀	강독-창22
חָמוֹת	시어머니	강독-룻1
חָמֵשׁ	다섯	강독-삼상17
חֵן	호의	강독-창39
	은혜	강독-창39
חָנָה	진을 치다	강독-삼상17
חָנוּן	은혜로운	7과
חֲנִית	창	강독-삼상17
חֶסֶד	인자	2과
	자비	2과
חָסָה	피하다	강독-시2
חָפָה	덮다	강독-에6
חָפֵץ	기뻐하다	강독-욘1
		강독-에6
חָפְשִׁי	자유로운	강독-삼상17
חָצֵר	뜰	강독-에6
חֹק	규례	강독-신6
חֶרֶב	칼	3과
		강독-수6
חָרָה	노하다	강독-창39

חָרוֹן	분노	강독-시2
חָרִיץ	벤 조각	강독-삼상17
חֵרֶם	바쳐진것	강독-수6
חָרַם	바치다	강독-수6
חָרַף	조롱하다	강독-삼상17
	모욕하다	강독-삼상17
חָשַׁב	생각하다	강독-욘1
	간주하다	강독-욘1
חָשַׂךְ	억제하다	강독-창39
	막다	강독-창22
חָתַר	노를 젓다	강독-욘1
חָתַת	놀라다	강독-삼상17

ט

טַבָּח	경호원	강독-창39
	요리사	강독-창39
טוֹב	좋은	2과
טוֹטָפָה	머리띠	강독-신6
טוּל	던지다(hi.)	7과
		강독-욘1

י

יְבָמָה	동서	강독-룻1
יַבָּשָׁה	마른 땅	강독-욘1
יָד	손	2과
יָדַע	알다	4과
יוֹבֵל	수양의 뿔	강독-수6
יוֹם	날	1과
יוֹצֵר	도공	강독-시2
יוֹתֵר	보다 더	강독-에6
יַחַד	함께	강독-창22
יְחִיד	유일한	강독-창22
יָטַב	선하다	강독-신6
יַיִן	포도주	3과
יָכוֹל	할 수 있다	5과
יָכֹל	할 수있다	강독-삼상17
יָלַד	낳다	4과
יָם	바다	강독-욘1
יָסַד	설립하다	강독-시2
יָסַף	더하다	강독-룻1
יָסַר	훈계하다	강독-시2
יָפֶה	아름다운	강독-창39
יָצָא	끌어내다(hi.)	7과
יָצָא	나가다	4과
יָצַב	서다	강독-시2
יְקָר	존귀	강독-에6
יָרֵא	경외하다	7과
	두려워하다	강독-욘1
יִרְאָה	두려움	강독-욘1
	경외	강독-시2
יָרַד	내려가다	강독-욘1
יָרַד	내려가게하다(hi.)	7과

יָרָה	쏘다	강독-삼상31
יְרֵכָה	옆구리	강독-욘1
	깊은 곳	강독-욘1
יָרַשׁ	상속하다	강독-신6
יָשַׁב	앉다	4과
יָשַׁע	구원하다	5과
יָשָׁר	곧은	3과
	정직한	3과

כ

כְּ	약(about)	강독-룻1
כַּאֲשֶׁר	처럼	강독-욘1
כָּבֵד	무겁다	강독-삼상31
כָּבוֹד	영광	3과
כֹּה	이렇게	강독-룻1
כֹּהֵן	제사장	2과
כּוֹבַע	투구	강독-삼상17
כּוּן	준비하다	강독-에6
כִּי אִם	그러나 오히려	강독-창39
כִּידוֹן	단창	강독-삼상17
כָּכָה	그렇게	강독-에6
כַּלָּה	며느리	강독-룻1
כְּלִי	기구	강독-욘1
	용기(tool)	강독-욘1
כֶּסֶף	은	강독-수6
כֶּרֶם	포도원	3과
כָּרַת	자르다	강독-삼상31
כָּתַב	쓰다	4과
כָּתֵף	어깨	강독-삼상17
כֶּתֶר	왕관	강독-에6

ל

לֹא	않다 no, not	1과
לְאֹם	나라	강독-시2
לְאֹם	백성	강독-시2
לֵב	마음	5과
לֵבָב	마음	5과
לְבוּשׁ	의복	강독-에6
לָבַשׁ	옷을 입다	5과
		강독-에6
לֶהָבָה	불꽃	강독-삼상17
לֶחֶם	빵	2과
לָחַם	싸우다	강독-삼상17
לַיְלָה	밤	3과
לִין	투숙하다	강독-룻1
		강독-수6
לָכַד	점령하다	강독-수6
לָמַד	배우다	강독-신6
לָמַד	가르치다(pi.)	강독-신6
לָעַג	조롱하다	강독-시2
לְפִי	에 따라	강독-수6
לָקַח	취하다	4과

לִקְרַאת	쪽으로	강독-삼상17

מ

מְאֹד	매우	3과
	힘	강독-신6
מֵאָה	백	강독-삼상17
מְאוּמָה	아무것도	강독-창22
מַאֲכֶלֶת	칼	강독-창22
מָאַן	거절하다(pi.)	6과
מָהַר	서두르다	강독-에6
מוֹסֵרָה	결박	강독-시2
מוּת	죽이다(hi.)	7과
מוּת	죽다	강독-룻1
מָוֶת	죽음	강독-룻1
מִזְבֵּחַ	제단	강독-창22
מְזוּזָה	문설주	강독-신6
מַחֲנֶה	진영	7과
מַחֲנֶה	진영	강독-수6
מָחָר	내일	3과
מָחֳרָת	다음날	강독-삼상31
מַלְאָךְ	사자(messenger)	강독-창22
מְלָאכָה	업무	강독-창39
מַלָּח	선원	강독-욘1
מִלְחָמָה	전쟁	강독-수6
		강독-삼상17
מֶלֶךְ	왕	1과
מְנוּחָה	쉼	강독-룻1
מָנוֹר	배틀채	강독-삼상17
מִסְפָּר	수	3과
מַעְגָּל	행로	강독-삼상17
מֵעֶה	배(belly)	강독-룻1
מְעַט	조금	강독-시2
מְעִיל	의복	5과
מַעַל	위로	강독-창22
מַעֲרָכָה	배열(한군대)	강독-삼상17
מִפְּנֵי	때문에	6과
מָצָא	발견하다	4과
מִצְוָה	계명	5과
	명령	강독-신6
מִצְחָה	다리보호대	강독-삼상17
מִצְרַיִם	애굽	7과
מָקוֹם	장소	3과
מַר	쓴	강독-룻1
	괴로운	강독-룻1
מַרְאֶה	외모	강독-창39
מָשִׁיחַ	메시아	2과
מָשִׁיחַ	기름부음받은자	강독-시2
מָשַׁךְ	끌다	강독-수6
	불다	강독-수6
מִשְׁנֶה	둘째	강독-삼상17
מִשְׁפָּחָה	가족	3과
מִשְׁפָּט	재판	강독-신6

מִשְׁקָל	무게	강독-삼상17
מִשְׁתֶּה	잔치	강독-에6
נ		
נָבִיא	선지자	3과
נֶגֶד	맞은편에	강독-수6
	앞에	강독-수6
נָגַד	말하다(hi.)	강독-에6
נָגַע	도달하다(hi.)	강독-에6
נָגַשׁ	가까이가다	강독-삼상17
נָדַד	떠나다	강독-에6
נֶדֶר	맹세	강독-욘1
נָדַר	맹세하다	강독-욘1
נָהָר	강	1과
נוּחַ	쉬다	강독-창39
נוּס	도망하다	강독-창39
		강독-삼상31
נַחֲלָה	상속	강독-시2
נְחֹשֶׁת	청동	강독-수6
		강독-삼상17
נָטָה	펴다	강독-창39
נָטַשׁ	맡기다	강독-삼상17
נָטַשׁ	버리다	강독-삼상17
נָכָה	치다	강독-삼상17
נָסָה	시험하다(pi.)	강독-창22
נָסַךְ	붓다	강독-시2

נַעַר	소년	강독-창22
נָפַל	떨어지다	강독-욘1
נָפַץ	부수다	강독-시2
נֶפֶשׁ	생명	1과
	혼	1과
נָקִי	깨끗한	강독-욘1
נָקִיא	깨끗한	강독-욘1
נָקַף	에워싸다	강독-수6
נָשָׂא	들다	강독-룻1
	취하다	강독-룻1
נָשַׁק	입맞추다	강독-룻1
		강독-시2
נָתַן	주다	4과
נָתַק	끊다	강독-시2
ס		
סָבַב	돌다	강독-수6
סָבִיב	주위	강독-삼상31
סְבָךְ	수풀	강독-창22
סָגַר	닫다	강독-수6
סֹהַר	감옥	강독-창39
סָלַח	용서하다	7과
סַעַר	폭풍	강독-욘1
	폭풍이불다	강독-욘1
סַף	문지방	강독-에6
סְפִינָה	선박	강독-욘1

סֵפֶר	문서	3과
	책	3과
סִפֵּר	이야기하다(pi.)	강독-시2
סָרִיס	관리	강독-에6
	내시	강독-에6

ע

עֶבֶד	종	2과
עָבַד	일하다	4과
עָבַר	지나가다	7과
עֵבֶר	건너편	강독-삼상31
עִבְרִי	히브리인	강독-욘1
עֲבֹת	줄	강독-시2
עָגַן	닫다	강독-룻1
עוֹד	여전히	강독-룻1
	또한	강독-룻1
	아직	강독-에6
עָזַב	떠나다	강독-룻1
		강독-창39
עַיִן	눈(eye)	1과
עִיר	도시	2과
עָכַר	괴롭히다	강독-수6
עָלָה	올라가다	4과
עֹלָה	번제	강독-창22
עָלַל	학대하다	강독-삼상31
עַם	백성	1과
עִמָּד	함께	강독-룻1
עָמַד	서다	4과
עֵמֶק	골짜기	강독-삼상17
עֵץ	나무	3과
עָצָב	우상	강독-삼상31
עָקַד	묶다	강독-창22
	결박하다	강독-창22
עֶרֶב	저녁	3과
עָרַב	저녁이되다	강독-삼상17
עֲרֻבָּה	보증	강독-삼상17
	증표	강독-삼상17
עָרַךְ	정돈하다	강독-창22
	배열하다	강독-창22
עָרֵל	할례받지않은자	강독-삼상31
עָשָׂה	하다	4과
עָשָׂה	만들다	4과
עֶשֶׂר	열	강독-삼상17
עָשַׁר	부유하다	강독-삼상17
עֹשֶׁר	부	강독-삼상17
עָשַׁת	생각하다	강독-욘1
עַתָּה	지금	강독-창22

פ

פָּגַע	압박하다	강독-룻1
	상처주다	강독-룻1
פֶּה	입	3과

פֹּה	여기	강독-창22
פָּחַד	두려워하다	4과
פָּלַל	기도하다(hith.)	6과
פֶּן	하지않도록	강독-시2
פַּעַם	번(time)	강독-수6
פָּקַד	감찰하다	강독-룻1
	계수하다	강독-창39
	방문하다	강독-창39
פָּקַד	임명하다(hi.)	강독-창39
פָּרַד	나누다	5과
		강독-룻1
פַּרְתַּם	귀족	강독-에6
פָּשַׁט	벗기다	강독-삼상31
פָּתַח	열다	5과

צ

צֹאן	양	강독-삼상17
צַדִּיק	의로운	2과
צָוָה	명령하다(pi.)	강독-신6
צָחַק	웃다	강독-창39
צָחַק	희롱하다(pi.)	강독-창39
צִינָה	방패	강독-삼상17
צָלַח	번영하다	강독-창39
	형통하다	강독-창39

ק

קָבַר	묻다(bury)	강독-룻1
קָדוֹשׁ	거룩한	3과
קָדַשׁ	거룩하게하다(pi.)	6과
קֹדֶשׁ	거룩	4과
קוֹל	소리	1과
	음성	1과
קוּם	일어나다	4과
קָטֹן	작은	강독-삼상17
קָלִי	볶은곡식	강독-삼상17
קָלִיא	볶은곡식	강독-삼상17
קָלַל	가볍다	강독-욘1
	시시하다	강독-욘1
קָנָה	사다	강독-창39
קָרָא	부르다	4과
	읽다	4과
קָרַב	가까이가다	강독-욘1
קָרָה	일어나다	강독-에6
קֶרֶן	뿔	강독-창22
		강독-수6
קַשְׂקֶשֶׂת	비늘	강독-삼상17
קָשַׁר	묶다	강독-신6
קֶשֶׁת	활	강독-삼상31

ר

רָאָה	보다	4과
רֹאשׁ	머리	1과

רַב	우두머리	강독-욘1
	많은	3과
רָבַב	많다	강독-신6
רֶגֶל	다리	강독-삼상17
רָגַשׁ	소동하다	강독-시2
רָדַם	잠들다(Ni.)	5과
רוּחַ	영	2과
	바람	2과
רוּם	오르다	강독-창39
רוּעַ	외치다	강독-삼상17
		강독-수6
רוּץ	달리다	강독-삼상17
רָזַן	통치하다	강독-시2
רְחוֹב	거리	강독-에6
רָחוֹק	먼	강독-창22
רִיק	헛된 것	강독-시2
רֶכֶב	병거	7과
	전차	7과
רָכַב	타다	강독-에6
רֵעַ	친구	강독-욘1
רָעָב	기근	강독-룻1
רְעָדָה	떨림	강독-시2
רָעָה	악	강독-욘1
רֹעֶה	목자	2과
רָעָה	양을치다	강독-삼상17
רָעַע	깨뜨리다	강독-시2

ש

שָׁאַל	묻다	강독-시2
שָׁאַר	남다	강독-룻1
שֵׁבֶט	막대기	강독-시2
שֶׁבַע	일곱	강독-수6
שָׁבַר	깨뜨리다	강독-욘1
	부수다	강독-욘1
שָׂבַר	기다리다(pi.)	강독-룻1
שָׂדֶה	들판	강독-룻1
שֶׂה	어린양	강독-창22
		강독-수6
שׁוּב	돌아오다	강독-룻1
שׁוֹפָר	나팔	강독-수6
שׁוֹר	소	강독-수6
שָׁחָה	경배하다	강독-창22
שָׁחַט	도살하다	강독-창22
שָׂחַק	웃다	강독-시2
שַׁחַר	새벽	강독-수6
שִׂים	두다	4과
		강독-창22
שָׁכַב	눕다	강독-욘1
שָׂכַל	지혜롭다	강독-시2
שָׁכַם	일찍일어나다(hi.)	7과
שָׂכָר	삯	6과
		강독-욘1
שָׁלוֹשׁ	셋	강독-삼상17

שָׁלַח	보내다	강독-창22
		강독-삼상31
שֻׁלְחָן	상	2과
	책상	2과
שְׁלִישִׁי	세 번째	강독-창22
		강독-삼상17
שָׁלַךְ	던지다(hi.)	7과
שָׁלַף	뽑다	강독-삼상31
שֵׁם	이름	1과
שָׁם	거기(에)	1과
שָׁמַד	멸망시키다(hi.)	7과
שָׁמַיִם	하늘	3과
שְׁמֹנֶה	여덟	강독-삼상17
שָׁמַע	듣다	4과
שָׁמַע	들려주다(hi.)	7과
שָׁמַר	지키다	4과
שֵׁנָה	잠	강독-에6
שָׁנַן	부지런히가르치다(pi.)	강독-신6
שָׁפַט	다스리다	강독-룻1
שֹׁפֵט	재판관	강독-룻1
שֶׁקֶל	세겔	강독-삼상17
שַׂר	방백	강독-에6
שִׁרְיוֹן	갑옷	강독-삼상17
שָׁרַת	섬기다(pi.)	6과
שֵׁשׁ	여섯	강독-삼상17
שָׁתַק	고요하다	강독-욘1
שָׁתַק	조용하다	강독-욘1

ת

תֹּאַר	모양	강독-창39
תּוֹרָה	율법	2과
	가르침	2과
תַּחַת	-아래	3과
תָּלָה	매달다	강독-에6
תָּמִיד	항상	3과
תָּפַשׂ	붙잡다	강독-창39
תִּקְוָה	소망	강독-룻1
תָּקַע	박다	강독-삼상31
	불다	강독-수6
תְּרוּעַ	외침	강독-수6

1. 한글-히브리어

ㄱ

한글	히브리어	출처
가까이가다	נָגַשׁ	강독-삼상17
	קָרַב	강독-욘1
가다	הָלַךְ	4과
가르치다(pi.)	לָמַד	강독-신6
가르침	תּוֹרָה	2과
가볍다	קָלַל	강독-욘1
가족	מִשְׁפָּחָה	3과
간주하다	חָשַׁב	강독-욘1
감옥	סֹהַר	강독-창39
감찰하다	פָּקַד	강독-룻1
갑옷	שִׁרְיוֹן	강독-삼상17
강	נָהָר	1과
거기(에)	שָׁם	1과
거닐다(hith.)	הָלַךְ	6과
거룩	קֹדֶשׁ	4과
거룩하게하다(pi.)	קָדַשׁ	6과
거룩한	קָדוֹשׁ	3과
거리	רְחוֹב	강독-에6
거절하다(pi.)	מָאַן	6과
건너편	עֵבֶר	강독-삼상31
것(thing)	דָּבָר	1과
결박	מוֹסֵרָה	강독-시2
결박하다	עָקַד	강독-창22
경배하다	שָׁחָה	강독-창22
경외	יִרְאָה	강독-시2
경외하다	יָרֵא	7과
경호원	טַבָּח	강독-창39
계명	מִצְוָה	5과
계수하다	פָּקַד	강독-창39
계약	בְּרִית	2과
고요하다	שָׁתַק	강독-욘1
곧은	יָשָׁר	3과
골짜기	גַּיְא	강독-삼상17
	עֵמֶק	강독-삼상17
관리	סָרִיס	강독-에6
괴로와하다	חִיל	강독-삼상31
괴로운	מַר	강독-룻1
괴롭히다	עָכַר	강독-수6
구원하다	יָשַׁע	5과
군대	חַיִל	강독-삼상17
궤	אֲרוֹן	강독-수6
귀족	פַּרְתַּם	강독-에6
규례	חֹק	강독-신6
규빗	אַמָּה	강독-삼상17
그 때	אָז	강독-창39
그러나 오히려	כִּי אִם	강독-창39
그렇게	כָּכָה	강독-에6
그리고	וְ	1과
금	זָהָב	강독-수6
기구	כְּלִי	강독-욘1
기근	רָעָב	강독-룻1

기다리다(pi.)	שָׂבַר	강독-룻1
기도하다(hith.)	פָּלַל	6과
기름부음받은자	מָשִׁיחַ	강독-시2
기뻐하다	גִּיל	강독-시2
	חָפֵץ	강독-욘1
		강독-에6
기억	זִכְרוֹן	강독-에6
기호	אוֹת	4과
깊은 곳	יְרֵכָה	강독-욘1
깨끗한	נָקִי	강독-욘1
	נָקִיא	강독-욘1
깨뜨리다	רָעַע	강독-시2
	שָׁבַר	강독-욘1
꿀	דְּבַשׁ	강독-신6
끊다	נָתַק	강독-시2
끌다	מָשַׁךְ	강독-수6
끌어내다(hi.)	יָצָא	7과
끝	אֶפֶס	강독-시2

ㄴ

나가다	יָצָא	4과
나귀	חֲמוֹר	강독-창22
나누다	פָּרַד	5과
		강독-룻1
나라	לְאֹם	강독-시2
나무	עֵץ	3과
나팔	שׁוֹפָר	강독-수6
날	יוֹם	1과
남다	שָׁאַר	강독-룻1
남자	אִישׁ	1과
남편	אִישׁ	1과
낳다	יָלַד	4과
내려가게하다(hi.)	יָרַד	7과
내려가다	יָרַד	강독-욘1
내시	סָרִיס	강독-에6
내일	מָחָר	3과
넷	אַרְבַּע	강독-삼상17
노를 젓다	חָתַר	강독-욘1
노인	זָקֵן	1과
노하다	חָרָה	강독-창39
놀라게하다(pi.)	בָּהַל	강독-시2
놀라다	בָּהַל	강독-에6
	חָתַת	강독-삼상17
높이	גֹּבַהּ	강독-삼상17
누구로인해	בְּשֶׁלְּמִי	강독-욘1
누이	אָחוֹת	3과
눈(eye)	עַיִן	1과
눕다	שָׁכַב	강독-욘1

ㄷ

다리	רֶגֶל	강독-삼상17
다리보호대	מִצְחָה	강독-삼상17

다섯	חָמֵשׁ	강독-삼상17
다스리다	שָׁפַט	강독-룻1
다음날	מָחֳרָת	강독-삼상31
단창	כִּידוֹן	강독-삼상17
닫다	סָגַר	강독-수6
	עָגַן	강독-룻1
달라붙다	דָּבַק	강독-삼상31
달리다	רוּץ	강독-삼상17
대비하다	חָלַץ	강독-수6
더하다	יָסַף	강독-룻1
던지다(hi.)	טוּל	7과
		강독-욘1
	שָׁלַךְ	7과
덮다	חָפָה	강독-에6
도공	יוֹצֵר	강독-시2
도달하다(hi.)	נָגַע	강독-에6
도망가다	בָּרַח	강독-욘1
		6과
	נוּס	강독-삼상31
		강독-창39
도살하다	שָׁחַט	강독-창22
도시	עִיר	2과
돌다	סָבַב	강독-수6
돌아오다	שׁוּב	강독-룻1
동서	יְבָמָה	강독-룻1
두개골	גֻּלְגֹּלֶת	강독-삼상31

두다	שִׂים	4과
		강독-창22
두려움	יִרְאָה	강독-욘1
두려워하다	יָרֵא	강독-욘1
	פָּחַד	4과
두진영사이의공간	בֵּנַיִם	강독-삼상17
둘째	מִשְׁנֶה	강독-삼상17
드러나다	גָּלָה	6과
듣다	שָׁמַע	4과
들다	נָשָׂא	강독-룻1
들려주다(hi.)	שָׁמַע	7과
들판	שָׂדֶה	강독-룻1
따라가다	דָּבַק	강독-룻1
딸	בַּת	2과
땅	אֶרֶץ	1과
때문에	בַּאֲשֶׁר	강독-창39
	בִּגְלַל	강독-창39
	מִפְּנֵי	6과
떠나다	נָדַד	강독-에6
	עָזַב	강독-룻1
		강독-창39
떨림	רְעָדָה	강독-시2
떨어지다	נָפַל	강독-욘1
또한	עוֹד	강독-룻1
뜰	חָצֵר	강독-에6
두다	שִׂים	4과

ㅁ

마른 땅	יַבָּשָׁה	강독-욘1
마음	לֵבָב	5과
	לֵב	5과
막다	חָשַׂךְ	강독-창22
막대기	שֵׁבֶט	강독-시2
만들다	עָשָׂה	4과
만일 –이면	אִם	5과
많다	רָבַב	강독-신6
많은	רַב	3과
말(씀)	דָּבָר	1과
말하다	אָמַר	4과
말하다(hi.)	נָגַד	강독-에6
맞은편에	נֶגֶד	강독-수6
맡기다	נָטַשׁ	강독-삼상17
매달다	תָּלָה	강독-에6
매우	מְאֹד	3과
매춘하다	זָנָה	강독-수6
맹세	נֶדֶר	강독-욘1
맹세하다	נָדַר	강독-욘1
머리	רֹאשׁ	1과
머리띠	טוֹטָפָה	강독-신6
먹다	אָכַל	4과
먼	רָחוֹק	강독-창22
메시아	מָשִׁיחַ	2과
며느리	כַּלָּה	강독-룻1
멸망시키다(hi.)	שָׁמַד	7과
멸망시키다(pi.)	אָבַד	6과
멸망하다	אָבַד	강독-욘1
		강독-시2
명령	מִצְוָה	강독-신6
명령하다(pi.)	צָוָה	강독-신6
모양	תֹּאַר	강독-창39
모욕하다	חָרַף	강독-삼상17
모으다	אָסַף	강독-수6
		강독-삼상17
목자	רֹעֶה	2과
무겁다	כָּבֵד	강독-삼상31
무게	מִשְׁקָל	강독-삼상17
무릎을 꿇다	בָּרַךְ	강독-창39
묶다	אָסַר	강독-창39
	חָבַשׁ	강독-창22
	עָקַד	강독-창22
	קָשַׁר	강독-신6
문서	סֵפֶר	3과
문설주	מְזוּזָה	강독-신6
문지방	סַף	강독-에6
묻다(ask)	שָׁאַל	강독-시2
묻다(bury)	קָבַר	강독-룻1
믿다(hi.)	אָמַן	7과

ㅂ

바다	יָם	강독-욘1
바람	רוּחַ	2과
바쳐진것	חֵרֶם	강독-수6
바치다	חָרַם	강독-수6
박다	תָּקַע	강독-삼상31
발견하다	מָצָא	4과
밤	לַיְלָה	3과
방문하다	פָּקַד	강독-창39
방백	שַׂר	강독-에6
방패	צִינָּה	강독-삼상17
배(ship)	אֳנִיָּה	5과
		강독-욘1
배(belly)	מֵעֶה	강독-룻1
배열(한군대)	מַעֲרָכָה	강독-삼상17
배열하다	עָרַךְ	강독-창22
배우다	לָמַד	강독-신6
배틀채	מָנוֹר	강독-삼상17
백	מֵאָה	강독-삼상17
백성	לְאֹם	강독-시2
	עַם	1과
버리다	נָטַשׁ	강독-삼상17
번(time)	פַּעַם	강독-수6
번영하다	צָלַח	강독-창39
번제	עֹלָה	강독-창22
벗기다	פָּשַׁט	강독-삼상31
벤 조각	חָרִיץ	강독-삼상17
병거	רֶכֶב	7과
보내다	שָׁלַח	강독-창22
		강독-삼상31
보다	רָאָה	4과
보다 더	יוֹתֵר	강독-에6
보라	הִנֵּה	7과
보물	אוֹצָר	강독-수6
보증	עֲרֻבָּה	강독-삼상17
복	בְּרָכָה	강독-창39
복된	אַשְׁרֵי	강독-시2
복을주다(pi.)	בָּרַךְ	6과
볶은곡식	קָלִי	강독-삼상17
	קָלִיא	강독-삼상17
부	עֹשֶׁר	강독-삼상17
부르다	קָרָא	4과
부르짖다	זָעַק	강독-욘1
부수다	נָפַץ	강독-시2
	שָׁבַר	강독-욘1
부유하다	עָשַׁר	강독-삼상17
부지런히가르치다(pi.)	שָׁנַן	강독-신6
분노	זַעַף	강독-욘1
	חָרוֹן	강독-시2
불	אֵשׁ	강독-창22
불꽃	לֶהָבָה	강독-삼상17
불다	מָשַׁךְ	강독-수6

불다	תָּקַע	강독-수6
불타다	בָּעַר	강독-시2
붓다	נָסַךְ	강독-시2
붙다	דָּבַק	강독-룻1
붙잡다	אָחַז	강독-창22
	תָּפַשׂ	강독-창39
비늘	קַשְׂקֶשֶׂת	강독-삼상17
빛	אוֹר	2과
빵	לֶחֶם	2과
뽑다	שָׁלַף	강독-삼상31
뿔	קֶרֶן	강독-창22
		강독-수6

ㅅ

사다	קָנָה	강독-창39
사람	אָדָם	2과
사랑하다	אָהַב	강독-창22
사자(messenger)	מַלְאָךְ	강독-창22
삯	שָׂכָר	6과
		강독-욘1
산	הַר	1과
		강독-창22
살다	גּוּר	강독-룻1
	חָיָה	강독-수6
살아있는	חַי	4과
살피다	בָּחַן	5과
살해된	חָלָל	강독-삼상31
상	שֻׁלְחָן	2과
상속	נַחֲלָה	강독-시2
상속하다	יָרַשׁ	강독-신6
상처주다	פָּגַע	강독-룻1
새로운	חָדָשׁ	3과
새벽	שַׁחַר	강독-수6
생각하다	חָשַׁב	강독-욘1
	עָשַׁת	강독-욘1
생명	נֶפֶשׁ	1과
서다	יָצַב	강독-시2
	עָמַד	4과
서두르다	דָּחַף	강독-에6
	מָהַר	강독-에6
선박	סְפִינָה	강독-욘1
선원	חֹבֵל	강독-욘1
	מַלָּח	강독-욘1
선지자	נָבִיא	3과
선하다	יָטַב	강독-신6
설립하다	יָסַד	강독-시2
섬기다(pi.)	שָׁרַת	6과
성벽	חוֹמָה	강독-수6
		강독-삼상31
세겔	שֶׁקֶל	강독-삼상17
세대	דּוֹר	3과
세 번째	שְׁלִישִׁי	강독-창22

세 번째	שְׁלִישִׁי	강독-삼상17
셋	שָׁלוֹשׁ	강독-삼상17
소	שׁוֹר	강독-수6
소년	נַעַר	강독-창22
소동하다	רָגַשׁ	강독-시2
소리	קוֹל	1과
소망	תִּקְוָה	강독-룻1
소식을전하다	בָּשַׂר	강독-삼상31
소유	אֲחֻזָּה	강독-시2
손	יָד	2과
수	מִסְפָּר	3과
수양	אַיִל	강독-창22
수양의 뿔	יוֹבֵל	강독-수6
수풀	סְבָךְ	강독-창22
숨다	חָבָא	강독-수6
쉬다	נוּחַ	강독-창39
쉼	מְנוּחָה	강독-룻1
슬퍼하는	אָבֵל	강독-에6
시시하다	קָלַל	강독-욘1
시어머니	חָמוֹת	강독-룻1
시작하다(hi.)	חָלַל	강독-에6
시체	גְּוִיָּה	강독-삼상31
시험하다(pi.)	נָסָה	강독-창22
신	אֱלֹהִים	2과
싸우다	לָחַם	강독-삼상17
쏘다	יָרָה	강독-삼상31

쓰다	כָּתַב	4과
쓴	מַר	강독-룻1
씨	זֶרַע	강독-에6

ㅇ

아내	אִשָּׁה	2과
아들	בֵּן	2과
	בַּר	강독-시2
-아래	תַּחַת	3과
아름다운	יָפֶה	강독-창39
아무것도	מְאוּמָה	강독-창22
아버지	אָב	1과
아직	עוֹד	강독-에6
아침	בֹּקֶר	2과
악	רָעָה	강독-욘1
안장을 지우다	חָבַשׁ	강독-창22
앉다	יָשַׁב	4과
않다 no, not	לֹא	1과
알다	יָדַע	4과
압박하다	פָּגַע	강독-룻1
앞에	נֶגֶד	강독-수6
애굽	מִצְרַיִם	7과
약(about)	כְּ	강독-룻1
양	צֹאן	강독-삼상17
양을치다	רָעָה	강독-삼상17
어깨	כָּתֵף	강독-삼상17

어느	אֵי-מִזֶּה	강독-욘1	오다	בּוֹא	4과
어둠	חוֹשֶׁךְ	7과	오르다	רוּם	강독-창39
어디에	אַיֵּה	강독-창22	올라가다	עָלָה	4과
어린양	שֶׂה	강독-창22	옷을 입다	לָבַשׁ	5과
어린양	שֶׂה	강독-수6			강독-에6
어머니	אֵם	1과	왕	מֶלֶךְ	1과
어제	אֶתְמוֹל	4과	왕관	כֶּתֶר	강독-에6
억제하다	חָשַׂךְ	강독-창39	외모	מַרְאֶה	강독-창39
언약	בְּרִית	2과	외부의	חוּץ	강독-창39
업무	מְלָאכָה	강독-창39		חִיצוֹן	강독-에6
없이	בִּלְתִּי	강독-룻1	외치다	רוּעַ	강독-삼상17
-에	בְּ	1과			강독-수6
에 따라	לְפִי	강독-수6	외침	תְּרוּעַ	강독-수6
에워싸다	נָקַף	강독-수6	요리사	טַבָּח	강독-창39
여기	פֹּה	강독-창22	용기(tool)	כְּלִי	강독-욘1
여덟	שְׁמֹנֶה	강독-삼상17	용서하다	סָלַח	7과
여섯	שֵׁשׁ	강독-삼상17	우두머리	רַב	강독-욘1
여자	אִשָּׁה	2과	우상	עָצָב	강독-삼상31
여전히	עוֹד	강독-룻1	우유	חָלָב	강독-신6
열	עֶשֶׂר	강독-삼상17	울다	בָּכָה	강독-룻1
열다	פָּתַח	5과	웃다	צָחַק	강독-창39
영	רוּחַ	2과		שָׂחַק	강독-시2
영광	כָּבוֹד	3과	원하다	אָבָה	강독-삼상31
영웅	גִּבּוֹר	3과	위대한	גָּדוֹל	2과
옆구리	יְרֵכָה	강독-욘1	위대함	גְּדוּלָּה	강독-에6
옆에	אֵצֶל	강독-창39	위로	מַעַל	강독-창22

위하여	בְּעַד	6과	있다	הָיָה	4과
유일한	יְחִיד	강독-창22			
율법	תּוֹרָה	2과	**ㅈ**		
은	כֶּסֶף	강독-수6	자	הִנֵּה	7과
은혜	חֵן	강독-창39	자라다	גָּדַל	강독-룻1
은혜로운	חָנוּן	7과	자르다	כָּרַת	강독-삼상31
음성	קוֹל	1과	자비	חֶסֶד	2과
의로운	צַדִּיק	2과	자손	זֶרַע	강독-에6
의복	בֶּגֶד	강독-창39	자유로운	חָפְשִׁי	강독-삼상17
	לְבוּשׁ	강독-에6	작은	קָטָן	강독-삼상17
	מְעִיל	5과	잔치	מִשְׁתֶּה	강독-에6
이다	הָיָה	4과	잠	שֵׁנָה	강독-에6
이렇게	כֹּה	강독-룻1	잠들다(Ni.)	רָדַם	5과
이름	שֵׁם	1과	장로	זָקֵן	1과
이야기하다(pi.)	סָפַר	강독-시2	장소	מָקוֹם	3과
인자	חֶסֶד	2과	재판	מִשְׁפָּט	강독-신6
일곱	שֶׁבַע	강독-수6	재판관	שֹׁפֵט	강독-룻1
일어나다	קוּם	4과	저녁	עֶרֶב	3과
일어나다(happen)	קָרָה	강독-에6	저녁이되다	עָרַב	강독-삼상17
일찍일어나다(hi.)	שָׁכַם	7과	전쟁	מִלְחָמָה	강독-수6
					강독-삼상17
일하다	עָבַד	4과			
읽다	קָרָא	4과	전차	רֶכֶב	7과
임명하다(hi.)	פָּקַד	강독-창39	점령하다	לָכַד	강독-수6
입	פֶּה	3과	정돈하다	עָרַךְ	강독-창22
입맞추다	נָשַׁק	강독-룻1	정직한	יָשָׁר	3과
		강독-시2	정하다	בָּרָה	강독-삼상17

제단	מִזְבֵּחַ	강독-창22
제물	זֶבַח	강독-욘1
제물을 바치다	זָבַח	강독-욘1
제발	אָנָּא	강독-욘1
제비	גּוֹרָל	강독-욘1
제사장	כֹּהֵן	2과
조금	מְעַט	강독-시2
조롱하다	חָרַף	강독-삼상17
	לָעַג	강독-시2
조용하다	שָׁתַק	강독-욘1
존귀	יְקָר	강독-에6
종	עֶבֶד	2과
좋은	טוֹב	2과
죄수	אָסִיר	강독-창39
죄짓다	חָטָא	4과
주다	נָתַן	4과
주위	סָבִיב	강독-삼상31
주인	אָדוֹן	강독-창39
죽다	מוּת	강독-룻1
죽음	מָוֶת	강독-룻1
죽이다(hi.)	מוּת	7과
준비하다	כּוּן	강독-에6
줄	עֲבֹת	강독-시2
중얼거리다	הָגָה	강독-시2
증표	עֲרֻבָּה	강독-삼상17
지금	עַתָּה	강독-창22

지나가다	עָבַר	7과
지키다	שָׁמַר	4과
지혜	חָכְמָה	2과
지혜로운	חָכָם	3과
지혜롭다	שָׂכַל	강독-시2
진영	מַחֲנֶה	7과 강독-수6
진을 치다	חָנָה	강독-삼상17
집	בַּיִת	1과
짓다	בָּנָה	4과
짜다	אָרַג	강독-삼상17
쪼개다	בָּקַע	강독-창22
쪽으로	לִקְרַאת	강독-삼상17
찌르다	דָּקַר	강독-삼상31

ㅊ

찬양하다(pi.)	הָלַל	6과
창	חֲנִית	강독-삼상17
창녀	זוֹנָה	5과
창조하다	בָּרָא	5과
찾다(pi.)	בָּקַשׁ	6과 강독-에6
책	סֵפֶר	3과
책상	שֻׁלְחָן	2과
처녀	בְּתוּלָה	5과
처럼	כַּאֲשֶׁר	강독-욘1

천	אֶלֶף	강독-삼상17
철	בַּרְזֶל	강독-수6
		강독-시2
		강독-삼상17
청동	נְחֹשֶׁת	강독-수6
		강독-삼상17
초태생	בְּכוֹר	강독-삼상17
취하다	לָקַח	4과
	נָשָׂא	강독-룻1
치다	נָכָה	강독-삼상17
친구	רֵעַ	강독-욘1

ㅋ

칼	חֶרֶב	3과
		강독-수6
칼	מַאֲכֶלֶת	강독-창22
코	אַף	강독-창39
큰	גָּדוֹל	2과
키우다(pi.)	גָּדַל	6과

ㅌ

타다	רָכַב	강독-에6
통치하다	רָזַן	강독-시2
투구	כּוֹבַע	강독-삼상17
투숙하다	לִין	강독-룻1
		강독-수6

ㅍ

펴다	נָטָה	강독-창39
포도원	כֶּרֶם	3과
포도주	יַיִן	3과
폭풍	סַעַר	강독-욘1
폭풍이불다	סָעַר	강독-욘1
표시	אוֹת	4과
피	דָּם	3과
피하다	חָסָה	강독-시2

ㅎ

하나님	אֱלֹהִים	2과
하나의	אֶחָד	2과
하늘	שָׁמַיִם	3과
하다	עָשָׂה	4과
하지않도록	פֶּן	강독-시2
학대하다	עָלַל	강독-삼상31
한뼘	זֶרֶת	강독-삼상17
할 수 있다	יָכוֹל	5과
	יָכֹל	강독-삼상17
할례받지않은자	עָרֵל	강독-삼상31
함께	יַחַד	강독-창22
	עִמָּד	강독-룻1
항상	תָּמִיד	3과
행로	מַעְגָּל	강독-삼상17
헛된 것	רִיק	강독-시2

형통하다	צָלַח	강독-창39
호의	חֵן	강독-창39
혹시	אוּלַי	강독-욘1
혼	נֶפֶשׁ	1과
화	אַף	강독-창39
화내다	אָנַף	강독-시2
활	קֶשֶׁת	강독-삼상31
후에	אַחַר	강독-창22

후에	אַחַר	강독-삼상31
훈계하다	יָסַר	강독-시2
흐르다	זוּב	강독-신6
희롱하다(pi.)	צָחַק	강독-창39
히브리인	עִבְרִי	강독-욘1
힘	חַיִל	강독-수6
	מְאֹד	강독-신6
피	דָּם	3과

참고문헌

Blau, Joshua, *A Grammar of Biblical Hebrew*, Wiesbaden: Otto Harraowitz, 1976.

Buth, Randall, *Living Biblical Hebrew*, Biblical Language Center, Jerusalem, 2005.

Gesenius-Kautsch-Cowley, *Gesenius' Hebrew Grammar*, as Edited and Enlarged by the Late E. Kautzsch etc. (Revised by A.E. Cowley), Oxford, 1910.

Joüon, P.- Muraoka, T., *A Grammar of Biblical Hebrew*, Reprint of First Edition with Corrections, Rome 1991.

Lambdin, T. O., *Introduction to Biblical Hebrew*, Charles Scribner's Sons, New York, 1971.

McFall L. *The Enigma of the Hebrew Verbal System*, The Almond Press, 1982.

Merwe, C.H.J. van der, Jackie A. Naudé and Jan H. Kroeze, *A Biblical Hebrew Reference Grammar*, Sheffield Academic Press, 1999.

Seow, C. L., *A Grammar for Biblical Hebrew*, Abingdon, 1987.

Waltke, B. K. - O'Connor, M., *An Introduction to Biblical Hebrew Syntax*, Eisenbrauns, 1990.

Allen P. Ross, 로스성서히브리어, 최명덕.정길호 공역, 도서출판 미스바, 2007.

김영진, 성경 히브리어, 개정 증보판, 올람하타낙, 2005.

박미섭, 성경 히브리어문법, 도서출판 기혼, 2005.

신득일, 구약히브리어, 기독교문서선교회, 2007.

Zimrat Ha'aretz L'Yeshua, *Songbook for Messianic Worship*, 3rd ed., Peniel Fellowship, Tibrias, Israel, 2002.

Computer Software - Accordance 10, BibleWorks 10